华尔街经典译丛·05

U0889510

江恩选股方略

——用图表、交易规则和选股方略对股市进行回顾

(第二版)

[美] 威廉 D. 江恩 著
何 君 译

地震出版社
Seismological Press

图书在版编目（CIP）数据

江恩选股方略/（美）江恩著；何君译．—2版．
—北京：地震出版社，2015.7（2019.4重印）
书名原文：Wall Street Stock Selector
ISBN 978-7-5028-4619-0

Ⅰ.①江… Ⅱ.①江…②何… Ⅲ.①股票投资—基本知识
Ⅳ.①F830.91

中国版本图书馆CIP数据核字（2015）第097499号

地震版 XM4394

江恩选股方略（第二版）
［美］威廉D. 江恩 著
何 君 译
责任编辑：朱 叶
责任校对：孔景宽

出版发行：地震出版社
北京市海淀区民族大学南路9号 邮编：100081
发行部：68423031 68467993 传真：88421706
门市部：68467991 传真：68467991
总编室：68462709 68423029 传真：68455221
证券图书事业部：68426052 68470332
http：//seismologicalpress.com
E-mail：zqbj68426052@163.com
经销：全国各地新华书店
印刷：廊坊市华北石油华星印务有限公司

版（印）次：2015年7月第二版 2019年4月第三次印刷
开本：787×1092 1/16
字数：206千字
印张：13
书号：ISBN 978-7-5028-4619-0/F（5312）
定价：30.00元

目　　录

图　表

译 者 序

本书是江恩先生在 1929 年美国股市大崩跌之后为普通投资者撰写的第二本图书。首先是针对被恐慌吓坏了的公众解释了大恐慌的前因后果和对未来市场的预测，并且更新了《江恩股市定律》的内容。更重要的则是指导交易者如何在股市投机中提高投机交易的效率，换句话说，就是**如何更有效率地在股市中投机**。因此，本书是江恩股市操盘术的进阶教程。

投机的效率体现在三个方面：**赢利的高胜算、捕捉到大幅波动的个股和把握好板块轮动**。

在《江恩股市定律》一书中，江恩先生已经阐述了一整套操作股票的高胜算的交易规则，本书根据变化了的市场形势，更新了交易规则。只要严格按照交易规则进行交易，赢利的高胜算是有理论上的保证的。

江恩先生在这两本书中，随时随地强调要**交易活跃的领涨股**，也就是我们通常说的龙头股，因为这类股票波动的幅度远远超过一般的股票。在本书中，江恩先生详细阐述了如何从技术面结合基本面选择领涨股的交易规则，并列举了具体的股票案例，对于读者掌握挑选领涨股的方法有很大的帮助。

从初级交易者到中高级交易者最大的差异或许就是在把握板块轮动这个问题上。任何一只股票都会有上涨、休整和下跌的不同运行阶段；而在股市中，任何时候都会有强势上涨的阶段性领涨板块和领涨股。如果交易者能够做好板块轮动，其**投**

机效率将是惊人的。

江恩先生在本书中确实是很仔细地阐述了上述三个方面的实战规则，但是要达到理解之后融会贯通并熟练掌握的程度，我建议读者至少精读本书 3 次以上，并亲手绘制案例中的示意图。

最后，我借用江恩先生的话来结束本文：

“我相信，读者从《江恩选股方略》一书中学到的知识将会多于其他任何一本书，通过赚钱所得到的快乐也会多于其他任何一本书。”

何 君

2012 年 6 月于北京

关于江恩著作翻译中的技术术语说明

江恩先生在其所有的著作中反复强调了一点：交易者与医生、律师一样，都是专业人士；交易技术也与医学、法律一样，都是严谨的科学。江恩先生非常在意术语的**规范使用**，他采用清晰和准确的**术语作为基础**，严谨地阐述了自己的交易思想和交易技术体系。

在翻译江恩先生著作的过程中，术语的翻译与规范一直是难点和重点。首先是江恩先生的交易技术自成体系，并由于时间的原因导致他在使用术语的时候一定程度上与现在流行的表达方式有差异。第二个原因是东西方在语言和思维的差异，西方文字偏重于精确，东方语言则侧重于形象，因此如果直接使用流行的中文术语就很难精确表达江恩先生的技术细节，很容易导致译义读起来很是热闹，关键的"门道"则被忽略掉了。

我在第一次阅读江恩先生著作的英文版时就意识到了这个问题，例如仅仅是关于下跌，江恩先生就使用了多种术语，这些术语非常自然地把下跌分为了不同的具体类型，因此也正是这些规范的并且与**实际操作密切相关的术语**，帮助了读者正确理解江恩先生描述的**真正市场形态**。如果能够在译文中规范地使用术语，就能**最大限度地用中文再现江恩先生的本义**。正是基于这个考虑，为了读者更好理解原著中交易技术的细节，我特意将江恩著作中最主要的技术术语解释放在了全书的最前面。

盘势（*Tape*）——英文本身是指早期股票报价机的价格纸带。这个词汇有人翻译为“大盘”，这个是不妥当的。盘势是指盘面上所有情况的意思，包括大盘、不同股票板块和个股的价位、时间周期、成交量、波动区间等所有的相关信息，以及这些信息综合起来传达的特定技术信号。

图表（*Chart*）——有人翻译为“走势图”。尽管走势图是中文中最常见的术语，但是由于江恩理论的复杂性，有各种各样的图表，仅仅用“走势图”是不恰当的，因此本书采用了“图表”这个术语。

强弱形态（*Position*）——在绝大多数情况下，江恩使用这个词汇是指市场整体或是个股技术形态的强弱；很少的时候是指价格空间的相对位置。

停留在狭窄的交易区间（*Held in a narrow trading range*）——这是江恩用来特指非趋势期间的市场表现，一般与吸筹或是派发对应。

吸筹（*Accumulation*）——股票筹码从分散到集中的过程。

派发（*Distribution*）——股票筹码从集中到分散的过程。

股票变现或是套现（*Liquidation*）——有人翻译为“清算”。江恩是指由持仓状态转为持币状态。

急促下跌（*Rapid decline*）——日线级别上的持续下跌，通常为阶段性高点的回调。

陡直下跌（*Sharp decline*）——短时间周期内的大幅下跌，因此下跌的角度非常大。通常是阶段性见顶后，或是下跌过程中窄幅横盘后向下突破的起始部分。其特点是下跌快速、幅度大。

暴跌（*Drastic decline*）——日线级别以上，至少是周线级别的大幅快速下跌。通常是陡直下跌后出现反弹，其反弹又确认了前一个顶部或是反弹高点为最终顶部后的主要趋势变化。

恐慌性下跌（*Panicky decline*）——由特定消息导致市场参与者出现恐慌性心理而形成的。一般是第一段下跌后的第二段“多杀多”加速下跌段。在阐述基本面用到这个术语时，主要是指公众超买之后出现大利空，或是长期下跌之后出现大利空的市场表现。

陡直崩跌（*Sharp break*）——江恩一般用 *break* 表达向下突破。陡直崩跌是指从顶部直接跌破了顶部区间的最低点，并持续下跌的情形。

逐步下跌（*Gradually declined*）——类似“阴跌”，主要是由于供求关系失衡的原因导致的。

修正性下跌（*Correction decline*）——主要趋势向上期间的正常回调。

收窄（*Narrows down*）——这是描述临近底部的一个重要术语。意思是指在下跌的最后阶段，小周期下跌和反弹的幅度都越来越小。

彻底清洗（*Clean－out*）——下跌趋势尾声阶段，市场在基本面和技术面的共同作用下，促使长期的多头卖出筹码的情形，通常会形成“空头陷阱”。

阻力位（*Resistance level*）——在西方的交易技术中，支撑位和阻力位都可以使用这个术语。

穿越（*Crossed*）——价格或是点数上行并超过了先前顶部的价格或是点数，通常情况可理解为向上突破。

弹升（*Rebounded*）——陡直下跌后的快速反弹，比通常的“反弹”力度要强很多，一般是指V形底右边的走势。

佯动（*False moves*）——与主要趋势相反的小型逆向运动，也就是窄幅横盘时的假突破。

加码（*Pyramid*）——江恩通常采用等比加仓法，并且在加码一定次数后买进的数量还要降低。

最后重要的冲刺（*Final grand rush*）——这是指特定时间周期上以7～10个时间单位的几近于失控的上涨。这个阶段既是最能赢利的阶段，也是赶顶的阶段，随后通常是陡直下跌。

急促反弹（*Swift rally*）——与陡直下跌对应的逆向反弹，与通常说的“脉冲上涨”类似。

温和反弹（*Moderate rally*）——中规中矩反弹，主要是指主要趋势向下期间的逆向小型趋势，通常是由小时间周期因素导致的。

最高点（*High*）——一轮趋势的阶段性新高，或是先前趋势中的阶段性高点。

顶部（*Top*）——在江恩中级理论中，顶部是一个区间，是由一系列的最高点和回调低点形成的区间。在初级理论中，有时候与最高点的意义一样。但是要注意在直接提出“单顶”、“双顶”和“三重顶”的时候，技术上的价格区间就会非常狭窄，与前面顶部的定义不一样的。

极限高点（*Extreme high*）——顶部区间的最高点。极限高点和极限低点时江恩理论中独特的术语，这是与江恩高级理论的精确预测法有关系的一个术语。

老顶（*Old top*）——先前趋势中的各个顶部。

最低点（*Low*）——与最高点对应的术语。

底部（*Bottom*）——与顶部对应的术语。

老底（*Old bottom*）——与老顶对应的术语。

极限低点（*Extreme low*）——与极限高点对应的术语。

时间周期（*Period of time*）——在特定的周期级别的图表上，从一个极限（高或是低）点到另外一个极限（高或是低）运行的时间长度。

时间趋势（*Time trend*）——在同时间周期的图表上，从一个顶部到接下来的底部，或是从一个底部到接下来的顶部为一次摆动。不同摆动经历的时间周期的长短进行相互比较，就是在进行时间趋势的判断。

前高（或前低）（*Last*）——通常是指同时间周期图表中相邻摆动形成的顶部或是底部；有时候是指主要趋势运动中最后一轮小型趋势形成的顶部或是底部。

原作者序

每一位交易者进入华尔街都是为了挣钱。然而，众所周知的事实却是，大部分的交易者都是赔钱的。他们赔钱的原因有很多种，其中一个最重要的原因就是，他们不知道如何挑选合适的股票并在正确的时间买进或卖出。我希望可以提供一些已经验证过的，并且极具实用性的交易规则，以帮助交易者研究并学习如何挑选适当的股票，进而在承担最小风险的情况下买进或卖出。

撰写本书的主要目的是促使《江恩股市定律》能够与时俱进，同时将我这7年以来的经验奉献给投资者和交易者。这些经验对我产生了极大的价值。如果读者能够通过借鉴我的经验获利，也就证明我的经验对读者也是非常有价值的。

我们一生当中一定会有一个明确的目标，或是获得幸福的希望。金钱并不能带来这一切。同时，我们也不能总是用金钱来帮助他人。我认为，帮助他人最好的方法就是告诉他们如何自助。因此，正确地把知识和理念传授于人就是我们能为他人提供的最大的帮助，同时这对我们自己也有好处。已有成千上万的人写信告诉我，《江恩股市定律》一书给了他们很大的帮助。我相信，读者从《江恩选股方略》一书中学到的知识将会多于其他任何一本书，通过赚钱所得到的快乐也会多于其他任何一本书。若是果真如此，我的一番努力也算得到了巨大的回报。

威廉 D. 江恩

1930年4月24日于纽约

第一章　股市新纪元与变化了的周期

1927～1929 年上半年，许多人都在谈论股票市场的新纪元，以及联邦储备银行在阻止金融恐慌方面发挥的巨大作用。许多经济学家、银行家、大型金融机构以及商界人士都宣称，类似 1907 年，以及更早期出现过的由于货币状况引发恐慌的日子已经过去了。与此同时，这些人都在宣扬金融业以及股市的黄金时代。然而，他们似乎忘了 1920 年和 1921 年发生过什么。1919 年的大型牛市行情之后，紧接着便出现了由“信贷冻结”和货币吃紧引发的 1920 年和 1921 年的下跌。联邦储备银行当时就已经存在，但这并没能阻止自由债券（Liberty Bonds）下跌到 85 美元附近，也没能阻止平均指数从世界大战爆发前 1914 年的水平下跌到最低水平。我从 1927 年 11 月 28 日的一份主要报纸上援引一篇文章，该文章标题为《再见了，商业周期》。

> “商业周期”这个魔鬼已经丧失了大部分引发恐慌的影响力。科学化的管理看似已经战胜了它。多年以前，出现了大量关于繁荣与萧条将按照一定周期交替出现的言论，同时还有大量所谓的商业预言，其中绝大部分都是自我标榜的。这些预言习惯于详细论说商业周期，对产业以及金融行业发出重大警示。这些预言宣称，商业就像海浪一样运动，海浪越高，它们之间形成的波谷就越深。他们称，在商业上也是一样的道理。在

很长一段时间里，他们都用这种巫术使得整个国家人心惶惶，以此获得巨额赢利。

然而，这种符咒已经被破除，他们的预言已经被剥去了外衣。各行各业的商人们已经不再迷信。他们意识到，“商业周期”不过是用来吓唬人的东西。他们了解到，只要稳稳当当做生意，这样的东西根本就无机可乘。要牢牢掌握船舵，所需要的一切就是：常识、合作与良好的判断力。少数几个人仍在鼓吹“商业周期”，但他们的喉咙都喊破了，那些咒语也没有起到什么作用。商业仍在以一种极端繁荣的状态发展着，多年以来根本没有出现“周期性”的剧变，甚至连出现这种剧变的迹象也没有。更大的商业繁荣时期已经多次出现，而且这些繁荣都是建立在前所未有的坚定基础之上的，因为商人们已经学会了如何应对。

显而易见，作者是如此自信，以一句“更大的商业繁荣时期已经多次出现，而且这些繁荣都是建立在前所未有的坚定基础之上的，因为商人们已经学会了如何应对”作为文章的结尾。该作者诚实尽责，对于这一点，我毫无疑问，但他要么是孤陋寡闻，要么是能力不足。他没有充分追溯过去，因此没有意识到在股市和商业上，历史会不断重复。

1929 年深秋，发生了历史上最可怕的股市恐慌，随后便出现了商业上的衰退，进而证明了周期循环这种理论：当我们看似进入了一个新纪元时，实际上不过是在重复战争过后几年就会发生的一轮老的周期或是状况。

交易者是如何被周期愚弄的

1921～1929 年的大牛市期间，华尔街上很多富有经验的老手都像彻头彻尾的新手一样，犯下了严重的错误。

许多从来没有研究过 1901～1921 年之前的股市记录的人——他们当中一些人甚至连这段时间的股市交易记录都没有回顾过——（仅仅）从别人的所写或所说中得出结论：牛市行情持续的时间绝不会超过 2 年。这种观点是错误的，它使许多交易者遭受了惨重的损失。1921～1923 年股市上涨，1924 年下跌，柯立芝总统当选之后再次开始攀升，1925 年继续攀升；在这之后，交易者便根据过去的交易规则判定，这轮牛市行情已经结束，于是纷纷卖空，结果损失惨重。在这轮牛市行情当中，他们持续地对抗市场，认为市场每次上涨出现新高都可能会是最终的顶部。某些股票一直持续上涨到 1929 年。这些富有经验的交易者当中，很多都在这轮牛市行情的尾声犯下了错误，而这个错误比他们在牛市行情之初所犯的任何一个错误都更加严重——他们于 1929 年牛市行情走到尽头时变为了多头并买进股票，结果在随后的股市恐慌中损失惨重。

现在，在纽约股票交易所挂牌交易的股票超过了 1500 只，1924 年股票总数大概是这一数据的一半。新的板块已经形成；新的领涨股已经确定；新的市场环境造就了新的百万富翁，之前的百万富翁已销声匿迹。过去那些股市中的领导者，由于没能做到与时俱进，依然墨守成规，已经破产了。据报道，1924 年以及 1925 年，利弗莫尔利用自己之前使用的交易规则，估计了股市的平均摆动幅度，认为指数点位过高；于是，他放空整个市场，损失了一笔财富之后撤退。1927 年，他再次尝试，再次因为没能准确估计卖出的正确时机而最终撤退。1929 年，他又一次出击，终于在大恐慌中大赚了一笔。

1814～1929 年的历次股市恐慌

在详细说明华尔街上最大的恐慌发生的原因之前，非常有必要让我们先回顾一下美国和华尔街多年以来出现过的其他恐慌，以及导致这些恐慌的原因。

导致恐慌的原因有很多种因素，而所有恐慌最主要和最重要的原因都是过度放贷和过度投机引起的高货币利率。一些其他的原因包括：未被市场消化的证券（其中既有股票，也有债券）、商品，以及外汇价格低廉、商业和股市上的过度交易、银行破产、进出口，再加上银、铜、铁等基础商品的价格。如果繁荣持续很长一段时间，股票价格持续上涨好几年，公众便会变得过于自信；股市以及商业上的操作便会进入赌博状态。所有人都变得很乐观，狂热地赌博，持续不断地买进，直到一切都做过了头，价格飞涨到一个经济情况或各行各业的企业盈利都无法支撑的水平。一旦达到这种状态，便会出现货币稀缺；在一段大幅上涨之后，银行也会因为过度贷出用来炒股的资金而负担沉重，随后便会出现清算。

引发 1814 年的恐慌是由于出口业务不景气和过度放贷。1818 年的恐慌也是由货币状况所导致的。各家银行都出现了过度放贷的情况。1825 年和 1826 年的恐慌都是由英格兰过高的货币利率和高贴现率，以及商品期货（尤其是棉花期货）价格的下跌导致的。1831 年的恐慌则是因为过高的货币利率、贷款增长过快、商业经营过分扩张。1837～1839 年的恐慌是由过度投机以及货币状况吃紧引发的。当时各家银行都不得不停止现金支付。1839 年，银行倒闭的数量之大前所未有。1848 年的恐慌是由于银行数量的增加、流通中的纸币增加以及商品期货价格过低，尤其是小麦、玉米、棉花期货的价格过低。当时，美国的繁荣主要取决于这三种商品。1857 年的恐慌是截止到当时为止所出现过的最严重的恐慌之一。这次恐慌也是因为流通中的纸币过多。当时每 1 美元金银所对应的流通中的纸币达 8 美元。大量银行倒闭，各家银行不得不停止兑付。1861 年的恐慌是由内战引起的。1864 年的恐慌则是由于战争、商业萧条和货币吃紧。同时股票大幅上涨，占用了大量的银行贷出资金。1869 年的恐慌最主要是华尔街恐慌。1869 年 9 月出现了“黑色星期五”，原因在于美国内战后出现的一轮长期投机潮，股票都上涨到了极限最高价。当时的货币利率是自 1857 年及 1860 年以来的最高水平。1873 年的恐慌是内战之后最严重的恐慌之一，它很大程度上是由战争带来的各种状况引起的。不过，过度投机也是这次恐慌的主要原因之一，同时当时的货币利率也过高，达到了 1857 年以来的最高水平。1873 年 9 月 18 日，库克公司（J. Cook）、国民信托公司（National Trust Company）、联合信托公司（Union Trust Company）以及其他一些银行的倒闭，导致金融形势严峻。1873 年 9 月 20 日，纽约股票交易所有史以来第一次关闭，一直到 10 天之后的 9 月 30 日。当时的贴现率为 9%，各家银行停止支付。1884 年的恐慌是由于股票过度投机；黄金流出到欧洲，国家储备极少。本次恐慌当中出现了一些重大的倒闭案，其中包括格兰特-沃德公司（Grant & Ward）的倒闭。这次恐慌发生之前，短期借款利率已经连续几年处于过高水平。1882 年，短期借款利率达到了 30%，1883 年为 25%，1884 年为 18%。1890 年的恐慌主要是由于过度投机和过高的货币利率。1889 年，短期借款利率最高达到了 30%，1890 年更是高达 45%。商品期货价格达到了内战以来的最低水平，这对商业萧条的发生起到了推波助澜的作用。同时，伦敦巴林兄弟公司（Baring Brothers in London）的破产加剧了这次恐慌。1893 年的恐慌主要也是过高的货币利率所致。1892 年，短期借款利率高达 35%，1893 年仍然高达 15%。企业倒闭很大程度上是由于商品期货价格（主要是小麦、玉米、棉花的价格）过低。1896 年的恐慌是因为布莱恩白银恐慌（Bryan Silver scare）以及对将中止金本位制的恐惧。不过，这次恐慌的发生与商品期货价格过低也有很大关系，因为总体经济情况已经连续好几年很糟糕。短期借款利率达到了 12.5%，为内战到当时为止的最高水平。平均指数于 8 月 8 日达到了极限低点，随后便开始上升。麦金利当选总统之后，开始了“麦金利繁荣时期”（McKinley boom），这次繁荣是国家到当时为止最大的股市繁荣。1901 年的恐慌于 5 月 9 日发生在股票交易所，原因在于北太平洋囤积大战（Northern Pacific corner）。尽管这次恐慌之后指数有所反弹，但大盘仍连续下跌了好几年。到了 1903 年及 1904 年，萧条时期主要是因为未被市场消化的证券以及政府对铁路股的攻击。1903 年，短期借款利率达到了 15%，1904 年回到了 1%的低水平，并且当年一直没有超过 6%。1904 年下半年，经济情况再次好转，罗斯福当选之后，于 1905 年出现了牛市行情，1906 年，股票市场价格达到了自“麦金利繁荣时期”开始以来的最高水平。1907 年恐慌被称为“富人的恐慌”，其原因是过高的货币利率、过度投机、反托拉斯、晚年的西奥多·罗斯福施行的“大棒政策”[1]，以及不利于铁路股的立法。1907 年 10 月，短期借款利率上升到了 12.5%，此时恐慌也达到了顶峰。全国上下的银行都被迫停止现金兑付。1910～1911 年的恐慌或者说萧条时期主要是由《谢尔曼反托拉斯法》引起的，这一时期被称为“反托拉斯时期”。当时标准石油公司（Standard Oil Company）被勒令解散，而一起诉讼则要求解散美国钢铁公司（United States Steel Cor-

---

① 译注：“大棒政策”即罗斯福主张的凭借国家实力用武力威胁别国的政策。

poration)，随后该公司便破产倒闭了。1910 年，短期借款利率最高达到了 12%。股票价格于该年 7 月份跌至最低水平。1911 年，货币状况有所好转，短期借款利率没能超过 6%。1914 年的恐慌导致纽约股票交易所从 7 月 31 日至 12 月 15 日关闭。这次恐慌是由世界大战的爆发引起的。然而，即使世界大战没有爆发，国家仍然会出现恐慌和商业萧条，因为商品期货价格在此之前已经降到了多年以来的最低水平，经济情况也普遍很糟糕。1912 年，货币利率过高，短期借款利率达到了 20%，1913 年及 1914 年也同样高达 10%。世界大战爆发时，欧洲大量持有我国股票，正是这次股票变现迫使纽约股票交易所停止交易。由于这次战争，资金与业务如洪水般涌入国家，商品价格上涨，这对美国的商业起到了促进作用，随后便出现了繁荣时期。股市价格于 1916 年秋达到最高点，投机活动猖獗，短期借款利率最高达到了 15%。股票变现开始了，这引发了 1917 年的恐慌。这次恐慌的原因是战争繁荣导致的过度投机。战争结束之后，另一波疯狂的投机于 1919 年在国家爆发了。这次疯狂投机于 11 月达到顶峰，随后便出现了恐慌性的下跌。1919 年 10 月及 11 月，货币利率高达 30%，1920 年秋为 25%。1920 年以及 1921 年的恐慌主要是“信贷冻结”以及商品期货价格下跌造成的。全国各地的商人们因为积压了大量高位购买的商品而负担沉重，银行也因为贷出的款项而负担沉重。1921 年的恐慌之后，出现了长期的繁荣景象。1922～1928 年，任何时间的短期借款利率都没有超过 6%，1924 年及 1925 年的短期借款利率低至 2%。不管是在华尔街上还是在股票市场上，1923 年以及 1924 年都不能被看做是恐慌年。这两个年份是调整时期，或者说休息时期，在此之后股市便重新进入了大繁荣时期。1924 年 11 月柯立芝当选总统之后，经济情况持续好转。长时间的银根放松和经济扩张带来了股票市场历史上最大的牛市，这轮牛市行情持续的时间最长，无论是那次 1869 年 9 月达到顶峰的牛市还是 1898～1906 年的“麦金利繁荣时期”均无法超越。

1929 年华尔街恐慌——这次恐慌的起因是，不仅美国人，而且加上外国人的疯狂赌博。整个世界都在美国的股票上进行赌博。人们争先恐后地买进，根本不考虑价格。很短的时间内便积聚了大量的账面盈利。从女服务员到亿万富翁，人人都在做股票。人们停下手中的工作，盯着股票自动报价机。短时间内便造就出了新的百万富翁。人们对自己的事业不管不顾，因为他们认为在股票市场上挣钱更加容易。这一次的投机浪潮之大前所未有。经纪人的贷款持续不断地增加，最终超过 80 亿美元。据保守估计，投入到美国所有上市流通的股票上的贷款总额超过了 300 亿美元。在到达最高价位的顶部，在纽约股票交易所交易的所有股票的总价值达到了 1000 亿美元。债券价格于 1928 年开始下跌，货币利率开始上升，这是市场发出的第一个警告信号，表明牛市行情已经接近尾声。1928 年，短期借款利率高达 13%，1929 年上升到 20%。联邦储备银行发布的警告信息被人们忽视。1929 年上市发行的新证券的数量是纽约股票交易所前所未有的，这所有的证券都需要大量的资金来支撑。这次最大牛市的最后阶段进行得如此迅速，以至于连一次回调、一次有序的下跌或一次有序的股票变现都不可能发生。当所有人都在最大限度地买进之后开始卖出时，并没有人想要买进，于是一场暴跌无法避免。这次下跌的幅度是史上最大的，公众遭受的损失也是最大的。然而，这既是一次富人的恐慌，也是一次穷人的恐慌，千万富翁与容易上当的老实人们一样，都在一起承受。不管是 500 万、1000 万、2500 万还是 1 亿美元，或是更多的赢利都在短短不到 3 个月的时间内便被一扫而光。交易大户们跟那些小打小闹的交易者们一样，对于出脱手中的股票无能为力，因为根本没有人愿意买进他们不得不卖出的股票。9 月 3 日，市场平均指数到达最高点，成交量达到 450 万股左右；9 月 5 日，当下跌开始时，成交量大约为 550 万股。在市场见顶之前，成交量从未超过 500 万股。10 月 4 日，回调到底部，成交量为 550 万股。在第一个恐慌日，10 月 24 日，成交量为 1289.4 万股；10 月 29 日，最恐惶的下跌日，成交量为 1641 万股；10 月 28 日，成交量为 911.2 万股；10 月 30 日，为 1072.7 万股；11 月 12 日，成交量为 645.2 万股；11 月 13 日，平均指数见底，成交量为 776.1 万股。平均指数见底之后，成交量没有再超过 550 万股，直到次年 4 月 3 日，成交量再次接近 600 万股。

值得一提的是平均指数的运动，道琼斯 30 种工业股平均指数从 9 月 3 日的最高点 381 点到 10 月 4 日的第一轮下跌的底部 325 点，在 30 天内下跌了 56 个点。随后是一轮快速的反弹，在 10 月 11 日到达了 363 点，上涨了 38 个点。10 月 29 日，平均指数下跌到了 231 点，从 10 月 11 日起算，下跌了

132个点；从9月3日起算，下跌了150个点。在接下来的持续2天的反弹中，平均指数到达了273点，上涨了42个点。11月13日，形成了极限低点199点，从10月31日起算，下跌了74个点；从9月3日的顶部起算，下跌了181个点。然后出现的反弹持续到了12月9日，把平均指数带回到了263点，从底部上涨了64个点。随后出现的下跌在12月20日到达了231点，从12月9日起算，下跌了32个点。之后出现的回调都非常小，并且每次回调后平均指数都能走得更高，一直到1930年4月17日，平均指数到达了294点，从1929年11月13日形成的极限低点上涨了95个点。

周期如何重复

1929年股市恐慌主要是由过度放贷以及未被市场消化的证券导致的货币状况引发的。只要对内战之后的经济形势进行研究并对股市价格进行回顾，任何人都会发现，自世界大战以来就一直存在的经济形势与之前相比并没有什么大的不同，股市也没有什么大的变化。在这轮牛市行情于去年8月份结束之前，全国各地都能听到这样的言论：这轮牛市行情持续的时间之长前所未有，它已经使那些最精明、最优秀的人士受到了愚弄。它愚弄了所有人，这是事实，但要说这轮牛市行情所持续的时间长过以往任何一次却不完全正确。只要回顾一下过去的市场运动，便能证明这一点。

铁路股平均指数——我用铁路股1856～1896年的数据建立了铁路股的平均指数，这样我们就能看清楚内战爆发前与内战爆发后的市场情况[①]。股市是比较内战前后情况最好的晴雨表与指南针。第10页中的图表1为1856～1896年铁路股的最高点与最低点年线图表。1856年，铁路股平均指数上涨到了96点，牛市行情达到顶峰。随后在1857年发生了恐慌，同样的平均指数下跌到了最低点37点。1858年的最高点为79点，最低点为59点。1859年的最高点为70点，最低点为53点。1860年的最高点为70

① 译注：1896年之前道琼斯指数还未出现，江恩利用铁路股的平均价格替代了道琼斯指数，作为股市指数的替代。因此，我们有时会把江恩编制的这个阶段的铁路指数称为江恩指数。

点，与 1859 年的最高点相同；最低点为 54 点，比 1859 年的最低点高 1 个点。1861 年的最高点为 65 点，3 月下跌到了 48 点并形成了最低点。内战于 1861 年 4 月爆发，但是我们可以看到股市价格已经贴现了内战的爆发，很快就开始上涨。1862 年 6 月，平均指数穿越了 1859 年和 1860 年的最高点 70 点，9 月又穿越了 1858 年形成的前一个最高点 79 点。当这轮牛市行情持续到 1863 年 1 月时，平均指数穿越了 1856 年的最高点。上涨趋势一直持续到了 1864 年的 4 月，平均指数到达了顶部 154 点。快速的下跌接踵而至，在 1865 年的 3 月再次到达了最低点 88 点，1 年内下跌了 66 个点。1865 年 10 月，平均指数反弹到 121 点。1866 年 1 月，下跌到了 100 点。1866 年 10 月，上涨到了 125 点。随后出现的下跌持续到了 1867 年 4 月，形成了最低点 104 点。这个点位与 1866 年的最低点相比是一个更高的底部。从这个最低点的位置，另一波大幅上涨开始了，并于 1869 年 7 月最终达到了最高点，此时平均指数形成了 181 点的顶部，从 1867 年 4 月形成的最低点起算，上涨了 77 个点。1869 年，这轮牛市行情的最后阶段非常疯狂和活跃，在最后 3 个月的重要冲刺中，平均指数上涨了大约 33 个点。

这轮牛市行情实际上开始于 1861 年 3 月，持续到 1869 年 7 月，这期间也像 1921～1929 年 8 月我们所遇到的牛市一样，出现了多次回调。1861～1869 年的牛市行情一共持续了 8 年零 4 个月。1921 年 8 月到 1929 年 8 月的牛市行情一共持续了 8 年。从内战前后的指数记录中，我们可以看出，当时的牛市行情所持续的时间比 1921～1929 年的牛市行情稍微长一些。

1869 年 8 月，指数开始下跌，而真正的恐慌发生在 9 月份，“黑色星期五”则发生在 1869 年 9 月 24 日。9 月，平均指数下跌了 30 个点之后到达了最低点 144 点。接下来的 10 月份出现了快速反弹，创下了最高点 167 点。这是这轮牛市行情的最后一个最高点，此时指数开始下跌，期间仅伴有很小的反弹，一直到 1873 年发生了恐慌，平均指数下跌到了 84 点，从 1869 年的最高点起算，下跌了 97 个点。随后出现的反弹在 1874 年 2 月到达了 107 点。1874 年 9 月，平均指数下跌到了 95 点；1875 年 5 月，反弹到了 106 点；1875 年 10 月，再次下跌到了 95 点。1876 年 3 月，平均指数再次反弹到了 110 点。随后开始的下跌在 1876 年 12 月到达了最低点 81

江恩铁路股平均指数(1856~1896年)

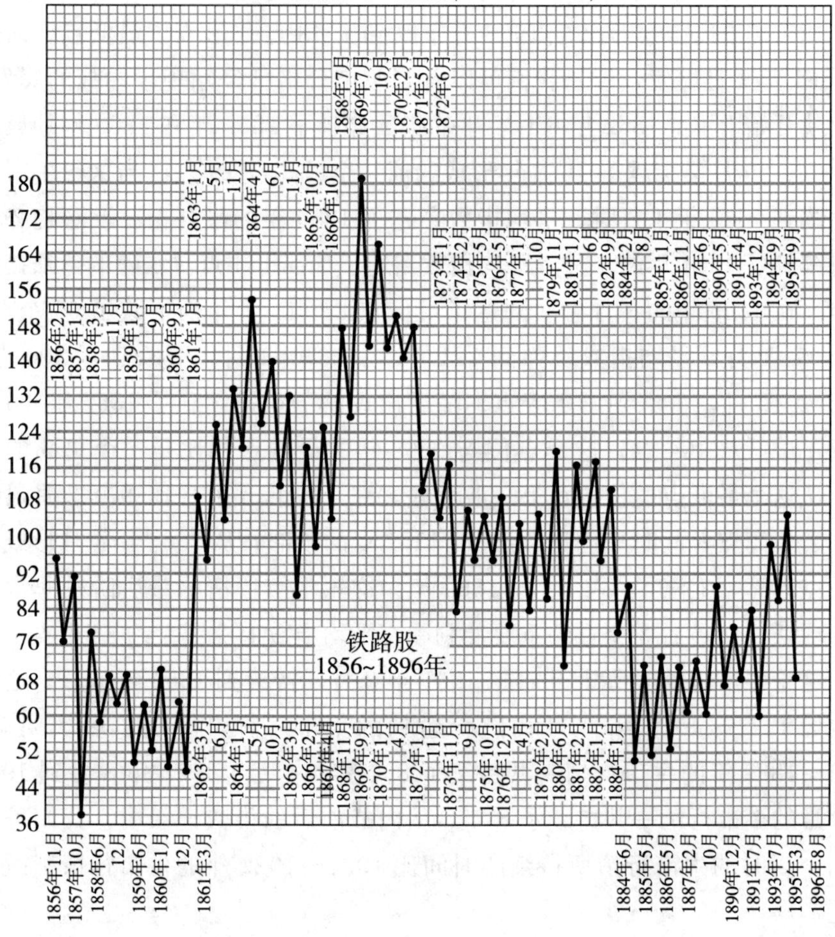

图 1

点，从 1869 年 7 月的最高点起算，下跌了 100 个点。此后开始的牛市行情一直持续到了 1879 年 11 月，平均指数到达了 119 点。然后下跌便开始了，并最终于 1880 年 6 月下跌到了 73 点。在这个最低水平，一轮陡直上涨开始了，并于 1881 年 1 月到达了最高点 118 点，仅仅比 1879 年 11 月的最高点低 1 个点。1881 年 5 月和 6 月，平均指数再次创下了同样的最高点。在这个顶部，一轮长期的熊市开始了，在 1884 年 6 月到达了最低点 51 点。该年 8 月，平均指数反弹到了 72 点。1885 年 3 月、5 月和 6 月，平均指数都到达了底部 52 点，比前一年的极限低点高 1 个点。1885 年 11 月，平均指数再次反弹到了 73 点。1886 年 5 月再次下跌到了 53 点，这是最后一个最低点。在这个最低水平上，开始了一轮慢慢爬升的牛市，市场逐渐走高，一直到 1890 年 5 月，平均指数到达了 89 点。之后开始的一轮熊市行情导致了 1893 年的恐慌，平均指数于该年 7 月下跌到了底部 61 点。1893 年 12 月，再次形成了同样的最低点。平均指数随后出现的上涨在 1895 年 9 月到达了 106 点。在这个顶部，“布莱恩白银恐慌”开始了，并一直持续到了 1896 年。1896 年 8 月 8 日，股票到达内战以来的最低水平，或者说 1869 年 7 月内战之后形成顶部以来的最低水平。1896 年，许多股票都被移送到了清算管理人的手中。像纽约中央（New York Central）这种在 1869 年形成了最高点的股票也持续走低，最终于 1896 年见底。

1896 年至今，道琼斯铁路股平均指数以及工业平均指数一直是市场趋势最可靠的指南针。我在《江恩股市定律》一书中对 1896～1922 年的这两种股指进行了回顾。1928 年，这两种股指均穿越了 1906 年的最高点——即 1928 年以前的最高点位，此时你便应该已经看出构成这两个板块平均指数的个股价位有多高，同时也应该已经注意到，穿越 1906 年的最高水平的那些股票。例如：艾奇逊-托皮卡-圣菲铁路公司（Atchison）、纽约中央公司和联合太平洋铁路公司（Union Pacific）都穿越了各自在 1906 年形成的顶部，它们都在上涨幅度最大的铁路股之列，不过，圣保罗铁路公司（St. Paul）以及其他一些股票却没有达到这个水平，与艾奇逊、纽约中央公司以及联合太平洋相比，它们的上涨微乎其微。

交易者最好了解这些事情，同时也最好知道，过去发生过的事情可能会再次发生。我们决不能满怀希望持股不动。当我们意识到自己错了时，应该立即发出止损指令或是迅速割肉离场。在 1929 年结束的那一轮牛市行情当中，无数的人都被愚弄了。同样的，在许多于 1929 年见顶的股票下跌到底部之前，还将有无数的人被愚弄。保护我们自己不遭受惨重损失的唯一方法就是在一切太迟之前赶紧离场。在股市中顽固没有任何好处。事实上，当我们错了时，除了离场等待下一次能在某只股票上站在正确的一边的机会之外，没有任何东西能帮到我们。

牛市行情的不同阶段

通常情况下，一轮牛市都是分阶段或波浪式进行的。1921～1929 年的牛市行情分以下几个阶段进行：1921 年 8 月，道琼斯 20 种工业股平均指数见底，牛市行情启动。1923 年 3 月，这轮牛市行情的第一阶段达到顶峰，之后便出现了一轮回调或者说一轮较小的熊市行情。一些股票在 1924 年 5 月见底，其他一些股票则在 1924 年 10 月才见底。从牛市的这次回调开始，牛市行情的第二阶段开始了，上涨一直持续到了 1925 年 11 月。从 1923 年 3 月到 1924 年 5～10 月的下跌不过是牛市当中的一次回调。牛市恢复之后，第三阶段的上涨一直从 1926 年的 4 月持续到了 8 月；之后出现了为时 2 个月的回调，直到 1926 年 10 月，行情再次向上摆动。1927 年 10 月见顶之后又出现了另一轮快速而陡直的回调，不过这次回调只持续了 1 个月。然而，许多股票停下来休息并调整了一番，直到 1928 年 2 月才再次开始快速上涨，并于 1929 年 2 月达到顶峰。这可以被看做是牛市行情第三阶段的结束。3 月份出现的恐慌性下跌在 1929 年 3 月 26 日到达了最低点。股票停留在一个狭窄的交易区间大约 2 个月，并在这个区间进行了吸筹。1929 年 5 月，这轮牛市行情的第四阶段或者说最后阶段开始了。这是最后的重要冲刺。许多股票都在这一时期形成了其有史以来最大幅度的上涨。1929 年 5 月到当年的 9 月 3 日，道琼斯 30 种工业股平均指数上涨了 90 个点。这轮牛市行情的最高潮是由少数几只由交易大户们操控的高价活跃股形成的，随后就是股价的高台跳水，平均指数在 2 个月多一点儿的时间内就大幅下跌了 182 个点。这是有史以来最大的一次下跌，无论是公众还是集合基金的作手，都遭受了有资料记载以来的最大损失。市值损失总计超过了 400 亿美元。

工业平均指数——我在《江恩股市定律》一书中回顾了这个板块 1896～1922 年的道琼斯平均指数，并绘制出了最高点与最低点月线图表和年线图表。1922 年 10 月的最高点是 103 点，1922 年 11 月的最低点是 92 点。从这个最低点的位置开始了一轮上涨，平均指数在 1923 年 3 月到达了最高点 105 点，仅比 1922 年的最高点高 2 个点，同时仍然比 1920 年的最高点低 4 个点——平均指数只有穿越 1920 年的最高点之后才表明它将继续走高。随后出现了一轮下跌，平均指数在 1923 年 10 月下跌到了最低点 86 点。在这个位置附近进行了大规模的吸筹，平均指数在 86～88 点之间的区间停留了 5 个月。之后出现的反弹在 1924 年 1 月和 2 月到达了最高点 100 点。接下来的下跌持续到 1924 年的 5 月，形成了最低点 88½点，平均指数在这个位置停留了 3 个月，每个月的最低点都相同。这个点位比 1923 年的最低点高 2 个点，表明指数在此得到了有力的支撑，指数将继续走高。1924 年 8 月的最高点为 105 点，与 1923 年 3 月的最高点相同。然后发生了温和的调整，并于 1924 年 10 月到达了最低点 100 点。当月月底，发生了反弹，收盘时平均指数为 104 点；11 月份在 104 点开盘之后迅速穿越了 105 点，形成了两年以来的最高点位，这明确表明指数将继续大幅走高。此时我们应该选择这个板块中的最强势股，并买进作为长期投资。1924 年 11 月，柯立芝先生当选总统之后，股票开始快速上涨，平均指数于 11 月底之前穿越了 1920 年的最高点 109 点，这是指数将大幅走高的又一个可靠信号。接下来是 1919 年的最高点 120 点——有史以来的最高点位。这个点位于 1924 年 12 月被穿越，这是接下来将出现一轮大幅上涨的又一个明确标志。1925 年 3 月的最高点为 125 点；随后出现的一轮快速下跌在 3 月底到达了最低点 115 点。指数在此获得了有力的支撑，再次开始上涨。该年 5 月，平均指数穿越了 3 月份的最高点 125 点，并且之后形成的底部和顶部逐月上升，直到 1926 年 2 月到达最高点 162 点。这是一个尖顶，接下来的 3 月份便出现了陡直的快速下跌。这次下跌实际上是一次恐慌性的下跌，许多活跃股都下跌了 75～100 个点。此时平均指数的最低点为 135 点。这次下跌不过是为时 1 个月的回调，与 1925 年 3 月的那次回调一样。此后，市场非常沉闷，连续 2 个月在狭窄的区间波动，这表明吸筹正在进行，直到 6 月份主要趋势才再次掉头向上。1926 年 8 月，平均指数到达了最高点 166 点，虽然仅仅比 1926 年 1 月的最高点高 4 个点，但这仍然表明指数随后将继续走高。在这之后出现的快速下跌持续了将近 2 个月的时间，并于 1926 年 10 月下跌到了最低点 146 点。然后上涨重新开始，那些活跃的领涨股出现了大量的吸筹。1927 年 5 月，平均指数穿越 166 点，这是指数将大幅走高的另外一个标志。10 月，平均指数到达了最高点 199 点。100、

200、300这样的整数点位附近总是会出现大量的卖盘。接下来很快就出现了下跌，该月底之前平均指数下跌到了179点。不过这次下跌之后又出现了快速上涨。1928年1月，平均指数穿越200点。穿越整数点位明确表明指数将继续大幅走高。平均指数接着到达了203点；之后出现的小幅回调在2月份形成了最低点192点；3月份一轮快速上涨开始了，平均指数穿越了203点。1928年5月和6月到达了顶部220点。随后快速下跌到了6月的202点。平均指数没能跌破整数点位200点，这表明指数在此获得了有力的支撑，同时也表明指数将继续走高。7月份出现了大量的吸筹，8月份，一轮疯狂、像脱缰野马一样失控的行情开始了，并一直持续到了1929年1月，平均指数到达了最高点222点。3月份下跌接踵而至，平均指数到达196点。随后出现的一轮陡直、快速的上涨在4月份形成了新高227点。5月初，平均指数自尖顶处开始下跌，这次陡直的下跌于5月下旬到达了最低点194点，仅比1929年3月的最低点低2个点，这是底部的明确标志。6月，那些滞涨的公用事业股开始快速上涨，并成为了领涨股。平均指数继续逐月走高，不断形成更高的底部和顶部，直到1929年9月3日到达最终的顶部381点，这是有史以来的最高点位。由于大多数的活跃股出现了沉重的卖压导致形成了一个尖顶，随后便出现了迅速、陡直的下跌。9月5日到达最低点370点，然后在9月7日快速反弹到了最高点377点，形成了比之前更低的顶部；9月9日又下跌到了367点，这是一个走势疲软的信号，表明指数将大幅走低；9月11日快速反弹到了371点；9月12日形成了最低点366½点，又一个走势疲软的信号；9月16日反弹到了372点，没能比上一个最高点高出太多；9月19日跌破了366点，这是一个大幅下跌正在上演的信号；10月4日到达了最低点326点；随后在10月11日出现的陡直反弹形成了顶部362点，低于前一个顶部。在这个顶部之后发生了恐慌性的下跌，10月29日到达了最低点231点。随后在10月31日出现的快速反弹仅仅持续了2天，形成了最高点273点。清算再次爆发，在这之后出现的陡直下跌于11月13日到达了最终的底部，平均指数形成了最低点199点，从1929年9月3日的最高点起算，下跌了182个点。这是有资料记录的最快速的下跌，并将成为华尔街上最大的恐慌被载入史册。之后出现的迅速反弹在12月9日到达了最高点263点。然后下跌接踵而至，在 12 月 20 日到达了最低点 231 点。请注意，10 月 29 日和 12 月 20 日的最低点是一样的，都比 1929 年 11 月的极限低点高 32 个点。这是一个指数稍后即将走高的信号。在这个底部之后，一轮缓慢的上涨开始了，期间仅伴有几次小幅回调。1930 年 1 月 5 日和 14 日，平均指数形成了临时性顶部 272 点；之后出现的下跌在 1 月 24 日形成了最低点 263 点。然后上涨重新开始，并在 4 月 17 日到达了最高点 294 点。

道琼斯 30 种工业股平均指数是大盘中那些活跃股趋势的可靠指南。但是请记住，你必须研究其中的个股，判断这些个股的变化是否与平均指数的趋势变化一致。如果某只股票的走势与平均指数的趋势相反，那么顺着该股的趋势在该股上进行操作。当平均指数变得沉闷且狭窄时要细心观察，看看顶部或顶部的成交量是否非常小，因为这是发生变化的信号。然后当市场在底部和顶部非常活跃时也要细心观察，看看成交量是否也在随着增加。一旦成交量开始减少，立即留意趋势的变化以及随后可能出现的反转变化。

第二章　24条始终可靠的交易规则

要想在股市交易中取得成功，交易者必须有明确的交易规则并遵循它们。以下给出的交易规则是建立在我个人经验的基础之上的，任何遵循这些交易规则的人都能取得成功。

1. 投入的本金数额：将自己的本金分为10等份，在任何一笔交易中，永远不要拿超过1/10的本金去冒险。

2. 设置止损单。始终在距离交易价位3～5个点的位置设置止损单做保护。

3. 永远不要过度交易。过度交易将违反上述有关本金的规则。

4. 永远不要让盈利变成损失。一旦获得的盈利达到或超过3个点，就要升高止损价位，以便本金不会遭受损失。

5. 不要对抗趋势。如果根据自己的图表无法确切地判断出趋势，那么就不要买进或是卖出。

6. 心存疑问时立即离场，更不要在心存疑问时入市交易。

7. 只在活跃的股票上进行交易。远离呆滞的死股票。

8. 平均分散风险。如果可能的话只交易4～5只股票。避免将自己所有的本金都放在一只股票上。

9. 永远不要限价委托或者说设定买进或卖出的价格。要进行市价委托。

10. 不要无缘无故地平仓。始终坚持设置止损单保护自己的盈利。

11. 积累盈余。取得一系列的交易成功之后，将一些资金存到盈余账户，以便在遇到紧急情况时或是恐慌时期使用。

12. 永远不要仅仅为了获得分红而买进。

13. 永远不要摊平损失。这是交易者可能会犯的最严重的错误之一。

14. 永远不要因为失去耐心而离场，也永远不要因为迫不及待而入市。

15. 避免小盈利大亏损。

16. 如果进行交易时设置了止损单，就决不要撤销。

17. 避免过于频繁地进出市场。

18. 做多与卖空要有同样的意愿，使自己的目标与趋势保持一致，并因此赚钱。

19. 不要仅仅因为某只股票的价格低而买进；也不要仅仅因为某只股票的价格高而卖空。

20. 注意不要在错误的时间加码。要等到股票变得非常活跃并穿越阻力位之后才能加仓买进；要等到股票跌破派发区间之后再加仓卖空。

21. 做多时选择小盘股进行加码；卖空时则选择大盘股。

22. 永远不要对冲。如果我们做多的某只股票开始下跌，不要通过卖空另一只股票来进行对冲。以市价卖出离场；认赔并等待下一次机会。

23. 永远不要无缘无故地改变自己在市场中的头寸。进行交易时要有充分的理由，或是根据清晰的交易计划；一直到出现趋势变化的确切标志后再离场。

24. 避免在长期的成功或盈利之后增加自己的交易规模。

当我们决定进行一笔交易时，一定要确保自己不会违背这24条交易规则当中的任何一条。这些交易规则对你的成功至关重要。当我们因为亏损而平仓时，对照这些交易规则看看自己违反了哪一条；然后下一次不要再犯同样的错误。经验与研究将使我们相信这些交易规则的价值，同时观察与研究将引导我们总结出在华尔街上取得成功所需要的正确而实用的理论。

本金安全

我们首先必须考虑如何保护自己的本金，尽可能地安全交易。有一条交易规则既安全又可靠，愿意遵循并从不偏离这条规则的交易者将始终守住自己的本金，并且每年的年底都能名列前茅。这条规则就是：将自己的本金分成10等份，在任何一笔交易中，都不要拿超过1/10的本金去冒险。如果一开始的本金总额是1000美元，那么在第一次交易时，用来冒险的本金不要超过100美元，同时限制损失的方法就是设置止损单。持有10股损失3个点或者说30美元比持有100股损失300美元要好得多。只要你有本金可用来操作，便总是能发现新的获利机会。一开始就承担巨大的风险会危及到你的本金安全，同时还会削弱你的判断力。按照这样的方式进行交易，即使遭受了损失也不会在心理上受到干扰。

止损单

我认为，对于设置止损单的价值重复再多次也不为过，因为它是保护投机者和交易者唯一的安全阀。投机者或交易者设置止损单之后，10次当中有一次止损单会恰好在顶部或底部被触及。在这之后，他就会始终记得这次经历并说："如果我设置了止损单，无论是反弹还是回调都会正好被触及，随后市场就会反方向运动了。"所以他下次便不再设置止损单了。他的经纪人常常告诉他，止损单总是容易被触及。交易者忘记了，10次当中有9次设置止损单都是正确的，止损单能够在市场走向对他不利时，通过迫使他离场而阻止了巨大损失。尽管止损单有一次迫使我们错误离场了，但它通过其余的 9 次迫使我们正确离场而对此进行了弥补。所以，切记要设置止损单。

改变主意

智者会改变主意，愚者永远不会。智者会先调查再做出决定，愚者只知道盲目决定。在华尔街上，那些不会改变主意的人将很快就会失去改变的机会。一旦已经下定决心进行交易并有充分的理由，就不要无缘无故地改变主意。我所指的最重要的一点就是，不要在市场走向对自己不利时改变止损价或是撤销止损单。在进行交易时，应该做的第一件事就是设置止损单，进行自我保护。一旦设置了止损单，便说明我们的行为是明智的，同时也运用了良好的判断力。做出这个决定之后再改变主意是愚蠢的；设置止损单之后再撤销所依据的不是良好的判断，而是一厢情愿的希望。在华尔街上，一厢情愿的希望只会导致亏损。如果我们设置止损单之后，始终不撤销，那么 10 次当中有 9 次，结果都将证明它是有史以来最好的办法；那些始终坚持这条规则的交易者将取得成功。我再一次重申，如果不能遵循交易规则，就不要开始投机，因为那样我们将亏得一无所有；而我们必须遵循并永不偏离的一条规则就是：**在进行交易时设置止损单，并且始终不能撤销。**

过度交易

历史之所以会不断重演是因为人性的弱点。总是贪婪地希望快速致富已经让公众损失了不计其数的美元。每一位富有经验的股票交易者都知道过度交易是他最大的弱点，但他仍然继续让这个弱点成为他毁灭的原因。要在交易中克服这个最大的弱点，必须有一个对策，而这个对策就是：止损单。这个最大的弱点必须被克服，而止损单就是对付过度交易的一剂良药。

保护自己的盈利

保护自己的盈利和保护自己的本金一样重要。只要我们的交易出现了盈利，就绝不应该让盈利变成损失。这一规则也有例外情况。我们应该根据盈利的多少来决定止损价位。以下是我给出的一般情况下都可以使用的最安全的规则。一旦某只股票朝对我们有利的方向运动了 3 个点，就立即在止损单被触及时我们可能平手的价位上设置止损单。在高价活跃股上，我们等到股票出现了 4～5 个点的盈利之后，就要再次将止损价位上移到即使市场发生逆转，我们也不会亏损的位置上，这样做我们最终将获得回报。用这样的方法，我们就将自己承受的风险降到了最低，而获取盈利的机会则是无限的。当股票朝对我们有利的方向运动时，就持续上移止损单跟进，这样便能保护并增加自己的盈利。

何时入市

知道何时买进或是卖出非常重要，我们必须有特定的交易规则和信号作为何时下达交易指令的标志。我们会发现，当我们认为市场即将见底或是见顶时，10 次当中有 7 次我们的判断都是错误的。重要的既不是市场今天的表现，也不是我们认为它即将有什么表现，而是当我们期望盈利的时候市场出现的迹象究竟是什么①。

当某只股票到达最低价或最高价，并且我们也想建立头寸时，就要耐心等待出现表明趋势已经掉头向上或向下的信号。有时，我们可能会因为等待而错过底部或顶部；但是，如果等到有理由相信自己与趋势一致而不是相反的时候再进行交易，我们将省下一笔钱。

应该牢记的一件最重要的事情，既不是即将获得多少盈利，也不是即

① 译注：江恩这里表达的意思是当我们计划进场的时候，市场要出现符合交易规则的标志和信号；当我们进场后，市场要出现交易规则阐述的后续市场表现的标志和信号，也就是市场表现要对路。如果进场后市场没有出现应当有的表现，就可能是我们出错了。

将遭受多少损失。我们应该先把钱的问题放到一边。我们的目标应该是在市场上始终正确，与市场趋势保持一致，并始终学习正确判断市场趋势。不要考虑盈利的问题。只要我们在市场上是正确的，盈利自然便会出现。如果我们是错误的，那么运用古老而可靠的保护器：止损单。

买进与卖出太早或是太迟

投资者经常离场太早，因为他们已经持有股票很长一段时间，一直在等待股票变得活跃并创出新高，因此在股票第一次上涨到新的价位区间便立即卖出，这种做法是错误的。

还有一种投资者，他们总是离场太迟，因为大幅上涨到来时，他们握住股票不放，希望股票可以上涨到前所未有的价位。结果，股票始终没有到达他们打算卖出的价位。第一次快速下跌到来时，他们决定等股票再次上涨到之前的最高价位再卖出。股票确实上涨了，但没能到达之前的最高价位。随后股价下跌到更低的价位，而他们则再次在自己脑子里确定了一个卖出价，而这不过是他们希望中的价位。他们看着股票不断地下跌，直到最后厌恶透顶，终于在股票已经从顶部的位置下跌了一大段之后卖出。等到看到趋势发生变化再卖出总是好的；但一旦确实看到趋势已经发生变化，就要立即卖出。对这类交易者来说，一条好的交易规则便是：即使将止损价设置在距离当前价格 10～20 点的位置上，也必须设置止损单。

延误的危险

在华尔街上，立即行动、毫不延误便能赚钱。光是满怀希望毫无意义，因为这无法战胜这个游戏。那些依靠希望进行赌博的人总是会破产。我们必须停止希望，开始思考。然而，在进行思考之后，除非我们在正确的时机采取行动，否则再好的想法都毫无用处。知道应该何时采取行动而不采取行动将不会有任何帮助。延误始终是危险的。希望得越久以及在市场上采取行动时延误得越久，判断就越糟糕，也越容易犯错误。停滞不前将面临死亡和毁灭，而行动将带来新生。不管是对是错，不行动既不会为我们省钱，也不会帮我们赚钱。请记住，延误始终是危险的。立即行动会比拖延到某个不确定的时间要好得多。我们绝不应该在生病或沮丧时进行交易。当我们身体不适时，判断力总是会很糟糕。一名成功的投机者应该遵循的一条规则就是：保持身体健康，因为健康就是财富。

何时加码

加码有两种方式。一种是在市场进入新的价位区间或是创下新高或新低时，立即买进或卖出。在一轮快速变化的市场当中，当市场朝着对我们有利的方向运动时，我们可以在市场每上涨或下跌 3 个点、5 个点或 10 个点时继续买进或卖出，具体几个点数完全取决于我们交易的股票或是所运用的加码方式。我的方法是，确定回调开始的价位以及一只股票从临时性的顶部回调了多少个点或是从临时性的底部反弹了多少个点。先判断出回调的幅度是 3 个点、5 个点、7 个点、10 个点还是 12 个点；然后在股票从顶部回调的过程中，根据该股过去的回调情况，等到股票回调了 3 个点、5 个点或 10 个点时进行第一次、第二次、第三次或是第四次的加码买进或卖出。在熊市当中，这条规则就要反过来用了。如果我们于 1924～1929 年在通用汽车股上遵循了这条交易规则，便会发现，逐步加码要比每一次上涨或下跌许多点之后再买进或卖出要好得多。

我的时间规则可以在加码方面对我们有所帮助，那就是确定第一次重要回调出现的时间。举例来说，通用汽车于 1924 年开始上涨之后的回调仅仅只有 3 周的时间；在该股形成最终的顶部且主要趋势掉头向下之前，每当它从顶部回调 2～3 个星期都是有利的买进时机。确定回调出现的时间并以这种方式衡量回调的幅度将大大增加我们的盈利，并使我们跟随股票的主要趋势。有时这种趋势会持续好几年，这样我们便经常能够获利 100～200 个点。这条时间规则与其他交易规则一样，在高价活跃股上使用效果最佳，而且仅适用于活跃市场。

不管我们运用的是哪种加码方式，在加码的过程中，都应该始终设置止损单，因为我们必须保护自己的盈利。我们获得的盈利越多，可以给市场的波动空间越大，或者说可以忍受市场反方向的运动或是回调就越大；也就是说，我们可以将自己的止损价设置在远离当前价位的位置上。这样，一次自然回调便不会妨碍我们的加码。例如，假设我们在某只股票上涨时跟进，最初的买进已经积累了 100 个点的盈利。如果这只股票之前曾发生过 20 个点的回调，那么它便可能在不改变主要趋势的前提下再次回调 20 个点，因此我们的止损价可以设置在比当前价位低 20 个点的位置，因为即使止损单被触及，我们的本金也不会遭受损失，损失的只会是一部分账面盈利。但是，在我们加码的最初阶段，应该将止损价设置在离当前价位更近一点儿的价位上，以便保护我们的原始本金。

能够预期的盈利应该是多少

绝大部分交易者都期待从投机行业中获得过高的盈利。他们不会停下来算一算，每年 25％的盈利在 10～20 年之后将意味着什么。假设本金是 1000 美元，而年利率为 25％的话，10 年之后便是 9313.25 美元。本金是 10000 美元，而年利率为 25％的话，10 年之后便是 93132.75 美元。由此可见，只要保守一点儿，不要期待过高，那么要在适当的一段时间内积累一笔财富是非常容易的。许多交易者都是抱着在 1 周或是 1 个月之内让自己的资金翻倍的想法来到华尔街的。这是不可能做到的。有时也有罕见的机会出现，1 天、1 周或是 1 个月就能挣一大笔。但这种大的机会极少见，而且要很长时间才会出现一次。一旦我们遇到这样的机会并获得了大笔的盈利，千万不要让希望妨碍了自己的判断，期待继续持续不断地获得这样大规模的盈利。记住，市场大部分的时间里都会正常运动，大部分的时间里我们都只能获得正常的盈利。许多交易者在买进或卖出时都不会思考自己可能获得多少盈利或是可能遭受多少损失。这里提供一条规则：当你认为自己获得的盈利可能无法超过 3～5 个点时，不要买进或卖出，除非你在距离当前价位 1～2 个点的位置设置止损单。一般来说，冒着损失 3～5 个点的风险去争取可能出现的 3～5 个点的赢利是不值得的。尽量到有机会的地方去，或者至少到赢利比亏损可能性更高的地方去交易。当我们认为在某只股票上只可能获利 3～5 个点时，根本就没有必要介入这只股票，因为我们的判断可能是错误的，最终可能亏损这么多甚至更多。我们最好等到股票穿越某个方向上的阻力位时再介入，同时介入到更大的获利机会以及更长期的摆动当中。那些试图割头皮的人是赚不到大钱的；他们只能获得微小的盈利。记住，要想取得成功，必须总是盈利大于损失，而规则就是：减少亏损，尽最大可能地增加盈利。

收到追缴保证金的通知怎么办

如果在进行交易时按要求交纳了保证金之后，股票却朝对我们不利的方向运动，经纪人要求追缴保证金的通知接踵而至。大多数情况下，此时应该做的不是追加保证金，而是以市价卖出；或者如果我们在卖空的话就要买进回补。如果要追加保证金，就将这些保证金投到一笔新的交易上去，而这次交易我们必须以判断更为准确、交易理由更为充分为前提。一个客户第一次追加保证金之后，10 次当中有 9 次他都会继续持股，直到收到第二次、第三次追缴保证金的通知，只要还有资金，他都会追加，以至于在一次交易上亏掉自己所有的本金。如果经纪人不得不要求你追缴保证金，一定是有什么地方出了问题，而此时最好的办法就是离场。

联合账户

如果可以避免的话，不要与别人合伙持有一个联合账户或是合伙交易。当两个人共同持有一个账户时，他们可能在选择正确时机买进做多或卖出做空时意见一致，而且可能恰好他们同意进行交易的时间是完全正确的。但是，问题就在于——等到了该平仓时，他们就很少能在平仓时间与兑现赢利的价格上意见一致。结果，他们在结束交易时便会犯错误。其中一个人会因为另外一个人不想离场而继续持有，最终市场逆转，这笔交易也就对他们不利了；之后他们便满怀希望持股不动，最终在这笔刚开始合作时还盈利的交易上遭受损失。一个人的脑子要在股市上操作并始终保持正确就已经很困难了，而两个人的脑子要协调一致并在市场上共同发挥作用就更是难上加难了。两个人合作成功的唯一方法就是：一个人负责买进和卖出，另一个人只负责设置止损单。止损单将在他们两个人犯错误时同时保护他们两个人。某人和自己的妻子共同持有一个联合账户也是一个糟糕的决定。进场和离场都应该由一个人来决定，而这个人应该学会采取行动，并且是迅速地采取行动，同时还要在投机交易中不受合伙人的影响。

交易者不想知道的事情

一般交易者都不想听到令人痛苦的真相。他们想听的是符合他们希望的事情。买进某只股票时，他们相信所有的利好新闻、传言、观点以及谎言，却偏偏不信那些不好的报道或是某人告诉他的关于他已经买进的那只股票的不利消息。这都是对他有利的真相，是他应该想听的真相，而不是那些会使他充满希望、后来却导致他损失的消息。交易者总是会在犯下错误之后说道："下一次我不会这样了。"然而，他下一次依旧如此，他还是会重蹈覆辙，这就是为什么在华尔街总是会看到的老羊带着小羊走老路，步其后尘了。在华尔街上，人们很少会告诉别人自己遭受损失的真相。凡是交易者，不管大小，都总是谈论自己所获得的盈利，吹嘘自己成功的交易案例，但却闭口不谈自己的损失。因此，当那些无知的小羊羔来到华尔街就以为肯定能挣钱。他们听不到故事的另一面——即在华尔街上，损失是如何发生的。而这恰恰真正能对他们有所帮助，可以阻止他们与老一辈犯同样的错误。新手们应该知道，没有设置止损单以及过度交易一直是华尔街上 90％的破产发生的原因。所以，要想取得成功，你就必须克服那些导致其他人破产的弱点。

人性——最大的弱点

获利时，交易者便会沾沾自喜，认为自己判断力很好，获利全是靠得自己。但遭受损失时，他的态度就会截然不同了。此时他很少会归咎于自己，也很少会尽力找出亏损的原因。他会替自己找各种借口和理由，说发生了意外，要是他当初没有听信别人的意见已经赚到钱了。他找出了很多的“如果”、“还有”以及“但是”，认为这些都不是他自己的错。这就是为什么他还会再次犯错并遭受损失的原因。

投资者和交易者必须找出自己的解决办法，从自己而不是他人身上找到损失的原因，因为除非这样做，否则他永远无法改正自己的缺点。毕竟是我们自己的行为造成的损失，因为买进或是卖出的都是我们自己。我们必须寻找自身的问题并加以改正。这样我们便能获得成功；而还是以前的老样子，我们是无法获得成功的。

交易者遭受损失的一个主要原因就是他们不自己思考，总是让别人替自己思考并给出意见。而这些人的建议和判断实际上并不比他们自己的好。为了交易成功，我们必须自己进行研究和调查。除非我们从一个小羔羊转变成寻觅知识的思考者，否则我们将重蹈所有老羊的覆辙——躺在保证金催缴者的斧刃下任人宰割。自助者才有人相助，或者有人指点你怎样才能自助。

我能为你提供世界上最好的交易规则，以及判断一只股票的强弱形态最好的方法，但即使这样你还是可能会因为人的因素输掉账户上的钱，其原因就在于，人性是你最大的弱点。你不会遵循规则，你会仅凭希望和恐惧而不是事实来行动；你会犹豫延迟；你会失去耐心；你会仓促行动或是延误时机。你会因为自身人性的弱点而自欺欺人，把失败归咎于市场。永远记住，赔钱是你的错误，并不是市场本身，也不是市场操纵者的行为导致了你的亏损。因此，要么遵循交易规则，要么远离投机，否则你注定要失败。

第三章　华尔街的教育

为什么现在更难战胜股市了

一般的交易者要想在股市上赚钱一年比一年困难了，因为股票的数量增加了。现在在纽约股票交易所挂牌交易的股票大约有 1500 只（个股）。反向运动比以往任何时候都多得多。同一板块中的股票也会往完全相反的方向运动。某个板块中的某只股票的上涨或下跌可能会与总体趋势方向相反，这就容易使交易者感到迷惑，从而导致交易者犯错。

过去在市场上的活跃股数量很少，并且其中大部分都属于道琼斯工业股平均指数和铁路股平均指数的成分股，这两种平均指数是可靠的指南。那时，股票都掌握在少数几个大庄家的手中，大多数的大户都会同时操纵这些股票板块。现在，在股票交易所挂牌交易的股票数量如此之大，组成的板块如此之多，以至于要想通过平均指数获得可靠的指南，就必须获得不同板块，如石油、橡胶、钢铁、制造等的平均指数。我们不能太过依赖于平均指数，而应该判断组成这些平均指数的每只成分股的强弱形态。我们会发现，同一个板块当中，有些股票处于非常弱势的形态，显示出下跌趋势，与此同时，其他一些股票却处于非常强势的形态，正如我们后面在分析不同板块股票时所见到的那样。

大数定律运用到人寿保险当中时是很有效的。保险精算师能对 1000 个不同年龄段的人的寿命进行计算，并说出平均每年将会有多少人死亡，但他无法根据平均寿命计算出某一个人的具体寿命，原因就在于同一人群中包括了不同时间出生的人。股票平均指数也是由不同公司发行的股票组成的，而这些公司成立的时间可能是5年、10年、20年、30年、50年，或是100年。由于这些公司成立的时间差距很大，行业分布在全国各地，而且同时受到地理位置以及其他条件的影响，它们当中某些股票的走势与其所在板块的平均指数的走势方向相反也就再自然不过了。

例如，以石油工业和构成平均指数的石油股板块为例。构成这些平均指数的公司成立时间各不相同，管理人员各不相同，办公地点坐落在全国各地，所处的地理环境也各不相同。因此，要想进行可靠的预测，就必须单独对每个公司以及该公司的股票进行分析、判断和预测，而不能将其集中起来笼统地进行分析、判断和预测。关于这一点，曾出现过这样的例子：在休斯顿石油（Houston Oil）大涨时，其他石油股却在下跌。该股流通股很少，并且强弱形态也与其他石油股不同，因此很容易就能拉抬该股，使其趋势与大盘相反。

在现有条件下，交易者要想在股票交易上取得成功，就必须忽略同一板块中的其他股票、整体市场，或是其他任何一只个股或板块的表现；而去研究每一只个股，并跟随该股自身的趋势。由于人性的弱点，要做到这一点很难。这就使得交易者更有必要确立自己的交易规则并严格遵守，而他必须始终运用的一条规则就是：设置止损单。

我国已经发展到如此大的规模，并且在与那么多的国家进行经济往来，而外国各种条件的变化以及所发生的事件，无论好坏，都会对我国的市场产生影响；这就增加了那些仅仅依靠猜测、听从小道消息或是内幕信息的交易者进行交易的难度。事实是，交易者根本无法以这样的方式战胜市场。

我国已经从一个农业国变成了一个工业国。曾经有一段时间，铁路股会受到农作物的影响。农作物收成好，铁路股便会上涨；农作物欠收，铁路股便会下跌。当铁路不再需要依靠农作物来增加货运量，而是从制造业获得很大一部分业务时，那些过去将农作物作为铁路股指标的交易者便发现自己的指南靠不住了。

现在，我国的各种情况变化很快。运输方式从富尔顿的汽船转换成铁路花了很长一段时间，但从汽车开始用于娱乐和商业到使用飞机所花的时间就短了很多。汽车改变了铁路的状况，而现在飞机也将改变汽车工业以及铁路的状况。大量汽车企业正试图进入飞机制造业这一事实便清楚地证明了这一点，因为飞机是未来的运输方式。而那些继续只生产汽车的企业将发现自己的业务量以及盈利都会在未来几年里不断减少。

要想取得成功，我们必须走在时代的前列，而不是落后于时代。我们必须留意新行业里那些最好的股票。不要抱住那些老的股票不放，希望它们再度辉煌。一旦这些股票开始下跌，卖空它们，就像1909～1917年应该放空铁路股一样；然后等到1921年发生变化，铁路股显示出上涨态势时，交易者可能已经赚够了钱，又可以买进了。世界上的大牛市期间，大多数情况下，工业股都显示出了比铁路股更多的机会以及更丰厚的盈利。

可以进行风险投机的年纪

从20岁到50岁，要想赚大钱就必须抓住某些机会，但这些机会要么是必须基于某种合理判断的冒险，要么是采用某种科学的选股法进行投资或投机。等到了50岁，就应该独立[①]了。如果遵循了成功投机或是投资所有的规则，此时就应该处于一种无需冒险或是寻找重大机会的状态了。如果还没有达到这种状态，无论如何也不应该再冒险了。因为一般来说，人在50岁之后若是再损失钱财或是生意破产，就很难再次东山再起了。如果50岁了还没有在华尔街上取得成功，那么最好离开。如果到这个年纪已经成功了，便不必担忧并可以在未来的日子里从容生活了。人天生的弱点就是在遭受了重大损失之后，为了把赔掉的钱捞回来，会把仅剩的钱也拿去冒险。很多年过50的人在进行投机或商业冒险时都会犯下这样的大错。当然，所有的规则都有例外。也有一些人是在60岁之后才成功的，少数人甚至在70岁之后才取得成功，但我们这里说的是一般情况。

要想在投机或生意上取得成功，在20岁左右就应该开始研究某个行业或是股市并积累知识和经验。如果我们花费10年的时间来学习，那么到了30岁便应该为未来10年或20年的成功投机做好了准备。但如果我们在30

① 译注：也就是财务自由的状态。

岁时便认为自己知道的足以获得成功并因此放弃学习，那么在未来20年的某个时间我们将遭遇失败。我们必须继续研究变化后的市场状况，以及新旧股票的强弱形态，不能在某只股票的某个时期让自己被变化后的状况所愚弄。我们一定不能用老瓶装新酒，或者换句话说，不能以旧有的标准来衡量不同周期或是不同时期的股票，就像很多交易者在1921～1929年的牛市行情期间所做的那样，尤其是在1924～1929年这一阶段期间，交易者认为与之前的牛市行情相比，这轮牛市行情持续的时间已经够长了，因此犯下了过早放空或是过早卖出手中多头头寸的错误。

我们每个人都必须接受股市教育，同时也必须记住：我们永远也无法从华尔街学校毕业。我们每年都必须学习最新的课程才能跟上时代的步伐；事实上，要在华尔街上取得成功，必须走在时代的前列。

一个人能损失1亿美元吗

一般公众都认为，一个人有了100万美元或是更多钱之后，就不会再失去了。换句话说，他是个大人物了，能够迫使市场按照他的意愿发展。对此我们只需参考一下阿莫尔（J. O. Armour）损失3亿多美元的例子。世界大战即将结束时，阿莫尔这位包装业巨头，拥有的财富大约为3亿美元。战争引起的市场状况改变导致他的财富开始逐渐消失。当他看到自己损失了2000万美元时，不愿认赔，而是拼命想用剩下的2.8亿美元把损失的2000万美元捞回来。市场继续朝对他不利的方向发展，生意非但没有变好反而变得更糟糕了。他继续逆潮流而动，直到所有的财富被耗尽；同时也健康不再，最后他只能在破产之后绝望地死去。当然，他之所以去抗争不过是因为对金钱的热爱，因为他拿着这么大一笔钱也没有什么用处；但一旦拥有这么多钱，为了保住这些钱，他便会牺牲自己的健康和一切。

杜兰特（W. C. Durant）在1919年的牛市行情最高峰时以身价1.2亿美元为世人所知，但后来还是全部亏掉了，他持有的通用汽车股份也被摩根集团和杜邦公司以低于市价的价格接手。某人从某个地方挣到500～5000万美元之后又赔光的例子更是为数不少。丹尼尔·杜鲁（Daniel Drew）自称身价大约1300万美元，之后还是全部亏掉并在破产之后死去。

汤玛斯·W·劳森（Thomas W. Lawson）身价 3000～5000 万美元，最后也全部亏掉了，实际上他死的时候一贫如洗。丹尼尔·J·萨利（Daniel J. Sully）、尤金·苏克尔斯（Eugene Scales）、杰西·利弗莫尔（Jesse Livermore）以及其他许多人都损失了 500 万美元或是更多。

1929 年的恐慌当中，交易大户们损失了 1000 万、2500 万、5000 万、7500 万以及 1 亿，据报道，有的人在 90 天之内就损失了 2～3 个亿。如果这些人都能损失几百万甚至几个亿，那么你的运气当然也比他们好不到哪儿去。一个拥有 1 亿美元的人犯错时，他亏掉 1 个亿就像一个拥有 100 美元的人犯错时亏掉 100 美元一样容易，而且他亏损的速度要快得多。拥有 100 美元的人可以离场，而 1 亿美元的人却不能。或许你会问，拥有 500 万、1000 万甚至 1 个亿的人怎么会全部亏掉。这是因为他不再像当初挣钱时那样去判断了。挣钱是一回事，要守住财富又是另外一回事。人的一生就像股票一样按周期运行。一个人在到达鼎盛时期时自己并不知道。他能挣钱的时间结束了，他就应该守住自己已经挣到的，而不是试图去挣更多。存在着一种周期性的走势以及一种精确的科学周期，这种周期决定了一个人能走多远以及多长时间，当他竭力对抗这条法则，并且大的潮流又对他不利时，他便会被回头浪卷走。对每一个人来说，应该知道的最重要的事情就是：何时应该放手。一个人挣了钱以后，必须知道什么时候钱已经挣够了，什么时候应该打住并守住已经挣到的钱。

精明的交易者经常会犯的错误就是，跟随某个一直都很成功的市场领导者。如果这个领导者走下坡路，而且其判断并不比他们自己的好——事实上甚至还不如他们自己时，这些交易者仍然继续跟随他操作。1915～1919 年，杜兰特判断正确，挣到了几百万美元，此时跟随他操作的人成千上万；而到了 1920 年和 1921 年，杜兰特出错时，这些人仍然追随他，最终赔光了自己已经挣到的，甚至更多。他们怎么样才能阻止这些损失呢?（其实他们完全可以）运用自己的某种方法来确定汽车股的趋势何时已经掉头向下，然后停止买进，卖出手中的多头头寸并反手放空。

任何一个按照我的交易规则去解读图表的人都能从通用汽车以及其他汽车股的强弱形态看出，1919 年下半年，趋势已经掉头向下，并且在 1920 年和 1921 年期间继续下跌。这样的话他们怎么还会在杜兰特出错并亏掉了所有资金时还跟随他呢？永远不要把自己的希望寄托在任何一个领导者身上并长期如此。单打独斗的猎人或渔夫才能击败这场游戏。当追随者太多时，这些追随者会让领导者也达不到目的。大人物也和小人物一样经常出错，但他们当中的绝大多数都足够聪明，能够在发现自己出错时迅速加以纠正，不会像一般公众那样满怀希望持股不动。

一个人的趋势何时会改变

人的周期性变化就像市场一样，也会有好与坏的循环。通过记录自己的交易，我们可以确定自己的趋势何时朝哪个方向发生了变化。我曾经做到连续 200 次交易只赚不赔。当我刚开始这段个人行情时，连续 50 次只赚不赔都没想过，但我确实持续不断地进行了完美的交易，一连交易了 200 次，几乎每次交易都能获利。我的这段好运气或者说上涨趋势持续了一段时间。如果我那时候没有办法预测（自己的个人趋势），那么我应该留意哪些告诉我个人趋势何时已经转向对我不利的信号，并且我应该离场并等待呢？最先显示有什么地方不对头的应该是我第一次遭受损失的那笔交易。我还记得，那是一笔很小的损失，大概 100 美元。接下来的一笔交易我又遭受了 500 多美元的损失。这表示，不管是因为判断失误、身体状况不好、精神疲劳还是其他什么原因，反正我的个人趋势正在发生变化，并且正在转向对我不利。如果当时明智的话，我会退出市场，保住所有的赢利。然而，我进行了第三次交易，而且就像大多数交易者一样，扩大了交易规模。这次交易很快就让我损失了 5000 美元，但我还没有立即收手认赔。结果，我继续遭受了一系列的损失，直到 1907 年 11 月银行关门，我再也无法从银行取出钱来。我只好让经纪人帮我平掉所有的合约，承担了一笔巨大的损失。导致这样的结果就是因为我违背了自身的趋势行事。我的好运时期已经结束了，而我却在这段时间内继续交易，我本该休息、消遣以及补充知识，而不是试图挣更多自己根本不需要的钱。好几个月的时间里，银行都无法进行现金支付，因此我也无法取出钱来进行投机。我将这段时间都花在了学习和思考市场行情上，最终找出了自己犯错以及遭受损失的原因。

1908 年春天，我再次开始交易，并且已经总结出了某个能够判断出自身的趋势何时已经转向对我有利的规则。我开始交易小麦期货，而且最初的三次交易都出现了赢利。这表明我的好运又来了，我应该牢牢抓住它。于是，我开始买进棉花期货，并在市场上涨时一路跟进，在利弗莫尔第一次成功垄断 7 月棉花时加码。那段时间我挣了一大笔钱。

我还可以从自己赚赚赔赔的经历中举出很多例子来，但有一条规则是每一位交易者都应该注意和遵循的，那就是：一旦一长串的获利之后连续 2～3 次交易失误，立即退出市场休息一下，离市场远一点儿，给自己大量时间整理整理自己的判断。接下来，等我们认为自己又有了状态，便从小额交易开始。若是第一次交易不顺利，就应该再次退出并远离市场。之后，等我们再次开始交易时，若是最初的 2～3 次交易都出现了赢利，就可以把握住自己的好运并期待一段时间的交易成功了，直到我们发现另一个表明趋势已经转向对我们不利的信号出现，此时我们必须再次离场。

在远离市场很长一段时间之后，我总是会挣到数额最大的赢利；在市场上连续交易很长一段时间后，我总是会遭受数额最大的亏损。没有人能够在不绷紧神经的情况下在市场上重仓交易，而当他的神经开始放松、身体状况不好时，判断力便会下降，从而开始遭受损失。当形势开始对你不利时，停留在市场当中，满怀希望持股不动，根本毫无意义，立即认赔并离场。远离市场并等待机会，等到市场对路、自己的身体状况良好而且精神也处于最佳状态时再进场，我们便会获利。战胜股市其实是一场斗智的战争。我们的头脑必须灵活、敏锐、机警。我们必须能够改变想法并迅速行动。当我们发现自己的头脑变得迟钝并且无法迅速行动时，就根本无法在市场立足。我一直都跟经纪行有联系，知道许多交易者的情况。我曾眼看着市场连续好几天甚至好几个星期朝对他们不利的方向发展。慢慢地，他们开始离场，但有少数人会非常固执，始终抱着股票不放。我认为这是固执，他们却认为这是勇气；但让一个人在市场对他不利时还抱住股票不放的不是勇气，而是希望和固执。勇气不可能在市场对我们不利的时候帮助我们，即使勇气能坚持，我们的资金也无法持续与趋势对抗。交易者通常都会在交易大厅里相互交谈。当所有人都带着损失离场了，只剩下两三个人时，他们便会相互交谈，说他们打算追加保证金，坚持到底，直到行情开始逆转。最后，只剩下一个人了，他会说自己不打算在底部全部卖出，而会等到渡过难关。终于，希望变成了绝望，他在某个反弹价位上提交了卖出指令。市场没能到达他的卖出价。随后的几天内他不断改变自己的卖出价，但始终没能卖掉股票，而市场则继续走低。最后，他发出了以市价全部卖出的指令。但这对我来说却是买进信号。接下来，我会以市价买进并一定能获得赢利。这表明，交易者在持股很长一段时间后，几乎总是会在错误的时间采取错误的行动。这也证明，身体健康、有资金、有勇气、有知识，同时远离市场，直到关键心理时刻到来时再入场的人总是能获得丰厚盈利的。

一些曾在赛马中挣了也赔了许多钱的人写下了下面这首诗：

气馁者显出疲态之际，既是全力挺进之时，
决战已到最后阶段，胜出就在闯线的瞬间。

能够在他人看不到希望时开始行动的能力可以帮助我们在投机交易上取得成功。当一切看起来都令人沮丧且无人能看到一线希望时，便是买进股票的好时机。当群情激昂，每个人都很乐观，天空中看不到一片云时，便是卖出的好时机。一种情况是，希望已经摧毁了人们的判断力；另一种极端情况是，恐惧已经导致人们丧失了希望、丧失了判断力，气馁的交易者们在底部全部卖出，并且其中许多人反手卖空。此时，聪明的傻瓜们的机会来了，那些有勇气在这种极端情况下介入的将获得盈利。

那些带着自己的资金离场，并正在研究及观察自己的图表的人便能在这种极端情况下发现机会，并加以利用。

恐惧与知识

在华尔街上，恐惧是造成损失最主要的原因之一。事实上，我们生活中大部分的问题和不幸都是由恐惧造成的。那么造成恐惧的原因又是什么呢？就是无知或缺乏知识。《圣经》上说：“你应该懂得真理，真理将使你得到解脱。”真理就是判断是否科学的知识，而当一个人拥有知识时，他便会看清并了解，因此便会毫不畏惧。有了知识，他便不会一味地希望，因为他知道即将发生什么，这样就不会对即将发生的事情抱有希望或恐惧。

一个人为什么会在最低点卖出股票？那是因为他害怕股票会继续下跌。如果知道股票已经处于最低点，他就不会害怕，也就不会卖出而会买进。股票处于顶部时是一样的道理。一个人为什么会在最高点买进或是回补空头头寸？因为他已经不再抱有希望，害怕股票会继续上涨。如果有知识，他就不会害怕，而会运用良好的判断力。要想成功，就必须消除希望与恐惧；而消除这两种假象的唯一方法就是：尽可能多地积累知识。

交易者为什么不在高价位时卖出股票

每一轮牛市当中都有许多原本获得了庞大盈利的交易者没能在正确的时间离场。他们眼睁睁地看着股票下跌，有的时候甚至会等到被抹去了50～100个点的盈利才卖出。这其中必有原因。我们已经听过很多人谈论华尔街心理了，而且一些作者曾经还称，1929年的华尔街恐慌就是由大众心理引起的。在很大程度上，这是事实，但如果之前的大众心理没有引发这轮导致每个人都在买进，都变得过于乐观，最终没能带着巨额盈利离场的大牛市，那么大众心理也不会引发这次恐慌。

下面这个真实的事例揭示了人们为什么不能在自己有丰厚的账面盈利时卖出股票。我认识了很多年的一位先生于1921年在80左右买进了美国钢铁。他持有这只股票并于1927年获得了40%的送股分红。之后，这只美国钢铁新股下跌到了111¼；当该股反弹到115时，他又买进了一些，并将所有股票一直持有到该股在1929年9月上涨到261.75。在该股穿越175之前很长一段时间，他就说要在该股到达200时卖出，但当它穿越200时，他又断定该股将上涨到250，因此继续等待股价到达这一价位再卖出。大约在美国钢铁上涨到250时，他碰到了我的一个朋友，并对我朋友说："江恩现在对美国钢铁有什么看法呢？"我朋友回答说："江恩说市场即将在8月底左右到达顶部，而且他打算放空美国钢铁。"然后他说："我听说美国钢铁将涨到300甚至更高，之后1股将拆分成4股，我打算在那儿之后卖出。”1929 年美国钢铁跌倒 150 之后，他来到我朋友的办公室，我朋友问他：“H 先生，您是在 250 美元之上卖出美国钢铁的吗?”他回答道：“不是，我没有卖出。我现在还持有呢。”我朋友问他：“你究竟为什么不在自己有那么庞大的赢利时卖出呢?”他回答道：“嗯，你知道的，它们像是有一种催眠术，能让你在股票上涨到接近顶部时进入睡眠状态，然后等到它们下跌到接近底部时你才醒过来，意识到发生了什么事，但此时卖出已经太晚了。”

这个人的一番话表明，人们确实像被催眠了一样；他们意识不到发生了什么或是即将发生什么，直到一切都太迟了。这就是他们不在高价位时卖出股票的原因之一。若是投资者和交易者学会了在获得盈利时设置止损单——这将使他们在股票开始下跌时带着大部分的盈利退出市场，他们的情况将会好得多。这个人认可了美国钢铁，并在正确的时间买进，却让股票下跌了 100 多点，抹掉了自己绝大部分的赢利，那么一切不都是徒劳吗?当然，在美国钢铁下跌了 20 个点之后，他根本没想到该股将下跌 80 个点甚至更多；如果想到了，就已经卖出了。记住，最终起决定作用的并不是你的观点、想法或是希望，而是市场的表现。因此，一旦已经获利，我们就必须采用保护自己盈利的规则。据我所知，没有比止损单更好的自动保护措施了。

聪明的傻瓜

过分自信的交易者认为自己无所不知，他们听从小道消息以及内幕信息，他们总是对自己不懂的东西进行谴责，并且认为自己无所不知而永远无法进步。这样的人称那些相信科学和图表的人为傻瓜。但相信图表的人是聪明的傻瓜。《哥林多前书》的 2∶13－14 中有这样一段话：“我们讲说这些事，不是用人智慧所指教的言语，乃是用圣灵所指教的言语，将属灵的事讲与属灵的人。然而，属血气的人不领会神圣灵的事，反倒以为愚拙，并且不能知道，因为这些事唯有属灵的人才能看透。”凡人或是一般人都认为把科学运用于股市是愚蠢的行为，而且认为图表不适用，因为他们不懂得如何解读图表。在他们看来，那些相信图表的人很愚蠢，因为他们不知道解读图表的规则。他们没有多年的经验，也没有接受过正确解读或是准确判断股票未来趋势的训练。成功的交易者是那些知道自己并非无所不知并总是尽力学习更多东西的人。一旦某人判定自己对股市无所不知，他便注定要失败。如果活跃程度降低了，就会出现停滞；如果一个人不再继续学习，就会退步。一个成功的人必须有自己的计划和规则，并按照这些计划和规则行事。

第四章　不同时间周期的图表与趋势变化

解读股票盘势的新方法

解读股票盘势的老办法就是站在自动报价机旁边，密切注意某只突然活跃起来并伴有成交量增加的股票；然后买进或是卖出这只股票。在从不同时出现超过 3～4 只活跃领涨股的那些日子，这个方法相当有效。但是现在，这种方法行不通了，因为有时一天当中进行交易的股票就多达 800 只。这当中存在着太多的分化运动；一些股票总是上涨的同时另一些股票却在下跌。那些天天围绕在经纪行的自动报价机旁的交易者自 1921 年以来就一直没有战胜过市场，未来也不会战胜市场。

现在有一种解读盘势的新方法。这种方法可以被运用于过去以及未来所有的市场，只要交易者消除人性因素，根据客观的数学事实行事，不让希望和恐惧影响自己的判断，这种方法就能发挥作用。在《江恩股市定律》一书中我曾说过，解读盘势的正确方法是：远离自动报价机并在收市之后对股市进行分析。比较繁忙的人应该在收市之后去浏览报纸，记录下自己感兴趣的股票当天的最高价和最低价。他应该浏览一下大盘，注意那些成交量达到或超过 10 万股的股票。这些股票要么已经是领涨股，要么正开始成为领涨股。假设他已经注意某只股票好几个星期甚至是好几个月，其成交量从未在一天之内达到过 1 万股；然而突然某一天，他在收市后翻开报纸，发现这只特定的股票成交量达到了 2.5 万股。这表明上涨或是下跌运动正在进行，他应该开始交易该股。以下这种做法可以当做一条规则来使用：如果某只股票一天之内成交量非常庞大，并且在一个非常狭窄的区间内波动，那就要等到它波动幅度较大时再买进或是卖出，并且无论市场行情往哪个方向发展，都要与市场趋势保持一致。根据各种交易规则和已有的实例绘制出该股的最高点与最低点日线、周线、月线和年线图表，并根据这些图表对该股进行判断。这就是解读盘势正确的新方法。

时间记录能够证明因果关系

研究了过去的交易情况并知道了未来不过是过去的重复，我们便能根据时间和条件找出原因。有时，为了找出原因，我们需要追溯到很久以前，因为我们必须研究战争、战争的影响以及战前战后的情况（请参考图1）。普通交易者的记忆时间都太短暂了。他只能记住自己想要记住的或是自己希望和恐惧的东西。他太过于依赖他人，不会自己独立思考。因此，他应该对过去的市场运动做记录、绘制图表或是进行图形化的描述，以便提醒自己过去所发生过的可能并且也会在将来发生，因此他不应该允许自己的狂热凌驾于自己的判断之上，也不应该因为希望而买进，认为恐慌永远不会再出现。只要世界还存在，恐慌就会再出现，并且随后也还会出现牛市，这就像潮起潮落一样确定无疑。因为人的天性就是把每一件事都做过头。当他满怀希望并非常乐观时，会走向一个极端；当他受到恐惧的控制时，又会走向另一个极端。

1929年，交易者们犯下了卖出太早或是买进太迟的错误。如果交易者对个股与平均指数绘制了图表，这些错误本来是可以避免的，因为如果绘制了图表，他们可能已经看出股票一直形成更高的底部和顶部，尤其是那些处于强势形态的股票，他们本不应该卖空这些股票的。当道琼斯平均指数穿越1919年的最高点——历史上的最高点时，这是一个可靠的标志，表明牛市行情将持续很长一段时间，股市将大幅走高。当时，国家的购买力已经增加，国家资金也比以往任何时候都充裕。同时，接受了投机教育的人数量之多也是前所未有的，这种动力的存在将股票的价位带到了高于其内在价值的位置上。然而，若是解读正确，图表仍然显示每只股票都将继续呈上涨趋势；交易者若是正确解读了图表并跟随趋势操作，就不会犯错。因为希望或恐惧而买进或卖出是最糟糕的事情。每一个交易者在进行交易时都应该有充分可靠的理由，并且一定要预想到自己可能会犯错，因此他应该设置止损单，以便在发现自己已经出错时保护自己。

始终要查看一下我们打算交易的股票过去的表现，并且在进行交易之前获得它的记录[①]。如果该股不久之前或是几年以前曾出现过大的运动，并且现在看起来正处于一个狭窄的交易区间或是我所说的横向运动，那么在它表现出明确的上涨趋势之前先别碰它。如果该股曾在过去的某一轮牛市行情当中充当过领涨股，或是在某一轮熊市行情当中充当过领跌股，那么它可能就不会再成为下一轮行情当中的领涨股或是领跌股，除非图表明确显示该股即将领涨一轮上涨或是领跌一轮下跌行情。

仔细研究每一只股票以及每一个股票板块，观察它们在反弹和回调时的表现，这样我们便能判断出它们是否正处于稍后将重新开始的牛市行情的某个阶段，或者是否正处于到达底部之前将经历3～4个阶段的熊市行情当中。查看一下自己的图表，我们便会发现，每一个股票板块以及每一只个股刚开始进入下跌趋势时，都会经历3～4个阶段。首先，它会出现一轮陡直下跌；随后反弹并派发；接下来会出现另一轮下跌；然后先是犹豫不决，再是反弹，接着又是一轮下跌；此后便是再一次的犹豫不决，接着终于出现了一轮巨大的崩跌或是我们所说的“彻底清洗”[②]，此时投资者，甚至是每一个人，都开始害怕了，并断定股市将再也不会上涨了，因此他们会全部卖出。这种最终的空头陷阱出现之时，就是为下一次牛市行情买进股票作为长期投资的好时机。

很多年所挣的赢利可能在一轮运行5～7个星期的下跌当中就亏掉了，就像1929年9～11月的恐慌性下跌一样。交易者之所以会亏掉自己积累了很长一段时间的赢利，是因为他没有设置止损单来进行自我保护。对交易者来说，止损单是一种非常好的保护措施，因为它可以自动发挥作用。交

---

① 译注：这里的“记录”主要指的是股票过去运动中的关键点，如阶段性的底部、顶部，以及对应的时间周期。

② 译注：clean-out，彻底清洗，对应下跌趋势中的最后一段下跌，也就是空头陷阱。

易者自己心目中可能会有一个止损价，但当股价到达这个价位时，他却不会卖出。交易者习惯了出现10～20个点正常回调的“正常”市场，并且认为，若是出现了大的下跌并且某只股票已经下跌了10～20个点，那么该股已经跌得够低了，他也就没什么可担心的了。但该股就像1929年一样继续下跌；在当时的恐慌期间，股市下跌了100～200个点，然后是300个点。在这种情况下，除非交易者设置止损单或是看出股票开始下跌时便立即以市价卖出，否则他还有什么机会能带着自己的盈利或是本金离场呢。

最好用的一种图表

那种对图表嗤之以鼻的交易者根本不知道最好用的是哪种类型的图表。他们把同样的规则或是推理运用到所有类型的图表当中。最能愚弄交易者的图表就是显示上涨或下跌2个点、3个点或是5个点的价格空间图表，因为这种图表没有把时间因素考虑进去。其次是一种类型会经常出现佯动，进而愚弄交易者的图表，这就是最高点与最低点日线图表。这种日线图表的缺点就在于它们显示的都是较小的波动，这就像小石子在大海里激起的涟漪一样。这种波动根本不会影响或决定大的市场运动或主要趋势。然而，绝大多数交易者用的都是这两种图表。

最好用的图表是周线、月线以及年线图表。最高点与最低点周线图表比日线图表有价值多了，因为它的时间跨度是后者的7倍。最高点与最低点月线图表又是比周线图表更好的趋势指南，因为它的时间跨度是周线图表的4倍，是日线图表的30倍。最高点与最低点年线图表则是最佳的主要趋势指南，而且如果与月线图表一起使用，结果将证明它会为交易者和投资者带来最大的利益。它在时间跨度上是日线图表的365倍，周线图表的52倍，月线图表的12倍。

当市场非常活跃时，最高点与最低点周线图表和年线图表很有价值；当价位非常高的股票处于高潮或是最后的重要冲刺时，这两种图表也很好用，因为这两种图表将显示出趋势最初的变化。这两种图表在快速运动的顶部要比在底部时更好用。然而，当市场出现快速陡直的恐慌性下跌时，日线图表和周线图表也能有效，但此时长线交易和判断主要趋势的最佳指南是最高点与最低点的年线图表和月线图表。

根据时间图表判断出的趋势

美国铸铁管（U. S. Cast Iron Pipe）（图 2）[①] 图 2 向我们展示了在一个区间内停留了 20 天、20 个星期、20 个月，以及 20 年之后，市场分别是如何表现的。就股价的运动空间来说，这所有的图表看起来几乎是一样的。但是，在某个特定的商品上，当年线与日线的强弱形态相同时，为什么年线图表上会出现大幅上涨呢？这是因为 20 年的时间所积聚的力量和买盘力量是绝不可能 20 天、20 个星期或是 20 个月就能积聚的。正是这一点愚弄了如此多的图表解读者。如果某只股票是一只新股或是一轮新的运动刚刚开始，并且只有几天的吸筹和派发，那么我们便不能期待任何一个方向上的长线行情。如果没有足够的时间来完成一个阶段的吸筹和派发，便很难出现持久且经久不衰的上涨或下跌。一只股票经常会出现很多佯动。当派发正在进行时，它好几次都会回到接近（派发区间）底部，或是上涨到接近（派发区间）顶部；但是，一旦它突破了吸筹区间或是派发区间，进入了新的价格区间，那么快速运动便开始了。

美国铸铁管（U. S. Cast Iron pipe）——图 2 展示的是美国管材在 1902～1930 年 4 月的最高点与最低点年线图表、1920 年 1 月至 1921 年 12 月的最高点与最低点月线图表、1921 年 5 月 28 日至 10 月 8 日的最高点与最低点周线图表和 1922 年 12 月 5～30 日的最高点与最低点日线图表。提供这些不同时间周期图表的目的在于，通过列出 20 年、20 个月、20 个星期和 20 天的价格来展示一只股票穿越不同时间周期的阻力位之后分别是如何表现的。这所有的图表看起来都非常相似，但时间周期的不同造成了日线、周线、月线以及年线图表上的阻力位分别被穿越之后不同的上涨幅度。

日线图表提供了在 20 多天里的最高价和最低价，向我们展示出 1923 年 1 月股价穿越了 30 多天以来的最高价 29½点，随后便开始缓慢上涨，

① 译注：即现在的美国管材与铸造：U. S. Pipe & Foundry。

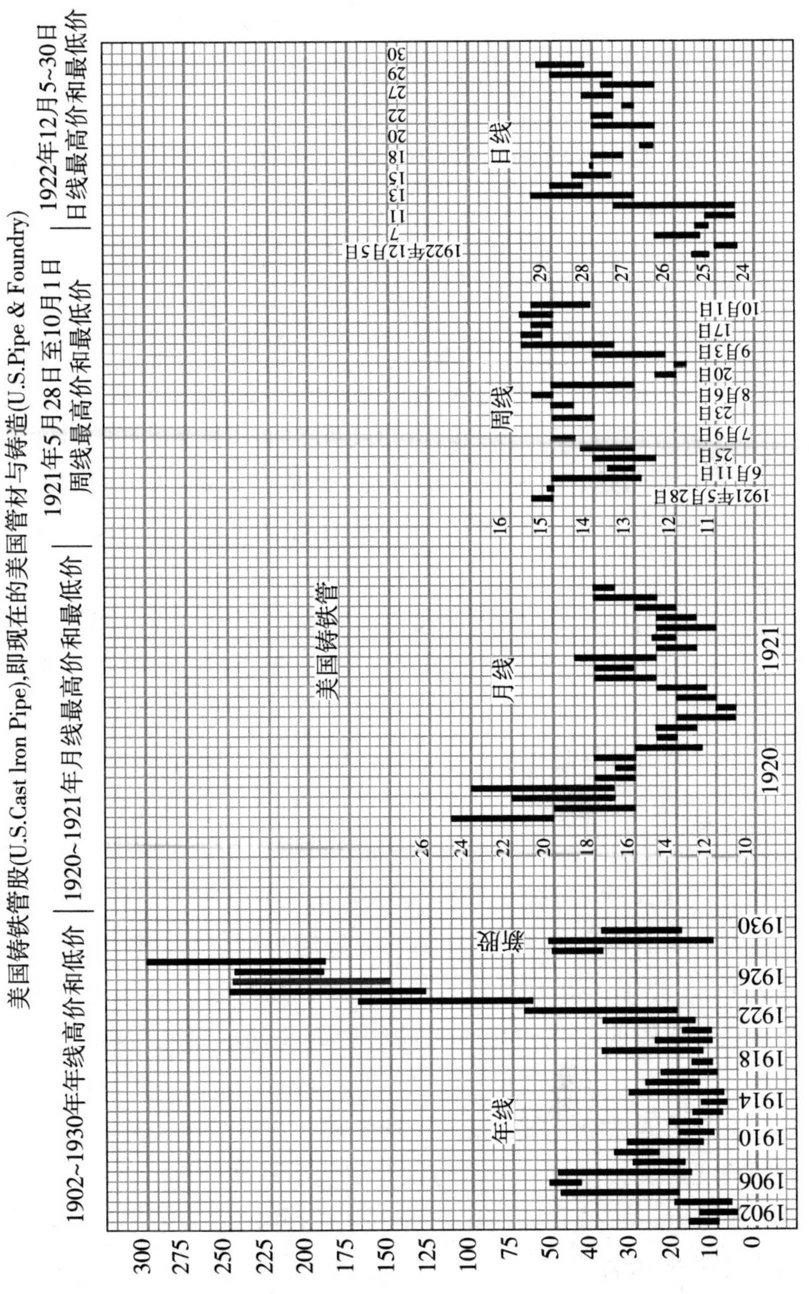
美国铸铁管股(U.S.Cast Iron Pipe),即现在的美国管材与铸造(U.S.Pipe & Foundry)
1902~1930年年线高价和低价
1920~1921年月线最高价和最低价
1921年5月28日至10月1日周线最高价和最低价
1922年12月5~30日日线最高价和最低价
美国铸铁管
年线
新股
月线
周线
日线
1902
1906
1910
1914
1918
1922
1926
1930
1920
1921
1921年5月28日
6月11日
25日
7月9日
23日
8月6日
20日
9月3日
17日
10月1日
1922年12月5日
300
275
250
225
200
175
150
125
100
75
50
40
30
20
10
0

图 2

直到1923年3月到达34点；大约90天的时间仅仅上涨了5个点。接下来，该股一直下跌到了1923年7月的20点，并在这个位置开始大幅上涨。此时，当日线图表上的股价进入新的高价区间时，那些除了最高点与最低点日线图表之外从来没有研究过其他类型的图表的交易者可能就被愚弄了。

接下来，我们来看一看1921年5月28日至10月8日连续下跌20个星期时最高点与最低点周线图表的强弱形态。1921年11月，该股穿越了过去20个星期以来的最高价15¾点，并在1922年的1月上涨到了21点；随后在2月份回调到了17点，接下来开始的一轮上涨在1922年的4月上涨到了38点；穿越了20个星期以来的顶部之后，18个星期的时间仅仅上涨了22个点。不过这次上涨比日线图表上该股穿越20天以来的顶部之后所出现的上涨幅度更大，因为最高点与最低点周线图表的时间跨度是日线图表的7倍。

接下来，我们再看最高点与最低点月线图表。1920年5月的最高价为18点；11月和12月的最低价为11点；1921年5月的最高价为18点；8月的最低价为12点。1920年5月到1921年12月，一共是20个月。1922年1月，美国铸铁管穿越了前2年的最高价18点；随后在4月份上涨到了38点，接下来在1922年8月形成了最高价39点；穿越了20个月以来的顶部之后，4个月内上涨了20个点。1922年8月之后，该股在1923年7月下跌到了20点，并在这个位置开始大幅上涨。从最高点与最低点日线、周线、以及月线图表上，我们可以看出，穿越顶部之后，该股暂时进入了一种强势形态，但没能出现任何大幅上涨，而是发生了回调。然而，最高点与最低点月线图表却显示出了更高的底部并预示着之后将出现更高的价格。

最高点与最低点年线图表较少出现佯动，它是最重要的一种图表，因为它时间跨度更大。1906年美国铸铁管到达了最高价53点；随后在1914年下跌到了7点，而在1915～1916年和1919年的两次牛市行情期间，该股都没能上涨到30点以上。自1923年7月的20点开始的上涨在1923年11月穿越了1919年的最高价40点，并在同一个月穿越了1906年的最高价53点。此时，距离1903年的极限低点6点形成的时间已经20年，距离

1906 年的最高价形成的时间已经 17 年。这表明存在着强大的买盘，迫使该股上涨到这所有的最高价之上，接下来将出现一轮大幅上涨。上涨到 53 点之后，该股从未回调到 50 点，直到 1925 年 2 月上涨到 250 点，从 1923 年 7 月的最低价 20 点上涨了 230 个点，这使得这轮 18 个月的大幅上涨成为了绝佳的适合加码的运动。这表明，对一只股票的生命周期来说，最高点与最低点年线图表具有巨大的价值。仔细研究这些图表，因为结果将证明它们是大型运动的最好的趋势指南。

如何研究日线、周线和月线图表

仔细观察日线图表上的运动在第一、第二、第三以及第四阶段的表现。如果一只股票先是开始上涨，随后犹豫不决，出现了我们所说的横向运动，接下来又连续向上突破了阻力位，那么我们就要仔细观察它第二次、第三次甚至第四次犹豫不决并停止上涨时的表现。当它进入第三次或是第四次上涨时，就要注意趋势的变化了，因为这已经是最后阶段了。我们应该把同样的规则运用到周线和月线图表上的第一次、第二次以及第三次运动当中。同时，这条规则既适用于大的摆动，也适用于较小的摆动。无论是某个市场还是某只个股，在刚开始下跌时，通常都会在到达最终的底部之前形成 2 次、3 次甚至 4 次运动。若是趋势即将逆转，它将在仅仅出现了 1 次或是 2 次下跌之后便再次掉头向上。但在一轮长期的下跌以及一轮第四次的下跌之后，我们就要注意底部的出现以及趋势的变化了。

日线的时间交易规则

对于日线（级别）交易或是短期摆动有一个很好的交易规则，就是当一只股票在底部或是顶部停留 2～3 天后再买进或是卖空，因为这表明了买盘力量或是卖盘力量已经大到足够阻止其下跌或是上涨了。随后，无论是买进还是卖空都要设置止损单。买进的止损价设置在该股停留区间极限低点下方 3 个点的位置；卖空的止损价设置在停留区间极限高点上方 3 个点的位置。

这条规则在恐慌期间就不能使用了。在某一天出现极端波动与巨大的成交量时，不需要等待2～3天，因为市场将出现一轮上涨或下跌的陡直的逆向运动。因此，当出现快速上涨时，兑现盈利；当出现大的恐慌性下跌时，回补空头并等待接下来的一天市场会如何表现。举例来说，1929年3月25日，当创纪录的成交量超过了800万股且股市出现了疯狂的下跌时，我们应该已经回补空头并等待反弹或是买进等待反弹。在恐慌日1929年10月24日、29日以及11月13日，再次出现了巨大的成交量以及陡直下跌，但随后就出现了快速反弹。

在运动缓慢的股票上，不要犯下试图领先于市场的错误，要等到一只股票表明趋势已经发生变化且一轮运动已经开始。通过每只股票自身的强弱形态来对其进行判断，不要认为它会跟随它所在的板块的运动，除非它的图表显示出它已经做好这样的准备。

根据通用汽车1921～1924年的最高与最低价位绘制一张图表；注意当通用汽车极度不活跃并处在一个狭窄的交易区间内时，克莱斯勒汽车、哈德森汽车以及其他许多汽车股是如何上涨的。之后，当通用汽车表明主要趋势已经掉头向上时，它继续上涨，一直到1928年和1929年到达了最终的顶部，主要趋势掉头向下。

注意怀特汽车1921～1925年的强弱形态，然后看一看在通用汽车上涨时，它是如何持续下跌了将近100个点的。怀特汽车的图表明确显示出趋势已经掉头向下时，我们就应该在买进通用汽车的同时卖空这只股票。这样才能在市场上始终正确并跟随趋势。

记住，在确定大的趋势变化方面，我认为最高点与最低点周线和月线图表是最有价值的。最高点与最低点日线图表会出现佯动，而且会经常愚弄我们，因为很多情况下这种图表所显示出的变化都只是次要的。

周线的时间交易规则

对于最高点与最低点周线图表，最好的交易规则之一就是：等待一次2～3个星期的回调，然后买进。这条规则适用于活跃股，因为绝大多数活跃股都不会在主要趋势恢复之前回调 3～4 个星期以上。在熊市当中，这条交易规则就要反过来用了；即在 2～3 个星期的反弹之后卖出。始终要在第 3 个星期时注意上涨或下跌趋势的变化。

对于快速上涨和急促下跌来说，周线的交易规则是：在第 6 或第 7 个星期注意上涨或下跌高潮的出现；然后先看一看股票到达顶部或底部那个星期的最高点与最低点日线图表，接下来便买进或是卖出，并在阻力位的上方或下方设置止损单。

月线的时间交易规则

处于强势形态且显示出上涨趋势的股票很少在进入第 2 个月时发生回调。此时我们的交易规则应该是：买进并在前一个月的最低价位下方设置止损单。始终要注意上涨的起始点，不管上涨是从最低的底部开始的，还是从较高的第 1、第 2、第 3 或第 4 个底部开始的。这些起始点常常就是买进点，止损单要设置在该点下方 3 个点。当一只股票在形成顶部或底部之后下跌或上涨，且运动进入第 2 个月时，接下来要注意的趋势变化的重要时间就是第 3 个月或第 4 个月。

所有这些交易规则都最适用于那些非常活跃，并伴随大成交量而波动的股票。研究高价活跃股的最高点与最低点日线、周线以及月线图表，我们便会知道这些规则的用途有多大了。

周线和月线的时间变化

周线的时间变化没有月线的时间变化那么重要，并且这些交易规则仅仅适用于活跃市场。

重要的变化经常发生在星期一的第一个小时之内。如果一只股票在星期一低开，并且 12 点之前没有出现更低的价格[①]，就是一个良好的信号。

① 译注：与开盘 60 分钟内比较。

随后如果以更高的价位强势收盘①，这就是价格将继续走高的更好标志。星期一非常重要，因为公众会在每个星期一的第一个小时内重仓买进或是卖出并促使股价走高或走低。如果内部人士正在支撑市场，他们便会吸纳公众卖出的股票，并因此使得市场走高。如果公众正在买进，而内部人士或炒作集团又不进行支撑的话，他们就会满足公众的买进需求，并因此使得市场走低。

注意趋势变化第二重要的日子是星期三，尤其是星期三下午。假如市场一直在上涨或下跌，它便经常会在星期三下午或是星期四早上的第一个小时内到达最低点或是最高点。

一周当中第三重要的日子是星期五。交易者既多疑又迷信，因为他们操作时依据的是希望和恐惧。他们害怕星期五，因为这一天是行刑的一天。以前绝大多数的国家都在这一天执行绞刑。交易者害怕赶上 13 号正好又是星期五，但这样的日子其实也没什么，全看市场形势怎么样。不过，星期五早上确实经常出现一周的最高价或最低价。这主要是因为已经有账面赢利的交易大户们将在星期五平仓交割，并且不参与周六那天较短的交易时段②。另外一个原因则是，显示经纪人贷款额的联邦储备银行报表常常会在星期四收市之后出炉。如果市场在过去一周一直很处于弱势形态且持续下跌，交易者就会失去希望并决定在星期五离场并等待，而这经常会使得市场在星期五形成顶部且随后开始下跌，因为空头回补已经使市场在技术形态上形成弱势③。

每月中的日期与趋势的变化

观察一只股票在一个月的前几天的表现非常重要。重大的变化经常发生在每个月的 1～3 日。这其中的一个原因是，消费者总是在每月 1 日收到自己的交易结算单，知道自己的账户究竟处于何种状态。他们经常会为了

---

① 译注：与上一交易日的收盘价比较。

② 译注：当时美国证券市场混乱，政策乱出，内幕消息多，且最容易在周末出现，因此交易大户们会在周五先离场，不参与星期六的半天交易，并回避持仓过周末。

③ 译注：一些短线空头会在星期五的顶部回补。

确保盈利或因为下跌导致自己的账户缩水而卖出。每月 10 日对趋势变化来说也很重要。15 日也很重要，但比不上 10 日。20～23 日也是注意趋势变化的重要时间，因为每个月的这段时间前后经常会到达最高点或是最低点。

我的经验已经证明，上述日期都很重要，且对于任何一个愿意注意这些日子的交易者来说都很有价值。很多时候这些日子都能帮助我们确定顶部或底部。

美国钢铁的月线运动——如前所述，注意一只股票每个月形成最高价位和最低价位的日期很重要。这样，我们就能更多地了解它的运动，并确定出该股究竟会在月初、月中还是月末形成极限高点或极限低点。我们以美国钢铁为例，说明该股的小型运动以及每个月的极限最高价和极限最低价。

1927 年

1 月：4 日、5 日，最低价；11 日极限最高价；28 日，极限最低价。

2 月：2 日，最低价；15 日，最高价；20 日，回调的最低价；24～28 日，本月的极限最高价。

3 月：2 日，最低价；17～18 日反弹的顶部；22 日，回调的最低价；30 日、31 日，极限最高价。

4 月：9 日，第一个最高价；12 日、13 日最低价；18～19 日，反弹的顶部；22 日，回调的最低价；25 日、26 日，反弹的最高价；28～30 日，极限最低价。

5 月：2～3 日，最低价；11 日，最高价；16～17 日，回调的最低价；21 日，反弹的最高价；25 日，下一轮运动开始的最低价；26 日，极限最高价。

6 月：1～2 日，本月极限最高价；14～15 日，回调的最低价；20 日，反弹的最高价；30 日，极限最低价。

7 月：1～2 日，极限最低价；14～15 日，反弹的最高价；18～19 日，回调的最低价；29 日，极限最高价。

8 月：3 日，本月极限最高价；8～9 日，最低价；10 日，快速反弹；12 日，最低价；30 日，极限最高价。

9 月：1 日、2 日，极限最低价；15 日、16 日，极限最高价；19 日，回调的最低价；26 日，反弹结束；29 日，回调的最低价。

10 月：4 日，最高价；10 日，最低价；14 日，反弹结束；29 日，下跌到极限最低价。

11 月：1 日，极限最低价；15 日，反弹的顶部；17 日，回调的最低价；19 日，反弹的最高价；21 日、22 日，回调的最低价；26 日、29 日，极限最高价。

12 月：1～2 日，最高价；9 日，回调的最低价；16 日和 20 日反弹结束；；21 日，回调结束；24 日，形成极限最高价；30 日，与 9 日相同的最低价。

1928 年

1 月：3 日、4 日，反弹的最高价；10 日、11 日，下跌结束；14 日，反弹结束；18 日，下跌结束；27 日，形成极限最高价。

2 月：4 日，最低价；9 日，反弹结束；20 日，回调并形成最低价；23 日，反弹结束；27 日，下跌并形成本月极限最低价。

3 月：2 日，极限最低价；17 日，反弹的顶部；24 日，回调的最低价；26 日，反弹的最高价；27 日，下跌。31 日，极限最高价。

从这个时候开始，由于美国钢铁变得更加活跃，因此我们只列出月初的日期，本月极限最高价、极限最低价和当月的收盘价。

4 月：2～3 日，最低价；12 日，本月极限最高价；24 日，极限最低价；30 日，以接近当月极限最低价的价格收盘。

5 月：3 日，最低价；11 日，极限最高价；22 日，极限最低价；25 日，反弹的顶部；29 日，接近本月最低价。

6 月：1 日，本月最高价；25 日，极限最低价；29 日，自 25 日开始的反弹结束。

7 月：2 日，最低价；9 日，反弹结束，之后开始下跌；12 日、17 日，下跌结束，形成极限最低价；28 日，极限最高价；以低于最高价 3 个点的价格收盘。

8 月：3 日、8 日，极限最低价；29 日，极限最高价；以接近本月顶部的价格收盘。

9 月：5 日，极限最低价；22 日，本月最高价；以接近顶部的价格收盘。

10 月：3 日，极限最低价；15 日、24 日，最高价；以低于顶部 6 个点的价格收盘。

11 月：1～3 日，极限最低价；16 日～17 日，极限最高价；以低于顶部 6 个点的价格收盘。

12 月：4 日，极限最高价，之后开始大幅下跌；8 日、14 日，自 4 日开始的大幅下跌到达最低价；以高于最低价 11 个点的价格收盘。

1929 年

1 月：3 日，第一个最高价；8 日，极限最低价；25 日，极限最高价；30 日，自 25 日开始下跌了 13 个点，且当月以低于顶部 9 个点的价格收盘。

2 月：2 日，本月上旬的最高价，之后开始下跌；16 日，自 2 日开始下跌了 20 个点，形成极限最低价，之后开始反弹；26 日，反弹结束；以低于顶部 5 个点、高于极限最低价 16 个点的价格收盘。

3 月：1 日，本月最高价；6 日、11 日，回调的最低价相同；15 日，反弹的顶部；26 日，极限最低价；以高于最低价 12 个点的价格收盘。

4 月：12 日，极限最高价；17 日，回调的最低价；30 日，本月顶部；以低于最高价 3 个点的价格收盘。

5 月：1 日，本月最高价；31 日，该股到达极限最低价 162½点，这是大幅上涨开始之前的最后一个最低价。

6 月：3 日，极限最低价；28 日，极限最高价；本月顶部收盘。

7 月：1 日，极限最低价；24 日，极限最高价；本月以低于最高价 4 个点的价格收盘。

8 月：1 日，极限最低价；14 日，回调开始的顶部；10 日，下跌了 9 个点；24 日，上涨并形成极限最高价；以低于顶部 4 个点的价格收盘。

9 月：3 日，该股到达本月极限最高价以及该股的历史最高价 261¾点；13～16 日，回调的最低价，下跌了 31 个点；19 日，大幅反弹的顶部，上涨了 17 个点；30 日，本月的极限最低价。

10 月：4 日，最低价 206½点；11 日，最高价 234 点；24 日，这是第一个恐慌日，出现最低价 193½点；25 日，最高价 207 点；29 日，这是大恐慌日，股票出现极限最低价 166½点；31 日，反弹到了 193½且本月收盘价为 193 点。

11 月：本月结束了恐慌性下跌，13 日，美国钢铁形成了极限最低价 150 点；21 日，反弹到了 171¾点；27 日，下跌到了 160¾点；本月收盘价为 162 点。

12 月：2 日，最低价 159¼点；10 日，最高价 189 点；23 日，最低价 156¾点；本月收盘价为 166½点。

1930 年

1 月：2 日，极限最低价 166 点；10 日，反弹到了 173¼点；之后下跌到了 167¼点；本月收盘价为 184 点。

2 月：14 日、18 日，形成了本月最高价 189½点；25 日，到达了极限最低价 177 点。

3 月：13 日，极限最低价 177¾点；之后出现了陡直反弹，且在 31 日到达极限最高价 195 点，本月收盘价为 194 点。

4 月：3 日，最低价 192¾点；7 日，最高价 198¾点；14 日，回调到了 192¼点。

每月研究这样的小型摆动并注意底部和顶部形成的位置，这样我们就会知道上涨时是何时穿越阻力位，或下跌时是何时跌破阻力位的。我们对每只个股在时间和空间上的变化研究得越多，在交易时就越成功。研究每个重要底部和顶部的成交量，同时考虑每只股票的流通股的数量，这将帮助我们确定买进是否比卖出更明智。

观察趋势变化时需要注意的月份

要想判定一只股票完成一次运动需要多少时间，研究该股过去的运动很重要。一次大型运动或摆动分为几个阶段。所有的股票都有年度变化和季度变化，而我们必须注意的是季度变化。因此，注意每年第 3 个月、第 6 个月、第 9 个月以及第 12 个月的趋势变化也很重要，但注意趋势大的变化最重要的时间还是每年年底。我所指的“年底”并不是日历上的年底。举例说明，假如一只股票在 8 月份形成了底部并且趋势继续上升；那么最重要的日子就是来年的 8 月份或者说整整 1 年之后；到时我们至少应该注意可能会持续 1～3 个月或更长时间的小型趋势的变化。

我已经一再说明，股票跟人一样，也有自己的习性；要判断任何股票的强弱形态，我们都必须对它单独进行研究，而不是把所有股票放在一起集中进行研究。跟踪记录一只股票的时间越久，对它研究得就越多，我们对它的行为了解得就越多，这样便能知道它将何时形成顶部和底部。研究一下图 3 中的美国钢铁行情变化图，我们便能看出重要的顶部和底部是如何形成的，以及在不同的年份里，重要的趋势变化分别是在什么价位发生的。正如股价记录所示，美国钢铁 1 月和 2 月、5 月和 6 月以及 10 月和 11 月形成的顶部和底部比其他任何月份都多。该股 2 月份形成的底部比其他任何一个月份都多。因此，了解了这些月份的股价情况，我们就能注意某个方向上的趋势变化，这将对我们产生巨大的帮助。

美国钢铁（U. S. Steel）——1901 年，最低价，5 月[①]；1902 年，最高

① 译注：这表示 1901 年的最低价出现在 5 月，下同。

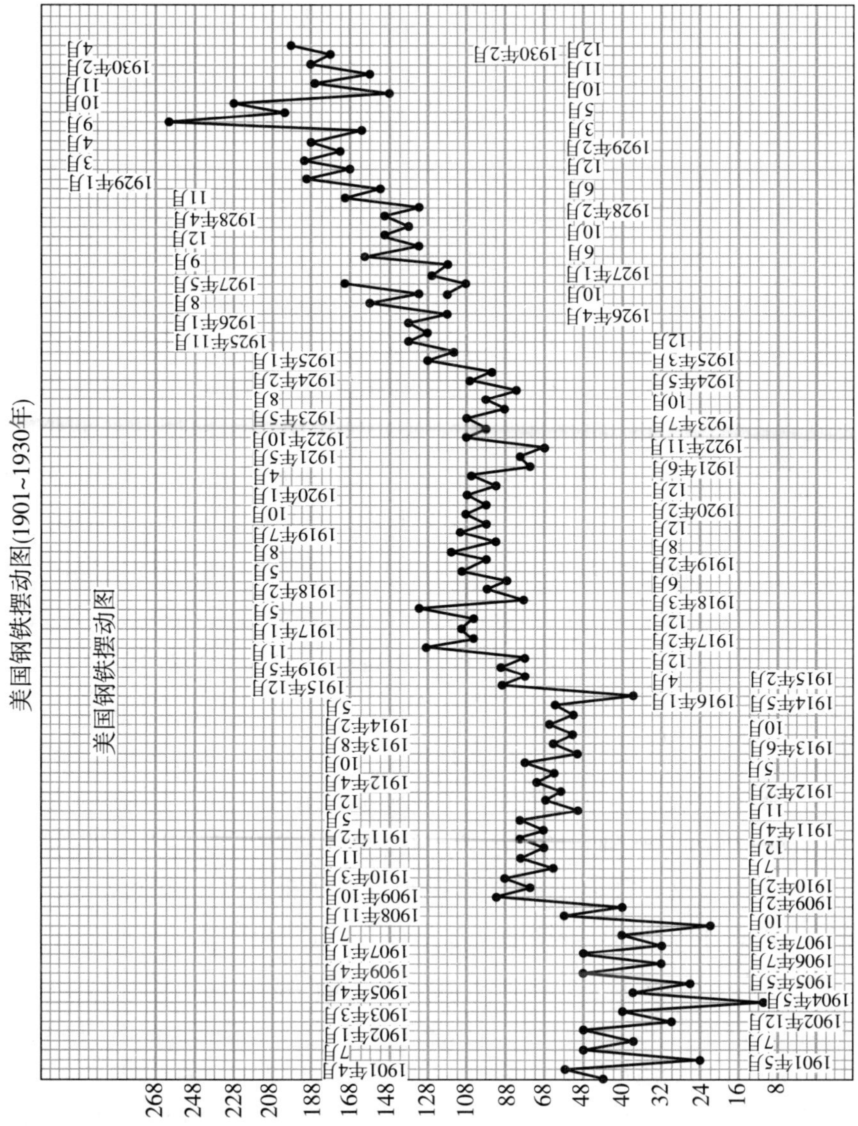

图 3

价，1 月；1903 年，最低价，5 月；1904 年，极限最低价，5 月；1905 年，回调的最低价，5 月；1906 年，最高价，2 月；1907 年，最高价，1 月，极限最低价，10 月；1908 年，最高价，11 月；1909 年，最低价，2 月，极限最高价，10 月。1913 年，最低，6 月，最高，8 月，回调的最低价，10 月；1910 年，回调的最低价，2 月，反弹的顶部，11 月。1911 年，最高价，2 月，第二个最高价，5 月，本年最低价，11 月。1912 年，最低价，2 月，回调的最低价，5 月，本年最高价，10 月。1914 年，最高价，2 月，最后一次反弹的顶部，5 月。1914 年 7～11 月，交易所关闭，但 11 月，美国钢铁在新街的场外市场形成了最低价。1915 年，极限最低价，2 月；1916 年，极限最高价，11 月；1917 年，最低价，2 月，本年极限最高价，5 月；1918 年，回调开始的顶部，2 月，最高价，5 月，回调的最低价，6 月，本年最高价，8 月；1919 年，本年最低价，2 月，最后一次反弹的最高价，10 月；1920 年，反弹开始的最低价，2 月；1921 年，本年极限最低价，6 月；1922 年，本年最高价，10 月，回调的最低价，11 月；1923 年，最后一个最低价，10 月，随后开始了大幅上涨；1924 年，回调开始的最高价，2 月，本年极限最低价，5 月；1925 年，回调开始的最高价，1 月，本年最高价，11 月；1926 年，回调开始的最高价，1 月，大幅回调的最低价，10 月；1927 年——注意，老股形成本年最高价，5 月，新股形成极限最低价，1 月，极限最高价，9 月，大幅回调的最低价，10 月；1928 年，回调开始的顶部，1 月，回调的最低价，2 月，最后一个最低价，5 月，接下来开始了最后的大幅上涨；1929 年，第一个最高价，1 月，回调的最低价，2 月，最后一个最低价，5 月，然后开始的大幅上涨在 1929 年 9 月 3 日达到顶峰，股票到达历史最高价 261¾。此后的 10 月份出现了大幅崩跌，11 月份到达了 1929 年的极限最低价。1930 年，回调的最低价出现在 1 月初，反弹的顶部出现在 2 月 18 日，到 2 月 25 日，回调了 12 个点，4 月 7 日，上涨到了撰写本书前的最高价 198¾。

从上述内容可见，我们若是仔细研究美国钢铁最初 8～10 年（例如 1901～1911 年）的历史，将会发现该股重要的趋势变化都形成于 1 月、2 月、5 月、6 月、10 月和 11 月。如果了解了这一点，再加上研究了自己的图表，便能帮助我们判断该股何时到达顶部和底部。

通用汽车（General Motors）——回顾并研究通用汽车自 1911 年在纽约股票交易所上市至今的波动历史很重要，这样我们便能知道该股形成最多顶部和底部的月份。

1911 年的最高价 52 点，8 月[①]；1912 年的最低价 30 点，1 月、2 月，最高价 42 点，8 月、9 月；1913 年的最低价 25 点，6 月；1914 年的最高价 99 点，5 月，最低价 55 点，7 月；1915 年的最低价 73 点，1 月，最高价 567 点，12 月；1916 年回调的最低价 405 点，4 月，极限最高价 850 点，10 月。此后宣布了股利分红，新股开始交易。1917 年的新股最高价 146 点，1 月，最低价 98 点，4 月，最高价 127 点，7 月，本年极限最低价 74½点，10 月；1918 年的最高价 141 点，1 月，最低价 113 点，3 月，最高价 164 点，8 月，最低价 111 点，9 月、10 月；1919 年的最高价 400 点，11 月；1920 年的最低价 225 点，1 月，最高价 410 点，3 月，在这个价位该股 1 股拆分成了 10 股。1920 年的新股最高价 42 点，3 月，这相当于拆分前的老股每股 420 点。1921 年的最高价 16，1 月，最低价 9½点，8 月；1922 年，该股非常沉闷并窄幅波动，并于 3 月到达了极限最低价 8¼；1923 年的最高价 17 点，4 月、5 月，这又是窄幅波动的一年；1924 年最后的最低价 12¾点，4 月、5 月，此后该股按照 10：4 的比例替换成新股。此后新股很快便开始活跃起来。1924 年的新股最低价 52 点，5 月、6 月；1925 年的最高价 149 点，11 月，并于 12 月回调到了 106 点，这次回调仅仅持续了 3 个星期，且在该股上涨到新的高价位之前从未跌破这个点。1926 年的最高价 225 点，8 月。此后宣布了股利分红。1927 年的最高价 282 点，10 月，此后再次宣布股利分红。1927 年的新股最低价 111 点，8 月，最高价 141 点，10 月，11 月股价下跌并于 12 月跌至 125 点；1928 年的最高价 210 点，5 月，回调的最低价 169 点，6 月，最高价 225 点，10 月、11 月。此后再次宣布股利分红。1928 年 12 月，新股开始交易，本月最高价 90 点，最低价 78 点。1929 年的最高价 91¾点，3 月，回调的最低价 67 点，7 月，最后一次反弹的最高价 79¾点，9 月，本年极限最低价 33½点，10 月。1930 年，截止到 4 月份撰写本书为止，通用汽车已经上涨到了 54 点。

通用汽车股的重要月份——从以上内容与最高点与最低点月线图表，我们可以看出，通用汽车到达重要顶部和底部次数最多的月份都是 3 月、4

① 译注：这表示 1911 年的最高价 52 点出现在当年 8 月份，下同。

月、5月、8月、9月、10月。连续回顾多年的记录，我们便可以看出最高价和最低价是如何在这些月份当中占主导地位的。因此，如果我们仔细研究通用汽车股，并注意该股形成最高价和最低价的月份，然后在接下来的几年继续注意这些月份，就会有助于我们确定顶部和底部。1911年的最高价，8月；1912年的最高价，9月；1913年，市场窄幅波动，最低价，6月；1914年的最高价，5月；1915年的最低价，1月，最高价，12月；1916年回调的最低价，4月，极限最高价，10月；1917年的最高价，1月，回调的最低价，4月，本年最低价，10月；1918年的最低价，3月，最高价，8月；1919年，本年最高价，11月；1920年，老股、新股的最高价，3月；1921年的最低价，8月，此后反弹至10月；1922年的最低价，3月，相同的最高价，8～10月；1923年的最高价，4月、5月；1924年最后的最低价，4月、5月，新股形成最低价，5月；1925年的最高价，11月，回调的最低价，12月；1926年的最高价，8月，最低价，11月；1927年，宣布股利分红，8月，新股最低价，8月，最高价，10月，回调，11月、12月；1928年的最高价，5月，回调的最低价，6月，最高价，10月、11月；1929年的最高价，3月，回调的最低价，7月，最后一次反弹的最高价，9月，本年极限最低价，10月。以上内容表明，如果注意3月、4月、5月、8月、9月、10月这几个月份，我们就能抓住通用汽车重要的趋势变化。

第五章　成功选择股票的方法

关于买断

有太多的交易者都会从自己读到的文章或是他人的言论中得出这样的结论：要想战胜市场，唯一可靠的方法就是买断。然而买断股票的不利之处并不比其他任何一种方法的不利之处少。在适当的时候买断股票是明智之举，并且也能带来赢利；但是，投资者和交易者需要知道什么时候是买断股票的正确时机。一般来说，当时机到来的时候，以25%～50%的保证金买进股票与买断股票的安全性是一样的，因为如果股票即将上涨且我们的买进时机正确的话，这笔保证金就足以保护我们了，而且这还能减少我们的利息费用。许多人之所以亏掉自己全部的财产或投入的大部分本金，就是因为他们认为买断了股票自己就安全了。他们一直眼看着股票下跌，直到股票停止支付分红或是由清算管理人接手并变得一文不值。然而，无论是他们当初以保证金的形式买进这些股票，还是以防趋势变化而再买断时，如果设置了止损单做保护的话，他们原本是能够避免遭受巨大损失的。

我认为只有一种情形下买断并持有的操作是100%安全的，那就是买进价格低于每股12美元的股票，并且只拿大约10%的本金在这类股票上冒险，因为它们可能会跌到分文不值并被重新估值。回顾历史记录，我们可以发现，那些曾到达过非常高的价位且定期分红的股票当中，有很大一部分几乎都曾在过去的某个时间出现过低于每股10美元的价位，而且有的还出现过低达每股3～4美元的价位。因此，对那些在这些股票价位低于12美元时进行买断的交易者来说，每股损失自然不可能超过12美元。如果我们以其他任何高于这个水平的价位买进，且不利用止损单做保护的话，就可能把所有用来买进这只股票的本金都损失掉，或者至少损失掉这笔本金的一大部分。几乎每一只好股票在历史上都曾出现过这种情况：先是我们可以以非常低的价位买进，然后又到达了应该卖出的极限高价。这些股票到达极限高价之后，有的再也不可能到达这样的价位了，而有的则需要20～30年的时间才能重新回到这种极限高价。

	极限低点		极限低点
鲁梅利发展（Advance Rumely）	6	玉米制品（Corn Products）	8
空气压缩（Air Reduction）	30	熔炉钢铁 Crucible Steel）	3
艾利斯查默斯（Allis Chalmers）	1	电力与照明（Electric Pr & Lt）	15
美国汽车与铸造（Am. Car & Fdy）	11	伊利湖铁路（Erie）	10
美国树胶（Am. Chicle）	5	自由港德克萨斯（Freeport Texas）	8
美国与外国电力（Am. & Foreign Pr）	12	通用石油沥青（General Asphalt）	3
美国冰业公司（American Ice）	9	通用电气（General Electric）	20
美国国际（Am. International）	12	通用汽车（General Motors）	8
美国机车（Am. Locomotive）	11	格利登（Glidden）	6
美国安全剃刀（Am. Safety Razor）	4	固特异轮胎（Goodyear）	5
美国自来水厂（Am. Water Works）	4	格兰比建筑（Granby Cons.）	12
卖国毛纺（Am. Woolen）	7	哈德逊-曼哈（Hudson & Manh.）	4
安纳康达（Anaconda）	15	哈普汽车（Hupp Motors）	2
艾奇逊铁路（Atchison）	9	国际商用机器（Int. Business Mch.）	24
大西洋海湾 W. I.（Atlantic Gulf W. I.）	3	珠宝茶具百货（Jewel Tea）	3
巴尔的摩-俄亥俄铁路（Baltimore & Ohio）	11	堪萨斯城苏打水（Kansas City So）	14
伯利恒钢铁（Bethlehem Steel）	8	凯塞公司（Kayser J & Co.）	17
加利福尼亚石油（Calif. Petroleun）	8	肯尼科特铜业（Kennecott）	15
Case 打谷机（Case Threshing）	14	洛斯保险公司（Loews）	10
密尔沃基-圣保罗铁路（C. M. & St. Paul）	11	墨西哥海岸（Mexican Seaboard）	3
可口可乐（Coca Cola）	18	密苏里－堪萨斯－德克萨斯铁路（Mo. Kansas & Texas）	8
科罗拉多燃油（Colorado Fuel）	14	密苏里太平洋（Missouri Pacific）	9
哥伦毕业天然气与电力（Columbia Gas and El）	15	蒙哥马利-沃德公司（Montgomery Ward）	12

穆斯林奶脂（Mullins Mfg.）	8
国家蒸馏产品（Nat. Dist. Prod.）	6
国家铅业（Nat. Lead）	11
纽黑文（New Haven）	10
诺福克与西部（Norfolk & W.）	9
北太平洋（Northern Pacific）	3
无线电公司（Radio Corp.）	20
雷丁（Reading）	3
共和钢铁（Republic Iron）	6
雷明顿兰德（Remington Rand）	17
圣路易斯 S. W（St. Louis S. W）	1
罗巴克邮购百货（Sears Reobuck）	24
南太平洋（Southern Pacific）	12
南方铁路（Southern Railway）	10
田纳西铜业（Tenn. Copper & C.）	11
德克萨斯与太平洋（Texas & Pacific）	5
联合太平洋（Union Pacific）	4
美国铸铁管（U. S. Cast I. P.）	6
美国工业酒精（U. S. Ind. Alco.）	15
美国不动产（U. S. Realty）	8
美国橡胶（U. S. Rubber）	7
美国钢铁（U. S. Steel）	$8\frac{3}{8}$
美国钒钢（Vanadium Steel）	20
伏尔甘脱锡（Vulcan-Detinning）	3
沃巴什公用（Wabash Common）	5
华纳兄弟（Warner Bros. Pic.）	12
西马里兰铁路（Western Maryland）	8
西屋电力（Westinghouse Elec.）	16
卫盛顿泵（Worthington Pump）	19
莱特航空（Wright Aero）	6

正常的或一般性的波动

我们应该仔细研究每一只自己正在交易或打算交易股票的日线、周线和月线的一般性波动。分清正常的一般性波动和异常波动很重要。异常波动不会紧挨着出现，也不会持续很长时间。假如我们正在交易美国钢铁，我们就应该了解它的整个历史，并知道它在单月、单周或是单日所形成的最高价与最低价之间的最大的波动幅度①。我们应该在打算开始交易时，先回溯一下 1 年或 2 年前，了解该股当时日线、周线和月线②的一般性波动，这样我们便能知道它何时进入活跃状态，并开始异常的上涨或下跌波动时期；同时我们还要仔细研究顶部或底部这种运动高潮的成交量。许多交易者都在一只股票正常摆动时取得了交易上的成功，但之后该股一进入异常摆动，他们便开始赔钱。记住，我们总是可能错误进场，而可以用来

① 译注：这里指的是单根特定时间周期的价格线。

② 译注：这里指的是固定时间周期下的从顶到底，或是从底到顶的一组价格线。

保护自己并防止错误离场的方法就是：设置止损单。从财务上来说，错误进场且之后又错误离场简直是一种自杀行为；换句话说，这无异于在自己本可以迅速地接受一小笔损失时，却偏偏不肯放手，非要等到一小笔损失变成一笔巨大的损失。

更高的底部和更低的顶部

我们始终要在顶部和底部观察趋势变化的信号。不要匆忙行事，要等到其他人开辟道路并向我们表明市场已经转向（后再行动）。如果我们正等着卖空，那么等待股票已经形成 1 个或 2 个更低的顶部和更低的底部之后再卖空总是会更加安全，因为这向我们表明了趋势已经逆转。如果我们正等着买进某只股票，这条规则同样适用。我们应该先观察，直到该股的底部和顶部开始升高。如果一只股票无法形成更高的底部，且这种情况维持了好几天或是一个星期，就说明该股必定正处于一种弱势形态，因此我们就不应该买进。有时，一只股票形成了更高的底部，但却没能形成更高的顶部，也就是说，没能穿越最后一次下跌开始时的那个价位。这表明，买盘力量还没有强大到足以战胜之前促使股票开始下跌的卖压。我们想要做的是跟随而不是对抗趋势。从长期来看，等到有了确切的标志再建立头寸是值得的。

我们应该留意的是，表明顶部或底部即将出现的一个重要信号就是连续几天的窄幅波动且成交量很小。如果一只股票陡直上涨并伴有巨大的成交量，随后快速下跌，接下来又开始反弹且成交量变小，同时没能反弹到其极限最高价，而且在反弹的顶部附近停留在一个狭窄的区间内好几天，期间的成交量很小，这就意味着买盘力量已经消失，该股已经没有能力上涨。在这样的情况下，我们可以在几天的沉闷之后卖空该股；也可以等到该股一跌破这几天成交量很小的窄幅波动区间后就立即进行卖空操作。随后要在稍高极限最高价的位置设置止损单。

在底部时该交易规则同样适用。在一轮伴有巨大成交量的恐慌性下跌之后，如果随后就出现了快速反弹，便意味着空头正在回补；接下来，如果该股回调，并回到了极限最低价附近，但没有跌破极限最低价，并且波动区间收窄，成交量也减少，这就标志着卖盘已经变弱，卖压已经不足以进一步压低股价。此时，我们便应当买进，并在极限最低价下方设置止损单；或是等股价一穿越窄幅波动那几天的价位便立即买进，因为这表明趋势即将掉头向上。

公众偏爱的交易价位

大多数时候，人们的想法都是一样的。人们习惯了某些数字，因此便会在这样的价位而不是其他价位上进行交易。普通交易者考虑的是5或10的倍数。公众偏爱的交易价位是：25、40、50、60、75、100、150、175、200、210、225、240、250、275、300、325、350、375、400。公众几乎总是在脑子里把这些价位当做是买进点或卖出点，这就是一只股票不管是在上涨还是下跌时，经常都无法到达这些价位的原因所在。因此，我们应该观察一只股票的表现，并在它距离这些整数价位几个点的时候，抢在它到达这些价位之前买进或是卖出。

例如，假如大家都下单打算在50点卖出某只股票，那么该股可能会上涨到48点或49点，甚至是49¾点，但就是无法再继续上涨。聪明的交易者会查看自己的图表，看看该股在这些整数价位附近的表现，然后便会及时卖出，而不是试图等待其他每个人都想要的价格出现。经常出现的情况是，当一只股票价位在100点以上时，交易者会等到该股下跌到100点时再下单大量买进。该股可能会跌到102点或者甚至101点，但就是不会跌到100点。聪明的交易者不会试图去抓住那最后的1/8个点，而会在该股到达100点附近，他的图表也显示该价位是一个支撑位时买进。许多交易者都在100点附近买进并把止损单设置在离该点很靠近的位置上，认为该股应该不会跌破整数价位100点。内部人士很清楚这一点，并且也知道他们设置了止损单；因此，他们会促使该股快速下跌到98点、97点或96点附近，使得止损单纷纷被触及。这样一来，交易者便气馁了，随后该股便重新开始上涨。一般来说，一只股票若正处于强势形态且曾经到达过远远高于 100 点的价位，就不会再跌到 95 点。

如果我们正等着在这些价位附近买进股票，就应该总是在它们突破这些价位时买进。如果我想在 200 点之上买进某只股票，我会期待它上涨到 202 点或 203 点附近；随后它可能会回跌 7～10 个点；接下来再上涨到 202 点或 203 点附近两三次。我会注意它第三次突破整数价位 200 点的情况；如果成交量很大，我就买进并期待它快速上涨到 210 点甚至可能是 225 点。如果它轻松突破 210 点，我就会注意常常是强力阻力位的 225 点。该股可能会上涨到略高于这个价位的位置，也可能还没有到达这个价位便回调到 215 点附近；但是，该股若是在试探两三次之后穿越了 225 点，我就再次买进，等待它上涨到 240 点甚至可能是 250 点。

在一只股票到达 300 点时，这条规则同样适用。在这个整数价位附近，它可能会遇到大量卖空；但是，一旦它在几次试探之后突破了这个价位，便会迅速上涨到 325 点、350 点甚至是 375 点。在我看来，355～360 点附近的阻力位将比穿越 300 点之后的任何一个其他的阻力位都更加强有力。一只股票若是到达了 400 点，它便不再是交易小户能做的了；此时，它通常都会被拆分并派发给公众。股票是用来卖出的。每一个哪怕只是拥有 1 股股票的交易者都期待有一天能够卖出，而且也会在股票到达他认为过高的价位时卖出。

公众交易的股票绝大多数都处在 50～100 点的价位区间。专业交易者则更喜欢交易价位在 100～200 点之间的股票。他们知道交易价位在 150～300 点之间的股票才能赚到大钱。如果股票进行拆分且宣布分红，绝大多数情况下进行拆分都是为了使新股能以 25～75 点之间的价位卖出，因为内部人士知道这种价位才是公众买进时最喜欢的价位。

了解了这些道理，我们便应该遵循这样的规则：交易那些活跃的、运动快的股票，并设置止损单，这样我们便能挣到最多的钱。

股票为何在高价位时运动更快

与交易价位在 50 点左右的股票相比，交易价位在 100 点以上的股票挣钱速度更快；同时，与价位在 100 点左右的股票相比，价位在 200 点甚至

300点以上的股票运动得更快，波动区间也更大，因为股票能到达这种价位是有原因的，而公众又很少交易价位在200点以上的股票。当股票处在这样的价位区间时，它们都在百万富翁和千万富翁的手中；这些富翁们都是大规模地买进或卖出，并因此促使股价在短时间内大幅波动。因此，交易高价活跃股总会有利可图。交易每股价位在100点以上的股票，我们将挣到最多的钱；交易价位在200点以上的股票，我们将以最快的速度挣到钱。价位在50点以上的股票会比价位更高的股票出现更多的佯动以及回调，因为它们要么是在公众的手中，要么是价格还没有高到足以使公众建立信心且买盘力量也还不足以支撑快速运动。参看和美国电话电报（American Tel. & Tel.）（图10）、艾奇逊（Atchison）、纽约中央（N. Y. Central）以及美国钢铁的图表（图3）。

有两个时期股票会快速运动。一个就是公司刚刚成立，股票刚开始发售时。此时为了吸引公众的注意力，承销商或发行人会对其股票进行支撑，促使它快速上涨；等到发售完成之后，他们便撤销支撑。因此由于只有公众持有，这只股票便开始下跌。

等到公司成立了很多年，已经建立了良好的盈利记录，并且已经支付分红很长一段时间之后，股票也会快速运动。投资者逐渐吸纳了这些股票，浮动筹码变少。当这只股票上涨时，投资者会继续持有，不会卖出。因此，操纵者很容易就能使该股快速上涨，因为他们不必在股票上涨的过程中大量买进。

老顶和老底

保留追溯到了以往10年甚至更长时间的图表——如果该股票有那么长的历史的话，其巨大价值就在于使我们能够知道以前的顶部和底部是在什么价位上形成的，以及该股是何时穿越以前这些价位的。这已经在《江恩股市定律》一书中做过全面介绍，不过我这里还是想为你们提供一些有帮助的交易规则。

假设一只股票几个月或是几年以前曾在100点左右形成过顶部。那么，当该股穿越 100 点时，我们完全有理由相信它将上涨到 110 点、125 点，甚至可能是 150 点，因此应该买进。随后，它上涨到了 103 点。那么，如果该股在近一段时间内将继续走高，就不应该在涨到 103 点之后又回调到 97 点。如果它回调到了这个价位，可能就意味着主要趋势已经改变；同时也预示着该股近一段时间内很有可能不再上涨，因此我们最好卖出。

第一次上涨和第一次下跌

注意上涨开始之后的第一次回调非常重要。多数股票这一次都会回调大约 5～7 个点；更加活跃的高价股则会回调 10～12 个点。但是，不管回调幅度是多大，都要仔细观察并预期不同价位上会出现的同样幅度的回调。我们以美国钢铁 1907～1909 年和 1914～1919 年的波动为例（图 3）。如果我们当时在该股自任一高价位上回调 5～7 个点之后都买进的话，将会一直是赚钱的；但我们若是在该股回调 10 个点之后还买进的话，这就很危险了；我们应该在下一次反弹时卖出。股票在一路上涨的过程中总是会发生回调，而这些回调只不过是休整时期；股票在一路下跌的过程中也一定会发生反弹，而这些反弹则是空头回补以及那些相信股票已经跌得够低的人买进的结果。我们必须意识到及时买进和卖出的重要性，不要等到最后一小时才行动。过早离场总比离场太迟要好。注意第二个、第三个顶部或是底部，如果股票没能上涨到第一个顶部或是没能下跌到第一个底部，我们就要离场并等待。

如何对一只股票的盈亏情况进行记录

我们可以使用分类账系统对股票进行结算，这和我们进行账簿结算完全一样。分类账会向我们表明股票的收盘之后的盈亏情况。如果它的收盘价持续走低[1]，或是收盘后持续亏损，则说明趋势是向下的。因此在贷方

---

① 译注：与上一交易日的收盘价比较。

出现盈利之前我们已经没有理由再买进了。我们必须注意股票以更高或以更低价位收盘的天数、周数和月数。当一只股票连续 3 天或是更多天在相同价位附近收盘时，这是非常重要的。当它的收盘价高于或低于这个价位时，就是股价即将在这个方向上运动（上涨或下跌）的标志，尤其是当天市场非常活跃并且成交量很大的时候。我们始终要注意成交量，因为它表明了推动市场运动的能量或者说力量是在增加还是减少。

3 日规则

这是我的发现之一，它是一种在短时间内通过交易活跃的、快速运动的股票来获利的方法。我已经用这种方法赚到了很多钱，而且一些交易者曾为这种方法向我支付了多达 1000 美元。现在，我要在这本书中把这种方法介绍给你们。这条规则就是：显示出强势上涨趋势的股票绝对不会出现收盘价连续 3 天（导致持股者）出现亏损的情形。如果确实出现了这种情形，就表明上涨趋势已经逆转——至少是暂时性的，而且如果在出现 3 日回调之前的运行时间越长，或是 3 天的收盘价连续比前一天越低，越是运动已经结束的确切标志。股票下跌时适用同样的规则。显示出强势下跌趋势的股票绝对不会出现收盘价连续 2 天以上（导致投资者）出现盈利或是以更高的价位收盘的情形。如果它确实连续 3 天（导致投资者）出现了盈利或是在贷方出现了余额，就表明下跌趋势已经逆转——至少是暂时性的，而且可能意味着一轮大的上涨。一只股票在市场交易时段上涨到了多高的价位或下跌到了多低的价位根本不重要；其收盘价才说明了它在前一天的基础上是（导致投资者）盈利了还是亏损了，以及它是应该被归入分类账上的贷方还是借方。这是交易高价活跃股时最有价值的交易规则之一。该规则将帮助我们从快速上涨或快速下跌中获利，并使我们能够知道个股趋势将何时发生变化。我们还可以将这条规则运用到最高点与最低点周线和月线图表当中。

表 1　美国钢铁日线最高价与最低价（1929 年 5 月 31 日至 12 月 31 日）

日　期	开盘价	最高价位	最低价位	收盘价	跌	涨
5 月 31 日	164⅛	166½	162½	166	—	2
6 月 1 日	166¼	166¼	165	165	1	
3 日	165½	168¾	165¼	167½	—	2¼
4 日	168	170⅜	167½	169¾	—	2½
5 日	170	170¾	168¼	168¾	1	
6 日	168½	169¼	168½	168½	¼	
7 日	169¼	171	168⅜	169⅛	—	⅝
8 日	168¾	168¾	167¾	168	1⅛	
10 日	168	168⅜	165½	166	2	
11 日	166	167¾	165½	167¼	—	1¼
12 日	167½	168½	167	167½	—	¼
13 日	167¾	174¼	167½	173¾		6¼
14 日	174	177¼	173¾	175¾	—	2
15 日	176	176	175¼	175½	¼	
17 日	176½	179¾	176½	178	—	2½
18 日	178¼	179¾	177¼	177¼	¾	
19 日	177½	178	175¼	176	1¼	
20 日	176	178¼	174½	177¾	—	1¾
21 日	177	181¼	176⅝	180¼	—	2½
22 日	180½	181½	180½	180¾	—	½
24 日	182	182⅜	179¾	179¾	1	
25 日	179½	179⅜	185	184¾	—	5
26 日	185¾	190¼	185¾	189	—	4¼
27 日	188¼	189¼	186¾	188	1	
28 日	188¼	191⅜	188¼	189½	—	1¼
29 日	189	190¾	188⅝	190¾	—	1¼

续表

日　期	开盘价	最高价位	最低价位	收盘价	跌	涨
7月1日	191½	192¾	189½	192¼	—	1½
2日	192½	196¾	192½	196¼	—	4
3日	196	199⅝	196	196¾	—	½
5日	197½	200	197½	198	—	1¼
6日	196¾	197	195¼	196¼	1¾	
8日	196⅝	201¾	196⅝	201	—	4¾
9日	200½	201¾	197¾	199	3	
10日	199¼	200¼	197½	199¼	—	¼
11日	198⅜	199¼	197⅝	198¼	1	
12日	200	203¼	199¾	203	—	4¾
13日	203	204	201½	202⅜	⅝	
15日	202¾	203	198½	198½	3⅞	
16日	199	205¼	198	202½	—	3¾
17日	202¼	202½	200	200	2¼	
18日	201	204¼	199¾	201¾	—	1¾
19日	204¾	208⅜	204½	208⅜	—	6⅝
20日	208½	209¾	207½	207¾	⅝	
22日	207⅜	207½	204⅜	204⅜	3⅜	
23日	205	204½	208½	207¼	—	2⅞
24日	208¼	210⅜	205¾	205¾	1½	
25日	206½	207¼	204½	205½	¼	
26日	207½	208½	205⅜	206¾	—	1¼
27日	207	207	205⅜	206	¾	
29日	205	206⅝	204⅜	205	1	
30日	205	207½	205	206½	—	1½
31日	205½	210	205½	209½	—	3

续表

日　期	开盘价	最高价位	最低价位	收盘价	跌	涨
8月1日	210½	213¼	209¼	213¼	—	3¾
2日	213½	215½	213½	213½	—	¼
3日	214½	215¼	213¾	214½	—	1
5日	214½	215¼	211	211¾	2¾	
6日	211½	212½	209¼	211¾	—	
7日	212½	217¼	210¾	215½	—	3¾
8日	217½	221¼	217⅜	220¾	—	5¼
9日	216	217¼	213½	213½	7¼	
10日	217	218	214⅝	218	—	4½
12日	219	229⅝	219	229⅝	—	11⅝
13日	230	240½	228⅜	237	—	7⅜
14日	237	245	237	238	—	1
15日	238	239¼	235⅜	237½	½	
16日	238⅝	242	238⅝	238⅝	—	1⅛
17日	238⅝	239½	238¼	238⅝	—	
19日	239	248⅞	237½	248½	—	9⅞
20日	249½	251½	247½	247¾	¾	
21日	249¼	252½	247¾	248	—	¼
22日	249¾	251¾	248¾	249¾	—	1¾
23日	251	260	250½	259¾	—	10
24日	259½	260½	256¾	258¼	1½	
26日	258	259⅜	254	254½	3¾	
27日	256	256	252⅝	254	½	
28日	253½	256½	252¾	253¾	¼	
29日	252	254½	251⅝	253¼	½	
30日	254½	258	254	256½	—	3¼

续表

日　期	开盘价	最高价位	最低价位	收盘价	跌	涨
9月3日	258½	261¾	257¼	257½	—	1¼
4日	257¾	258¾	253½	254½	3½	
5日	253¾	255	243¾	245	9½	
6日	247½	251½	247⅜	250¼	—	5¼
7日	252	252½	247	247½	2¾	
9日	246¼	247¾	241½	243	4½	
10日	243	245¼	237⅞	238½	4½	
11日	238½	243¼	238½	240½	—	2
12日	242¾	243	233¾	235	5½	
13日	234½	236¼	230½	235½	—	½
14日	235½	236¾	233	233¼	2¼	
16日	233¼	237½	230⅝	237½	—	4¼
17日	238¼	238¼	233½	234	3½	
18日	233¾	244¾	233½	244½	—	10½
19日	245	247½	241⅛	241¼	3¼	
20日	242¼	243¼	234½	234¾	5½	
21日	234½	235¾	232	232¼	2½	
23日	234	238¾	232¼	237	—	4¾
24日	237	241¾	231	231¾	5¼	
25日	233	234¼	226½	231½	¼	
26日	231	234¼	230	232½	—	1
27日	231½	232	223½	226	6½	
28日	225	226¼	222	224	2	
30日	224	225½	221¼	222½	1½	
10月1日	223	224½	218¾	221⅝	⅞	
2日	223½	226	221¾	223½	—	1⅞

续表

日　期	开盘价	最高价位	最低价位	收盘价	跌	涨
3 日	223	224	212¼	213	10½	
4 日	213	215	206½	210	3	
5 日	214	217¾	212½	214	—	4
7 日	218½	220	215¼	219	—	5
8 日	218½	221⅞	216	218¾	¼	
9 日	219	220½	216¼	218	¾	
10 日	218¾	230¾	218¼	230¼	—	12¼
11 日	230	234	229⅞	230¾	—	½
14 日	232	233¼	227¼	227½	3¼	
15 日	228½	229¼	223	223¼	4¼	
16 日	223	223¼	211½	213½	9¾	
17 日	213	219⅜	210¼	218½	—	5
18 日	216	219¼	211¼	211¼	7¼	
19 日	211	213¾	208	209	¾	
21 日	212	212	205¼	210½	—	1½
22 日	212½	216½	212½	212½	—	2
23 日	213½	214¼	201¾	204	8	
24 日	205½	207½	193½	206	—	2
25 日	207	207	203½	204	2	
26 日	204½	204¾	202¼	203½	½	
28 日	202	202½	185	186	17½	
29 日	185¾	192	166½	174	12	
30 日	177	187	176½	185	—	11
31 日	190	193½	188	193¼	—	8¼
11 月 4 日	185	190⅝	182½	183½	9¾	
6 日	181¼	181¼	165	169	14½	

续表

日　期	开盘价	最高价位	最低价位	收盘价	跌	涨
7日	162	179	161½	174½	—	5½
8日	174½	175¾	170½	171	3½	
11日	169¾	170	159½	159½	11½	
12日	158½	163½	152¾	153½	6	
13日	156	160	150	151½	2	
14日	155	162	155	160	—	8½
15日	162	167½	161½	164¼	—	4¼
18日	163½	164½	159¾	160	4¼	
19日	160	166½	160	166½	—	6½
20日	167½	169¼	166⅜	168	—	1½
21日	167	171¾	165½	169¾	—	1¾
22日	169¾	170	165¾	167	2¾	
23日	165¾	167½	164¼	167½	—	½
26日	167½	168	162¼	163¼	4¼	
27日	161¾	163¾	160⅝	162	1¼	
12月2日	161½	162½	159¼	161½	½	
3日	162½	166½	162¼	166⅝	—	5⅛
4日	167	169½	165½	167	—	⅜
5日	168	168½	164½	164⅝	2⅝	
6日	165½	172	165¼	171¾	—	7⅛
7日	173¾	183½	173½	182¾	—	11
9日	182¼	189	179	180	2¾	
10日	180½	184½	179¾	181½	—	1½
11日	180½	182⅝	177¼	177½	4	
12日	176½	177¾	166	166½	11½	
13日	167½	172½	164¼	172	—	5½

续表

日　期	开盘价	最高价位	最低价位	收盘价	跌	涨
14 日	172	174⅞	169¾	174	—	2
16 日	174	174	166¼	166½	7½	
17 日	167½	173	166¼	171	—	4½
18 日	171	173½	169¾	171	—	
19 日	170	171½	166¼	167¾	3¼	
20 日	168	168½	158	162	5¾	
21 日	162	164½	162	163	—	1
23 日	163	163	156¾	159¾	3¼	
24 日	161½	164¼	160½	161½	—	1¾
26 日	162¼	166¾	161⅝	166	—	4½
27 日	166½	169½	165	165¾	¼	
28 日	165½	165¾	163⅝	164½	1¼	
30 日	165	167½	164¾	166½	—	9
31 日	168	171¾	168	171	—	4½

如何记录美国钢铁的盈亏情况

从表 1 中可看出：美国钢铁从 1929 年 5 月 31 日的 162½点开始上涨，直到该股到达第一个顶部 260½点的 8 月 24 日为止，该股从未出现收盘价连续 2 天以上导致投资者出现亏损的情形。然而，在到达顶部的同一天，该股以258¼点报收，比前一天的收盘价低了 1¼个点[①]；接下来的一天该股以 254½点报收，下跌了3¾个点；再接下来的一天，或者说第三天，以 254 点报收，下跌了½个点；第四天，以 253¾点报收，下跌了¼个点；第五天，以 253¼点报收，下跌了½个点，而当天的极限最低价是 251⅝点，

① 译注：即导致投资者在前一天的收盘价的基础上亏损了 1¼个点。

从 8 月 24 日的最高价下跌了 8⅞个点。这一低价位在 8 月 29 日再次出现。这是该股的主要趋势已经准备好掉头向下的第一个警告信号。随后在 8 月 30 日和 9 月 3 日出现了反弹，美国钢铁上涨到极限最高价 261¾点。此时，在该股连续 3 天以上以更低的价位收盘之后，才连续 2 天以更高的价位收盘。我们可以看到，第一天它的收盘价上涨了 3¼个点，第二天上涨了 1¼个点。在这之后，主要趋势掉头向下，并且该股从未出现连续 2 天以上以更高的价位收盘或是促使投资者出现盈利的情形，这表明主要趋势一直是向下的，直到该股在 1929 年 11 月 13 日到达 150 点，仅仅与 1928 年 12 月 22 日上一次运动开始时的极限最低价相差¼个点。这一极限最低价就是 149¾点，而当该股再次下跌到 150 点时，我们就应该买进并在这一价位下方 3 个点设置止损单。随后，该股在 11 月 13 日从 150 点开始反弹，但它第一次出现收盘价连续 3 天促使投资者出现盈利是在 11 月 19～21 日。可以看到，11 月 19 日的收盘价与前一日相比，出现了 6½个点的盈利；接下来的一天，即 11 月 20 日，出现了 1½个点的盈利；11 月 21 日，出现了 1¾个点的盈利。该股出现了连续 3 天以更高的价位收盘的情形，这是趋势已经再次掉头向上的又一个标志。该股在 11 月 21 日上涨到了 171¾点之后便开始下跌，并于 12 月 2 日下跌到了最低价 159¼点。此时它又出现了连续 3 天以更低的价位收盘的情形——11 月 26 日、11 月 27 日、11 月 28 日。然而，最后一天的出现其损失非常少，只有½个点；同时，考虑到该股在趋势已经掉头向上之后形成了比前一次的最低价更高的底部，这并没有预示着任何重大的下跌，尤其这 3 天的相反运动还是出现在该股自上一次反弹的顶部下跌了 10 点以上之后。自这一低价位开始，出现了一轮快速的上涨；12 月 9 日，美国钢铁上涨到了最高价 189 点，但当天却以 180 点报收，从顶部下跌了 9 个点并伴有巨大的成交量，我们将在下文谈到。当天收盘价比前一日下跌了 2¾个点或者说出现了 2¾个点的损失，尤其是美国钢铁没能到达 10 月 31 日反弹的顶部 193½个点，这标志着该股已经上涨到了即将开始下跌的顶部。该股 12 月 23 日下跌到了最低价 156¾点，形成了比 11 月 13 日更高的底部，并且没有下跌到比 12 月 2 日的最低价低 3 个点的位置。如果我们在前一个最低价 159¼点附近买进了该股，并在该价位下方 3 个点设置了止损单，我们的止损单并不会被触及。可以看到，

12 月 2 日之后，美国钢铁每天都在盈亏平衡点左右；它从未连续 2 天以上出现盈利，也从未连续 2 天以上出现下跌。自 12 月 23 日的最低价 156¾ 点开始，美国钢铁的趋势再次掉头向上。12 月 31 日，它上涨到了171¾ 点，同时本年以 171 点报收。1930 年 1 月 2 日，美国钢铁上涨到了 173¾ 点，并且同一天又下跌到了 166½点。然而，它在 1 月 2 日之后就从未低于 166 点，并且一直上涨到了 4 月 7 日的 198¾点。如果该股突破 200 点的话，就预示着它将进一步上涨。

成交量

在比较纽约证券交易所 1921～1929 年的年成交量与这之前的年份所记录的年成交量时，我们必须把在交易所挂牌交易的股票数量的增加以及由股票分红、股票拆分和组建新公司等所导致的股数的增加都考虑进去。这些年来这类情况很明显，同时历史上价位最高的股票的成交量也在增加；这就意味着派发的规模已经是有史以来最大的了，并且随后必将出现的回调或下跌的幅度也将与股票的成交量以及已经攀升到的高度成比例。

交易量就像洪水一样。如果它的量扩大到正常的两三倍，就必定会泛滥到更大的范围内，摧毁堤坝，造成重大损失。当华尔街的水闸打开，数百万的投机者和投资者开始股票套现时，以前所有的记录都将被打破，蜂拥而至的卖压将把股价带到比最悲观的空头敢于想象的价格还要低的价位①②。

当股票上涨时成交量总是会增加。这点适用于日、周、月和年。当股票套现正在进行并且大致已经结束时，成交量便会减少。熊市的年份成交量总是会很小；牛市的年份成交量总是会很大。

仔细研究纽约证券交易所里的年成交量非常重要。图 4 列出了在纽约证券交易所的 1875～1929 年的年成交总量。图 4 显示，1875～1878

---

① 原注：以上是我在 1929 年 8 月 4 日开始撰写本书时所写下的话。

② 译注：读者应当仔细琢磨江恩的这句话，这或许是江恩对股市运动动能原理的直观表述。

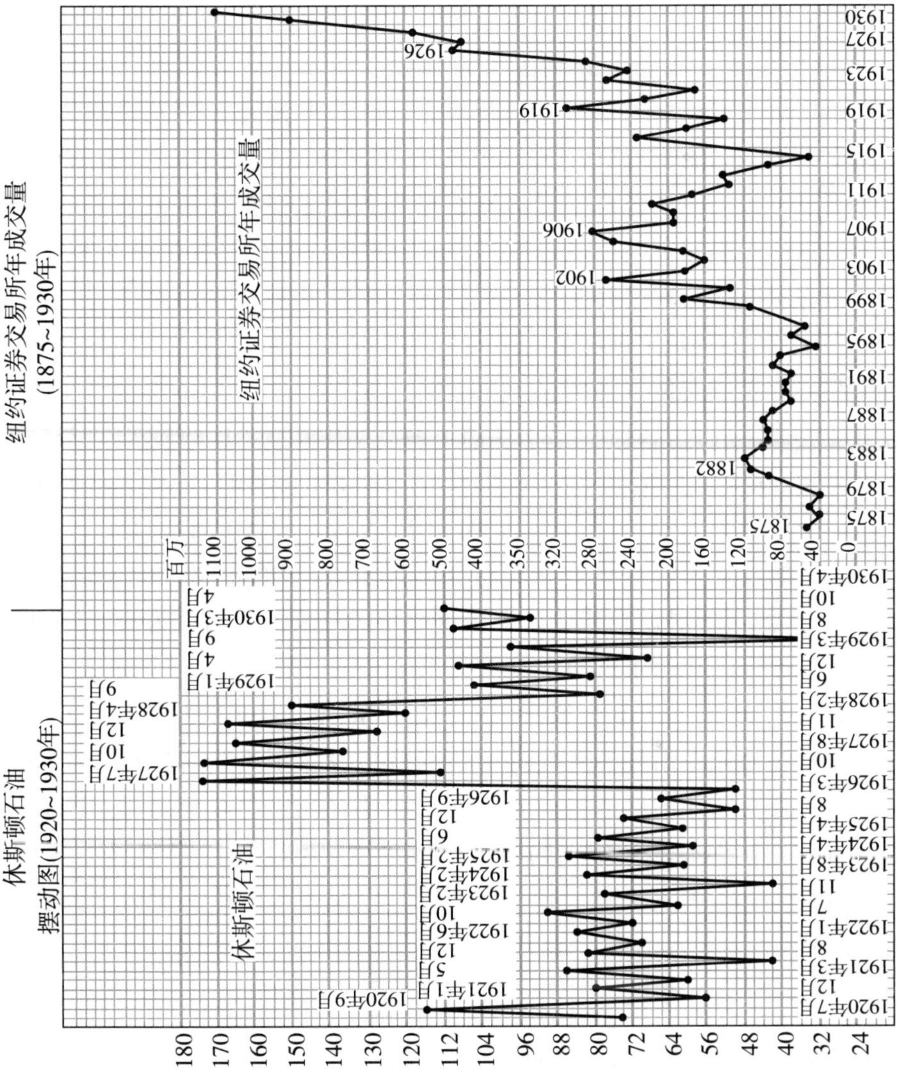

图 4

年每年的成交量只有 4000～5000 万股。年成交量最后一次下降到低至 4000 万股是在 1878 年。1882 年，牛市达到高潮，成交量达到了 1.2 亿股。1894 年和 1896 年，持续很长时间的熊市到达底部，年成交量再次下降到 5000 万股。随后出现了“麦金利繁荣时期”，年成交量逐年扩大，直到 1901 年到达 2.66 亿股。自这轮牛市行情的顶部开始，年成交量随着接下来出现的回调或熊市开始下降——就像熊市当中总是会出现的情形一样，并于 1903 年下降到了 1.6 亿股。1906 年，牛市到达高潮，年成交总量再次打破之前的所有记录，达到了 2.84 亿股。在这之后，年成交量逐年降低，直到 1914 年达到 1896 年以来的最低年成交量 4800 万股。不过，我们应该考虑到交易所在世界大战之初曾关闭 4 个多月的事实。这再一次表明，当市场走低时，熊市最后一年的年成交量会非常低，这也就表明股票套现已经结束。1914 年之后，年成交量逐渐增加，并于 1919 年打破之前所有的纪录，达到了 3.1 亿股。1921 年 12 月，熊市达到高潮，本年成交量下降到了 1.71 亿股。在这之后，年成交量以前所未有的速度逐年放大，直到 1929 年创下最高历史纪录 11.24 亿股，与之相比熊市达到高潮的 1921 年仅为 1.71 亿股。在 1929 年 11 月 2 日那个周末，成交总量为 4350 万股，几乎相当于 1914 年全年的成交量。一年当中这么大的成交量，尤其是当我们考虑到 1928 年的年成交量为 9.25 亿股，接近 10 亿股时，意味着公众买进股票的规模之大前所未有，同时也意味着在过去两年的牛市当中有人提供了 20 亿股股票①。1929 年 9～11 月的成交总量为 3.0323 亿股②，仅仅比 1929 年全年成交量的 1/4 多一点儿。尽管在恐慌中出现了大量的股票套现以及大幅下跌，但这个成交量并没有超过前两年的巨大的交易量。这表明，在未来几年当中，很多股票都将一直处于熊市当中；同时，在熊市结束和下一轮牛市开始之前，成交量将会小很多。研究个股每周、每月以及每年的成交量将帮助我们确定趋势。

美国钢铁成交量

留意日线、周线和月线的成交量，以及自己正在关注的股票的流通股总量，这一点总是非常重要的。1929 年 5 月 31 日，美国钢铁股价为162½点，从 1929 年 3 月 1 日的顶部下跌了 30 个点。当它股价在 192～193 点之

① 译注：即 1928 年和 1929 年两年的成交量加起来差不多为 20 亿股。
② 译注：这里英文原文中的数字为 303，230，明显是漏写了 3 个 0。

间的顶部附近时，日成交量在 12.5～25 万股之间；而当它到达最低价 162½点时，日成交量在 2.5 万股或是 7.5 万股，这表明卖压并不是很沉重，而且该股正在进行吸筹。当美国钢铁在 1929 年 6 月 21 日穿越 180 点时，请注意日成交量是如何增加到超过 10 万股，甚至更多的。随后，当它在 7 月 8 日穿越 193 点时，进入了新的高价区间，成交量为 19.4 万股且还在继续扩大，直到 7 月 31 日成交量达到 20.8 万股，该股以到当时为止的最高收盘价 209½点报收。8 月 8 日，成交量 29.5 万股；8 月 9 日，成交量 26.3 万股；8 月 12 日，成交量 33.7 万股；8 月 13 日，成交量 48.87 万股，这是当年最高的日成交量；8 月 14 日，成交量 29.6 万股。请注意，8 月 12 日、13 日以及 14 日，这 3 日的成交总量为 112.18 万股，其间股价上涨到了 245 点，3 天之内从 219 点上涨到了 245 点，盈利 26 个点。请注意，从 8 月 19～24 日该股到达第一个顶部 260½点的那一天，这 6 天的成交总量为 81.42 万股，其间股价从 238 点上涨到了 260½点，81.42 万股每股盈利 22½个点。自这个顶部之后出现了一轮下跌，表明了趋势的逆转。请注意，8 月 26～29 日这 4 天的成交总量为 24.74 万股，其间股价下跌了 9 个点。这样的成交量还不足以说明大型运动正在开展；但考虑到该股的收盘价已经连续 4 天出现亏损的事实就足够了，因为这表明该股将在反弹时成为一只卖空股。8 月 30 日和 9 月 3 日，该股上涨了 10 个点，到达了 261¾点。这 2 天反弹时的成交总量为 24.02 万股，小于下跌时的成交量，表明买盘力量正在流失，内部人士正在卖出，公众正在买进。8 月 24 日最后的迅速上涨无疑是因为空头大规模回补以及公众买进。之后当第二次快速上涨出现时的原因是空头再次回补，但回补规模已经较小，同时公众虽然买进，但数量也不大，因为他们已经满仓了。

请注意，自 1929 年 9 月 3 日起成交量是如何在股价下跌的同时与日俱增的。自最后一次反弹的顶部出现的 9 月 19 日到 10 月 4 日，成交总量为 210.58 万股。请注意，9 月 19 日的最高价为 247½点，10 月 4 日的最低价为 206½点，下跌了 41½个点。其间成交总量超过 200 万股，说明出现了大量的股票套现且主要趋势已经向下。10 月 4 日之后出现了一轮 6 天的反弹，从 10 月 5～11 日。该股从 206½点上涨到了 234 点，从最低价上涨了 27½个点，其间成交总量为 84.65 万股。虽然成交量相当大，但并没有大到足以压倒卖压的地步，而且这些成交量无疑是因为空头回补以及公众买进。人们认为该股在下跌了 50 个点之后股价已经足够低了，因此买进，以致犯下了错误。10 月 11 日趋势再次掉头向下之后，美国钢铁在大量股票套现的情况下继续下跌，直到 10 月 29 日，该股从 234 点下跌到了 166½点，下跌了 67½个点，其间成交总量 277.61 万股。请注意，10 月 23 日和 24 日这 2 天的成交总量为 66.8 万股，而恐慌日 10 月 28 日和 29 日这 2 天的成交总量为 59.2 万股。这表明卖压沉重，但股票套现还未结束。接下来的 10 月 29～31 日，出现了 2 天的反弹，美国钢铁上涨了 27 个点，这 2 天的成交总量为 20.44 万股。这样的成交量太小了，根本无法支撑该股上涨。这表明只是空头在回补以及小批量的买进，但操纵者正在快速拉抬该股以满足这些交易指令。10 月 31 日到 11 月 13 日，美国钢铁从 193½点下跌到了 150 点，下跌了 43½个点，其间成交总量为 73.24 万股。这一成交量与美国钢铁下跌到 166½点时的成交量相比小很多，这表明股票套现已经结束。11 月 13 日之后成交量更小，有时日成交量甚至下降到 5 万股以下。这表明股票套现已经结束，内部人士只是在有人卖出时买进，而并没有竞相买进。12 月 6～9 日，美国钢铁上涨了 29¾个点，其间成交总量 59.96 万股。这是空头在回补。请注意，在该股到达顶部的 12 月 9 日那一天，成交量为 35.55 万股，并以比顶部低 9 个点的价位报收。假如买盘很好，美国钢铁当天收盘时本该盈利并在顶部附近收盘的，尤其是当天成交量这么大。12 月 9～23 日，美国钢铁从 189 点下跌到了 156¾点，下跌了 32½个点，其间成交总量 126 万股。这表明这是最后一波股票套现，这很可能是那些已经在第一次反弹之后持有了太长时间的人开始害怕；之后他们又判定美国钢铁将下跌到 150 点以下，因此在这第二波股票套现当中卖出。但是，美国钢铁形成了更高的底部，这表明该股是很好的买进股，而且这轮下跌的支撑位即将到来。12 月 23 日，美国钢铁到达 156¾点，当日成交量仅为 11.18 万股；而在股票到达极限底部的 1929 年 11 月 13 日那一天，成交量仅为 9.75 万股。在一轮大幅下跌的极限最低价处成交量这么小，表明股票套现已经结束，准备卖出的股票已经所剩无几了。

将一只股票从极限最低价运动到极限最高价期间所形成的成交总量加总起来很重要。1928 年 12 月 22 日，美国钢铁的最低价为 149¾点，并且该股从这个价位开始一路走高，直到 1929 年 9 月 3 日到达 261¾点。这期间的成交总量为 1889.5 万股；而美国钢铁的流通股总量不过才 800 万股多一点儿。因此，在这轮上涨当中，所有的流通股都进行了两次换手。1929 年 5 月 31 日，该股最后一次以比 3 月份的最高价低 30 个点的 162½点卖出，随后便一直上涨到了 1929 年 9 月 3 日的 261¾点，上涨了将近 100 个点。这期间的成交总量为 761.51 万股，几乎相当于流通在外的总股本。接下来自该股形成顶部 261¾点的 1929 年 9 月 3 日到该股到达最低价 150 点的 1929 年 11 月 13 日这期间，成交总量为 736.53 万股。请注意，这两个成交总量差一点儿就相等了。如果股票下跌时的成交总量与股票上涨时的成交总量相等或是几乎相等，这就是股票即将见底的另一个可靠的标志。然而，如果我们考虑的是该股从 149¾点上涨到 261¾点和从 261¾点跌回到 150 点这两个期间的成交总量，情况就大不相同了。因为上涨的幅度和下跌的幅度大致相当，但前者的成交量是 1889.5 万股，后者的成交量却是 736.53 万股，这表明在上涨的过程中出现了人为操纵，其间必定有大量的虚假交易，目的是为了吸引并促使公众买进。下跌过程中的虚假交易总是会比上涨过程中少。在下跌过程中发生的一般都是实际的卖出以及真正的股票套现；而在上涨中除了大量的买进之外，还有大量的虚假交易。在拉抬股价的过程中，需要大量的买单来吸引公众的注意力，但当股票套现正在进行时，根本没有必要做任何事情，只需要看着公众卖出并离场。

如果我们愿意研究不同个股的顶部期间的日线、周线和月线的成交量，我们会发现，这对判断该股何时处于强势形态，以及何时处于弱势形态非常有帮助。

股票何时处于极端强势或极端弱势的形态

我经常说，如果一只股票正处于一种非常强势的形态下，甚至不会发生回调。这种情形发生在一只股票上涨并穿越了之前多年形成的最高价时。这时候，那些已经持有该股很多年的投资者会卖出；而知道该股将继续走高的投资者则全部在高位买进，因此浮动筹码就变得稀少了；随后就会出现一轮快速且像脱缰野马一样失控的运动。例如，1925 年，美国制罐（American Can）穿越了到当时为止的历史最高价 68 点，之后在继续上涨的过程中便极少发生回调。1906 年，美国炼油（American Smelting）形成了最高价 $174\frac{1}{2}$点；随后的 1925 年，当它穿越这个价位时，投资者全都卖出，而专业交易者则开始卖空。该股当时正处于如此强势的技术形态以至于不可能发生回调，因此又继续上涨了 100 个点。当一只股票处于这种形态时，我们绝不应该卖空该股。此时买进比在股价更低时买进还安全。在极其高的价位买进股票需要勇气，而勇气就是帮助你挣钱的东西。当然，某些人知道美国炼油的价值高于 175 点，否则他们不会在这么高的价位尽数买进。该股在过去了这么长一段时间之后再次出现这样的价位说明这其中有很充分的理由，该股将继续走高。

一只股票在很长一段时间的上涨之后会进入一种极其弱势的形态，此时它只会出现一些非常小的反弹。交易者和投资者因为对该股有了信心，会在每一次微小的回调时买进，直到该股最终被彻底派发并出现超买现象。随后，当股票开始下跌时，在下跌的过程中将不会出现买进指令或者说有支撑性的指令；当那些已经在更高价位买进的投资者和交易者开始卖出时，股票就会一路变得更加弱势，反弹幅度则变得更小。

例如：1925 年，基金公司（Foundation Company）出现了大幅上涨，并于 11 月份形成了顶部 $183\frac{3}{4}$点。随后出现了很长一段时间的派发，正如我们在图 5 上可看到，在它突破了派发区间之后，便开始下跌并在其他股票上涨时继续走低。它下跌了很长一段时间，在这期间投资者和交易者一直抱住股票，希望出现反弹，其中一些人还是在下跌过程中买进的；之后它最终跌破了 75 点，此时大家都开始卖出，因为他们的希望已经破灭了。接下来，在下跌了 100 多点之后，该股处于一种非常弱势的形态，以至于无法反弹。在这个价位它是一只安全的卖空股；如果在这一价位卖空，将会和在 180 点左右卖空一样快速地获利。1929 年 11 月，该股下跌到了 13 点。

另一只进入了非常弱势的形态以至于无法反弹的股票是炒作集团崩溃之后的鲁梅利发展（Advance Rumely）。国际燃烧工程（International Combustion Engineering）是又一只出现超买现象的股票，它在下跌了 50

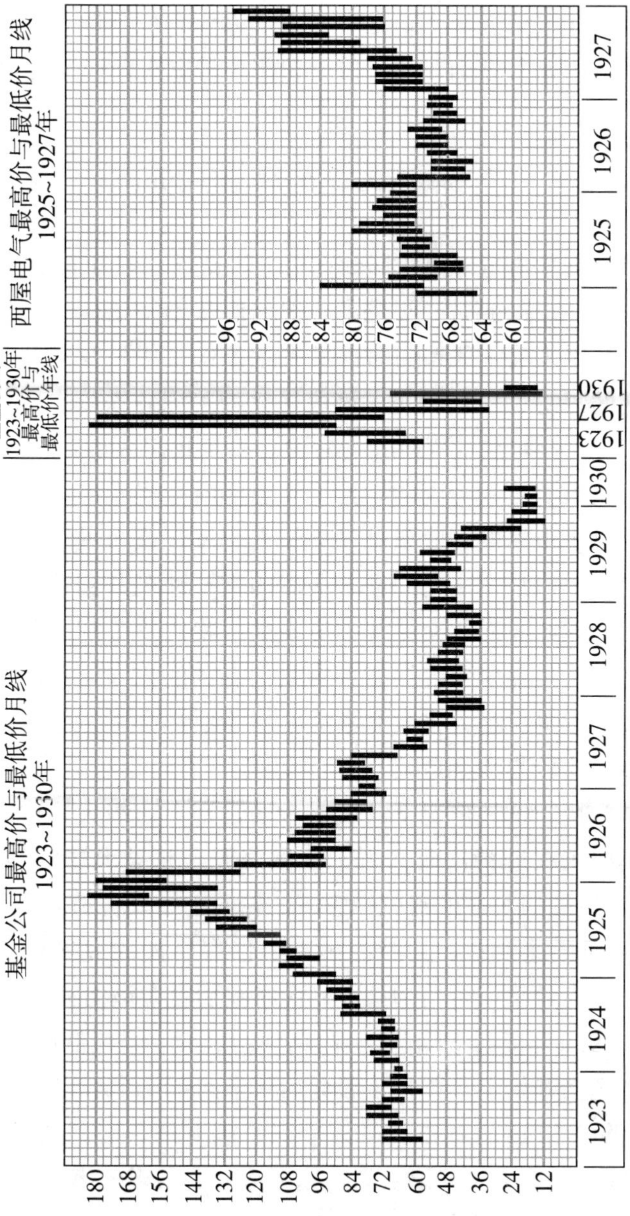

西屋电气最高价与最低价月线
1925~1927年
基金公司
1923~1930年
最高价与
最低价年线
基金公司最高价与最低价月线
1923~1930年
1923
1924
1925
1926
1927
1928
1929
1930
180
168
156
144
132
120
108
96
84
72
60
48
36
24
12
96
92
88
84
80
76
72
68
64
60

图 5

个点之后处于非常弱势的形态，以至于反弹力度比下跌之前小了很多。

不要害怕在股票大幅下跌之后卖空，因为它们下跌之后处于一种更加弱势的形态，因此与它们在高价位时相比，是更安全的卖空股。

确定正确的卖出时间

许多交易者能在正确的时间介入一只股票，但却在离场的时候出错了。他们或许在正确的时间买进了，但他们却不知道何时卖出或是遵循什么样的交易规则来确定股票何时已经到达顶部。假设我们在一只股票经历了一个长期的吸筹过程之后介入该股，比如美国铸铁管、熔炉钢铁（Crucible Steel）、莱特航空（Wright Aero）。一旦我们在正确的时间介入之后，就会想获得最大的盈利；因此，为了知道何时应当卖出，我们必须留意某些信号。处于牛市早期的股票总是会慢慢爬升，或者说缓慢上涨，其间会出现许多回调；但是，当它们进入最后的重要冲刺并到达沸点时，便会出现快速上涨。因此我们的交易规则应该是：我们要等到股票沸腾之后再卖出；在这之前，只要股票继续朝着对我们有利的方向运动，我们就要提高止损价并继续跟进。绝大多数非常活跃的股票都会以一轮快速上涨结束一轮牛市行情；这轮上涨会持续 6～7 个星期，有时会长达 10 个星期，而且会运动得非常快。这种情况下的成交量通常都会超级大，这表明大规模的买进以及卖出正在进行，而且为了派发该股票正被大肆宣传。一般来说，一轮 6～7 个星期的快速上涨就标志着一轮向上摆动行情到达了顶峰；一轮 6～7 个星期的快速下跌，尤其当出现了伴有巨大的成交量的恐慌性下跌时，就标志着一轮熊市行情的结束，此时我们就应该回补空头并等待。

例如：1929 年 5 月 31 日，美国钢铁的最后一个最低价是 162½点。随后一轮大型运动开始了，并且该股此后从未回调 7 个点以上，直到 8 月 14 日到达最高价 245 点，上涨了 82½个点。接下来它回调到了 235，下跌了 10 个点①，这是 10 个星期以上的快速上涨之后出现的第一个上涨趋势结束的信号。不过，该股此后从未连续 3 天以更低的价位收盘，直到它在 9 月

① 译注：这里原文是“下跌了 9 个点”，应该是作者疏忽。

3 日到达 261¾点，3 个月内上涨了将近 100 个点。我们的交易规则之一就是：一只股票若是短时间内便上涨或下跌了 85～100 个点，我们就应该注意顶部或底部的出现并及时离场。如果一个交易者从底部开始，以距离 10 个点的止损单在美国钢铁的上涨过程中一路跟进，那么他的止损单在美国钢铁到达 261¾点之前一直都不会被触及；此后如果他离场并在一次 10 个点的崩跌中卖空，就能在下跌过程中一路跟进，获得巨大的盈利。自 9 月 3 日开始，美国钢铁出现了一轮快速的下跌，并且和在快速上涨时的情形一样，自 9 月 3 日至 11 月 13 日不到 12 个星期的时间内下跌了 111 个点，其间伴随着巨大的成交量。自最后一个反弹点开始，美国钢铁从 10 月 11 日的 234 点下跌到了 11 月 13 日的 150 点，不到 5 个星期的时间内便下跌了 84 个点；这是一个警告信号，告诉我们应该回补空头并等待，或是为下一次的反弹而买进；因为这种快速的恐慌性下跌不可能比上涨时最后的重要冲刺持续更长的时间。快速的恐慌性下跌或是最后的重要冲刺常常标志着上涨或下跌行情的结束。

美国钒钢是这种快速上涨的另一个例子。1930 年 2 月 25 日，美国钒钢的最后一个最低价为 65½点；3 月 25 日，上涨到了 124½点，4 个星期上涨了 59 个点，从 1929 年 11 月 13 日的最低价上涨了 87 个点。放量见顶标志着随后将出现回调，尤其还是股票在如此短的时间内上涨了 87 个点之后。该股正在以过快的速度上涨，而最后的上涨是空头回补的结果。随后美国钒钢快速回调到了 104 点，几天之内下跌了 20 点以上。记住，若是最后的重要冲刺出现在一次快速的上涨之后，那么在这次冲刺形成顶部之后，将出现陡直的回调；而且大多数情况下，一只股票在一轮快速的下跌之后非常活跃时也会出现同样的情形。第一次反弹会非常迅速且幅度也会非常大，之后便会出现一轮次级回调和整理周期。因此，注意这种快速的上涨或下跌，以便卖出手中的多头股票或是回补空头；但是记住，不要对抗趋势，设置止损单或是在一只股票刚开始朝对我们不利的方向运动时便迅速离场。多数股票都会出现的这种快速上涨和下跌表明，一个交易者如果对抗趋势买进或是卖出，并期待通过追加保证金来继续持有的做法是多么的愚蠢。我们要在这种快速运动中加码，而不是与之对抗，或是逆趋势持有。

横向运动

我们经常会听交易者说：一只股票只会以两种方式运动，上升或下降，因此要与市场保持一致应该很容易。这种说法并不准确。如果股票始终直上直下的运动，要获利就很容易了，但它们经常出现横向运动。当它们处于这类运动当中时，有时会在一个狭窄的交易区间内停留几个星期甚至几个月，既不会超过上一个顶部也不会低于上一个底部。这类运动会屡次三番地愚弄交易者并导致他们出现亏损。一只股票开始上涨时，他们认为它将继续上涨，结果它却停下来，然后回调并回到老底附近；此时他们又认为它将继续下跌，因此卖空该股，结果它却停下来，然后再次上涨。当一只股票处于这类形态时，我们唯一该做的就是不要碰它，要等它向上或向下突破特定的区间。等到该股摆脱常常属于吸筹或派发的横向运动并进入新的高价或低价区间之后，我们就可以在基本已经判断出正确趋势的前提下进行交易了。

珠宝茶具百货（Jewel Tea）——这是横向运动的一个很好的例子，从图 6 中的最高点与最低点可见，1922 年 1 月，该股开始上涨，并在 1922 年 5 月到达了顶部 22 点；1922 年 8 月，下跌到了 14 点；1923 年 2 月，上涨到了 24 点，没能上涨到 1922 年 5 月的最高价 3 个点以上[①]；1923 年 10 月，下跌到了 15¼ 点；1924 年 1 月，上涨到了 23 点，4 月，下跌到了 16½ 点，1924 年 8 月、12 月，上涨到了 22½ 点；1925 年 7 月、8 月、9 月，下跌到了 15¾ 点。随后终于在 1925 年 12 月开始上涨，并穿越了 1922～1925 年的所有最高价。从该图中我们可以看到，1922 年、1923 年、1924 年和 1925 年，该股一直处于一轮横向运动当中。在这 4 年当中，它从未跌破 1922 年 8 月的最低价，也从未上涨到 1922 年 5 月的最高价 3 个点以上。这段时期的窄幅波动肯定屡次三番地愚弄了交易者；但那些等待该股跌破 1922 年 8 月形成的最低价或是上涨到 1922 年 5 月的最高价 3 个点以上的交易者，如果确实进行了交易并且足够快的话，就已经获利了，因为他不

① 译注：原文是“2”个点以上，但根据前后文以及数学运算这里应该是“3”个点以上。

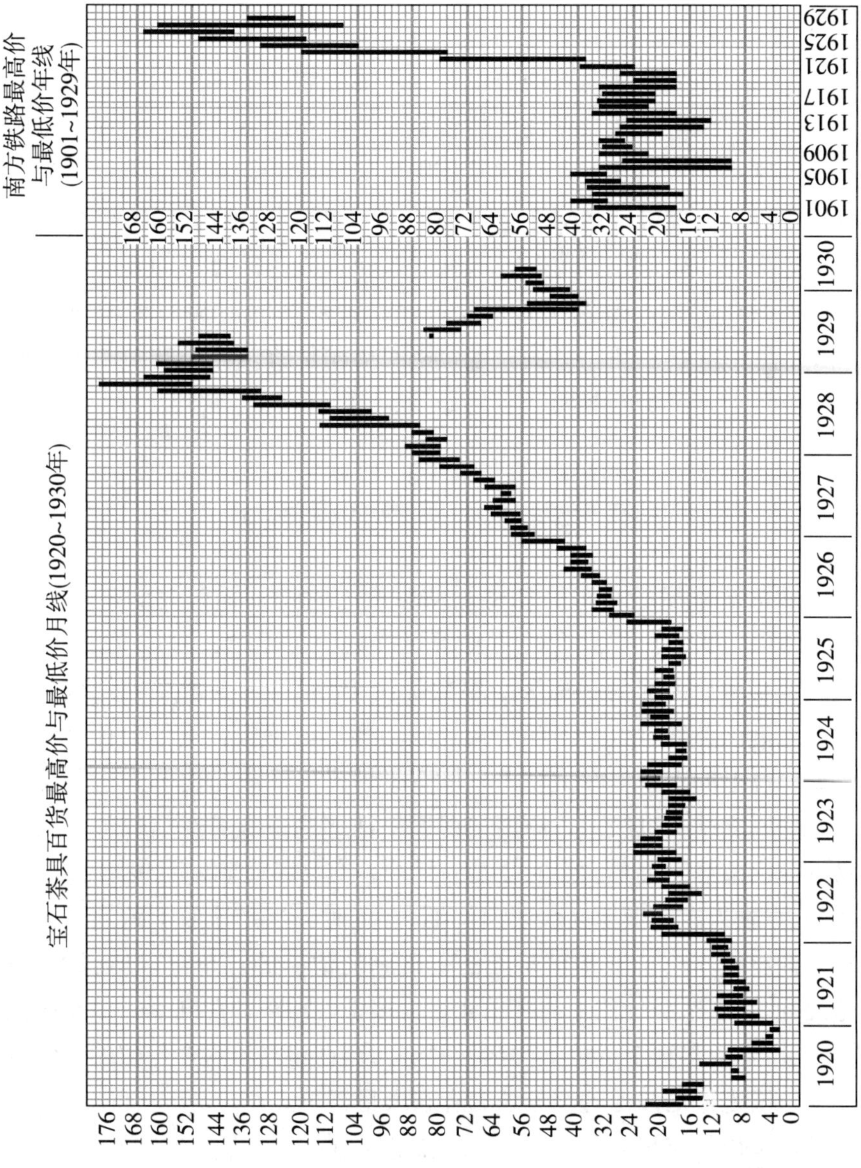

图 6

会在大型运动开始之前买进或是卖出。当这只股票确实穿越了这些价位并显示出了将往哪个方向运动之后，它就一直保持着上升趋势，直到1928年11月上涨到179点。

当一只股票处于横向波动当中时，不要碰它；一定要始终运用这一交易规则，即等到它穿越老顶或是跌破老底3个点以后再建立头寸。遵循这条交易规则将使我们省下几月或是几周的等待，并能免受损失，因为如果等到股票进入新的价位区间之后再进场，我们肯定会有更好的机会来设置止损单做保护，以便在股票万一没有继续朝着对我们有利的方向运动时迫使自己离场；但是，如果我们在股票处在两点之间的横向运动时进行交易，获利的可能性就会小很多。这类横向运动是股票休整并为某个方向上的新一轮运动做准备的时期。

在整数价位买进或是卖出

人脑总是遵循最小阻力趋势。从原始人时期开始，我们就学会了数数、计算以及买卖。交易者经常犯下在整数价位下单买进或卖出的错误。一只股票有时会上涨到距离某个整数价位1/4甚至1/8个点的位置，并且是多次接近该整数价位，但就是无法成功到达该价位。这是为什么呢？因为整数价位上的卖单实在太多了，以至于炒作集团或是内部人士不会在股票发生回调之前买进股票，原因是回调将把那些正等着在整数价位离场的交易者震出市场。买单太多时也是一样的。交易者看到一只股票价位在55点或56点附近时，下单在股票回调到50点时买进。该股下跌到了51点、50¼点甚至是50⅛点，但就是无法下跌到使他们的订单得以执行的价位。这是因为50点这个价位上的买单实在太多了，需求如此旺盛，以至于内部人士不会在50点这个价位上卖出该股，而会在略高于这个价位的位置进行支撑，原因是他们知道这个价位上存在大量买单。

整数价位不仅仅是指25点、30点、35点、40点、45点、50点、55点、60点、65点、70点、75点、80点、85点、90点、95点、100点等等，还包括其他价位，如58点、62点、73点、86点等等。在我们决定交易的整数价位上方或下方1/8或1/4个点处下单买进或卖出。如果我们想要以 62 点的价位买进且该股已经接近这个价位，就要在 $62\frac{1}{4}$点处下单。如果我们想要以 62 点的价位卖出，就要在 $61\frac{7}{8}$点处下单；或者如果我们看到该股在这个价位附近徘徊，就要以市价卖出。我从来不信任限价委托单。当股票到达我们想要买进或是卖出的价位附近时，就要提交市价交易指令。这样做我们将省下一笔钱。

美国钢铁的交易价位——回顾美国钢铁 1928 年 11 月 16 日到 1929 年 11 月 13 日的交易情况，我们将看到该股的阻力位情况以及该股在整数价位或某些特定点位是如何受到买单和卖单影响的。

1928 年 11 月 16 日，美国钢铁的最高价为 $172\frac{1}{2}$点。自这个顶部开始出现了一轮快速回调，随后出现了又一次反弹。1928 年 12 月 8 日，该股上涨到了 $172\frac{1}{4}$点。显然，在整数价位 173 点附近存在着大量的卖单，该股这两次上涨分别停在了 $172\frac{1}{2}$点和 $172\frac{1}{4}$点。那些提交了卖单想要在整数价位卖出的交易者还没能离场，接下来便出现了一轮陡直下跌。1928 年 12 月 17 日，该股下跌到了 $149\frac{3}{4}$点。在这种情况下，交易者毫无疑问地在 150 点处设置了止损单。这些止损单在这一整数价位被触及了，该股下跌到了 $149\frac{3}{4}$点，而这正是这次下跌的终点。很可能其他交易者在看到美国钢铁下跌到 $149\frac{3}{4}$点时，便下单以 149 点或 148 点买进，于是也没能买到该股。那些想要在 150 点附近买进的交易者应该下单以 $150\frac{1}{4}$点或 $150\frac{1}{8}$点买进；这样他们的交易指令便肯定能得以执行。然后自这个底部之后出现了一轮快速的反弹，1929 年 1 月 25 日，美国钢铁到达了最高价 $192\frac{3}{4}$点。这表明它穿越 $172\frac{1}{2}$点和 $172\frac{1}{4}$点这两个高价位之后，继续上涨了 20 个点。那些将下一次的卖单设置在整数价位 173 点和 174 点的交易者的指令立即得以执行，但却因为该股终于确实到达这两个整数价位之后继续走高而犯下了大错。在上涨到了 $192\frac{3}{4}$点之后，该股又出现了一轮陡直的下跌；1929 年 2 月 16 日，该股到达了 $168\frac{1}{4}$点。此时市场非常活跃，反弹接踵而至并于 3 月 1 日上涨到了 $193\frac{3}{4}$点，仅比 1 月 25 日的最高价高 1 个点，两度与整数价位相差 1/4 个点。此后出现的恐慌性下跌在 1929 年 3 月 26 日到达高潮，美国钢铁下跌到了 $171\frac{1}{2}$点。请注意，这一价位靠近 1928 年 11 月和 12 月的顶部。随后出现的另一轮反弹在 4 月 12 日形成了顶部 $191\frac{7}{8}$点。这是第三个顶部。第一个顶部是 $192\frac{3}{4}$点，第二个顶部是 $193\frac{3}{4}$点，第

三个顶部是 $191\frac{7}{8}$ 点。大家或许会问，为什么美国钢铁会停在这个水平这么多次。我的回答是，在 194 点、195 点，一直到 200 点附近都有大量股票等着卖出。内部人士清楚这一点，因此不会在这个时候买进该股。该股刚好上涨到足够接近这些卖单的价位，使得交易者继续持有；随后出现大幅下跌时，那些试图在这些价位离场的交易者就会因为厌烦而在下跌过程中卖出。5 月 31 日，美国钢铁下跌到了 $162\frac{1}{2}$ 点。请注意，它跌破了 1929 年 2 月 16 日和 3 月 26 日的最低价，此时交易者自然会开始害怕并因此卖出。毫无疑问，在这次下跌当中，止损单被触及了，因为该股从顶部下跌了 30 个点。自这个最低价之后，美国钢铁最后一次的最后冲刺开始了。1929 年 7 月 5 日，它上涨到了 200 点。请注意，这一次，它连续突破了 $191\frac{7}{8}$ 点到 $193\frac{3}{4}$ 点这 3 个顶部。因此，所有下单在 195～200 点之间的价位卖出的交易者都能离场了。然而，该股却正好停在整数价位 200 点处，并且只在 7 月 11 日回调到了 $197\frac{1}{2}$ 点，接下来便在 7 月 13 日上涨到了 204 点，这表明有人正在吸纳所有在 200 点以及 200 点以上卖出的股票。在这种整数价位上总是会有大量股票卖出，而且许多交易者都会在像 100 点、200 点、300 点这样的价位上卖空。7 月 16 日，该股再一次回调并到达了 198 点。请注意，这一底部比 7 月 11 日的底部高了 1/2 个点。这表明，如果交易者下单以 $197\frac{1}{2}$ 点、197 点，或是以上一个顶部附近的某个价位买进美国钢铁，他将无法买进。美国钢铁穿越 200 点并上涨到了 204 点之后，表明该股将继续大幅走高，因为有人正在该股有史以来的最高价位上吸纳股票，并且存在着巨大的成交量。自 198 点起，持续且快速的直线上涨开始了；其间发生的回调幅度非常小。8 月 24 日，该股到达了最高价 $260\frac{1}{2}$ 点；8 月 29 日迅速回调到了 $251\frac{1}{2}$ 点；然后出现的最后一轮上涨在 9 月 3 日到达了历史最高价 $261\frac{3}{4}$ 点，仅比 8 月 24 日的顶部高 1/4 个点。毫无疑问，自 262 点起，一路向上都有美国钢铁的卖单。这就是它停在 $261\frac{3}{4}$ 点的原因。然后是一轮快速的下跌，美国钢铁在 11 月 7 日到达了最低价 $161\frac{1}{2}$ 点。请注意，这一价位比 5 月 31 日的最低价低 1 个点。交易者很可能在 162 点处设置了止损单，此时止损单被触及，迫使股价比以前的最低价低了 1 个点。此后是一轮快速的反弹，美国钢铁在 11 月 8 日上涨到了 $175\frac{3}{4}$ 点。随后出现的最后一轮下跌以及大量的股票套现在 11 月 13 日达到高潮，美国钢铁下跌到了150点。这一次它正好停在了一个整数价位。请注意，1928年12月17日的最低价是149¾点。留意这些以前的阻力位或是重要运动开始的价位始终非常重要，因为股票经常会在这些以前的价位附近获得第一次有时甚至是多次支撑。再一次想要在150点附近买进美国钢铁的交易者应该下单以150¼点买进，这样他的指令便能得以执行了。

我的交易规则是：在这些以前的价位下方3个点设置止损单，不过最好总是把止损价设置在整数价位上方或下方1/8点或1/4点。

低位卖空

许多交易者都认为卖空价位为75点、50点或是25点的股票是危险的。事实上只要趋势是向下的，卖空股票就绝不会有危险。让我来举个例子。

国际能源工程（International Combustion Engineering）——1929年2月，这只股票的最高价为103点。3月，该股陡直下跌到了61点，5月，反弹到了80点。现在，假设当该股价位在80点时，交易者认为它价位过低而不能卖空，因为它曾经高达103点。5月下旬，该股下跌到了56点，7月，反弹到了76点，差4个点而没能回到5月的最高价。当它反弹到这个价位附近时，卖空它便是一件很有把握的事情，但要在5月到达的最高价上方设置止损单。随后它开始下跌，并在到达50点时跌破了5月的最低价；该股再次成为了一只很好的卖空股，并且在25点或是下跌过程中的其他任何价位都是很好的卖空股。当它下跌到15点时仍然是一只很好的卖空股，因为它在12月份下跌到了5点。自7月份离开76点之后，该股除了下跌，从未有过其他任何表现。因此，正确的交易方式就是，在这期间的任何价位上都应该卖空。

我们必须学会忘掉一只股票曾到达过的最高价和最低价。我所举的国际能源工程的例子在1929年的下跌中并非偶然。还有几百个这样的例子。鲁梅利发展（Advance Rumely）就是其中一个；1929年5月该股上涨到了105点，1929年11月却下跌到了7点。我可以举出许多其他的股票，它们在1929年期间从未上涨到25点或30点以上，但却下跌到了

15 点、10 点甚至是 5 点。只要一只股票的趋势是向下的，它在任何价位都绝对是一只卖空股；只要一只股票的趋势是向上的，在任何价位都应该买进该股。

危险的卖空

卖空最危险的股票是那些成交量非常小或是浮动筹码非常少的股票。这些股票被持有在少数人手中，因此容易被囤积。要促使流通在外的股票数为 100 万股的股票上涨很容易，而 1000～5000 万股的股票则要困难得多。买进时，选择成交量小的股票；卖空时，选择流通在外的股票数最多的股票。

一些流通在外的股票数很少但却曾出现过大幅上涨的股票包括：鲍德温机车（Baldwin Locomotive）、熔炉钢铁（Crucible Steel）、休斯顿石油（Houston Oil）、美国铸铁管、美国钒钢。

在牛市行情后期买进低价股

当股市已经连续上涨了很多年时，交易者自然而然便会开始选择那些还没有上涨的股票进行跟进。他们会选择低价股；他们认为这些股票即将上涨，因为其他股票都已经上涨了。这是交易者可能犯下的最大的错误之一。如果一轮牛市行情已经开展很多年，且总体迹象显示它已经接近尾声，也就是说，已经到了行情结束前的 3～6 个月，那么此时买进低价股并期望它们在牛市行情的最后阶段有所表现是非常危险的，不过也有一些低价股是后涨股。一般来说，高价股通常都会在牛市行情最后的重要冲刺阶段完成上涨。只有在我们的图表显示低价股已经上涨到一个新的高价区间且正处于强势形态时才能买进，否则只要它们处在一个狭窄的交易区间内且很不活跃，就不要碰它们。以下列出的低价股不但没有在 1929 年下半年的牛市行情当中上涨，反而在其他股票上涨时下跌了；那些买进这些低价股的交易者都遭受了惨重的损失：阿贾克斯橡胶（Ajax Rubber）、美国农业化工（American Agricultural Chemical）、美国甜菜糖业（American Beet Sugar）、美国拉·法郎士紧急装备（American La France）、美国船运与商业（American Ship & Commerce）、阿莫尔 A（Armour A）、布兹渔业（Booth Fisheries）、卡拉汉铅锌业（Callahan Zinc & Lead）、联合纺织（Consolidated Textile）、多姆矿业（Dome Mines）、电动船舶（Electric Boat）、关塔纳摩糖业（Guanta— namo Sugar）、约旦汽车（Jordan Motors）、凯利·斯普林菲尔德（Kelly Springfield）、家荣华（Kelvinator）、路易斯安那石油（Louisiana Oil）、罗夫特（Loft）、月亮汽车（Moon Motors）、公共汽车（Omnibus）、潘汉德尔制造（Panhandle Producers）、犹他公园（Park Utah）、锐欧汽车（Reo Motors）、雷诺兹·斯普林斯（Reynolds Spring）、斯奈德包装（Snider Packing）、潜水艇（Submarine Boat）、沃德烘焙 B（Ward Baking B）、威尔逊公司（Wilson & Company）。

如何确定暂时性的领涨股

如果我们愿意获得一份（交易）日报并在每天收市之后进行浏览，然后挑出当天成交量最大的那些股票，我们就能确定在这一特定的时刻哪些股票是领涨股，然后在之后至少几天或者更长时间内进行跟进。留意那些在很长一段时间内成交量都非常小且始终停留在一个狭窄的交易区间内的股票。接下来只要成交量一增加，就要观察股票开始朝哪个方向运动，然后随趋势而动。一只股票若是突然变得非常活跃且伴有巨大的成交量，我们就可以认为该股至少将是暂时性的领涨股，因此应该跟进。

运动缓慢的股票

某些股票长时间内运动缓慢，但只要趋势一向上，我们就可以期待这类股票最终一定会有一轮快速的上涨。等到最后一轮快速的上涨或下跌运动或者说最后的重要冲刺到来时再买进或卖出是值得的。在这样的快速运动当中才能赚到大钱；这种运动有的持续 3～10 天，有的则会持续更长时间。一般情况下，一只股票快速上涨或下跌了 6～7 个星期之后——时间长短依据股票的情况而定，我们就可以期待它改变趋势了，至少是暂时性地改变。例如，我们可以看一下美国钢铁、美国工业酒精（U. S. Industrial Alcohol）以及铁姆肯滚珠轴承（Timken Roller Bearing）1929 年 7 月和 8 月的运动情况。这几只股票全是后涨股，但都在 8 月份达到了沸点。

股票为何到达极端价位

市场不会愚弄我们，愚弄我们的是我们自己。股票会到达极限最高价或极限最低价，或者换句话说，它们会到达过高或过低的价位。出现这种情形的原因是，交易者持股等待，直到股票出现了大幅下跌，自己遭受了重大损失；然后，所有的交易者一起卖出，于是股票就被带到了低于正常价值或者说其内在价值的价位上。同样，在牛市的最后阶段，每个人都变得过于乐观且已经获得了巨大的盈利，于是大家都增加交易量并不顾价格大规模地买进。空头们在遭受了损失之后不敢再放空；同时市场出现了疯狂的、像脱缰野马一样失控的上涨，这消除了空头的盈利，增加了多头的盈利，并使股市进入了一种弱势的技术形态，此后一轮陡直的下跌便开始了。

为何股票在低价位时运动缓慢而在高价位时运动迅速

股票走得越高，运动得越迅速，获利的机会越大。原因在于，绝大多数的公众买进和卖出都是在低价位进行的。当一只股票已经在低价位（如 25 点或者更低）徘徊了很多年且公众已经大量买进以后，就会上涨到 50 点附近，于是公众继续买进。当它到达 100 点或这个价位附近时，公众要么全部卖出，要么因为变得过度自信而进场，并在该股出现大幅下跌时大量买进。当公众兑现盈利时，内部人士和资本雄厚的金融利益集团也不得不买进该股。他们买进该股的原因在于他们知道该股的价值高于此，因此稍后将继续走高。当公众的卖单被全部吸纳之后，内部人士就更容易快速拉抬这只股票了，因为他们不会遭遇沉重的卖压。当一只股票到达 180～200 点附近时，总是会出现大量的空头回补，以及（先前）以更低价位买进该股的炒作集团的盈利兑现。一般公众不会交易价位在200点每股以上的股票。因此，在一只股票穿越这一价位之后，就是专业的卖空型投资者和支撑该股的资本雄厚的金融利益集团之间的战斗了。一只股票从200点运动到300点所需要的时间，可能比它从50点运动到100点所需要的时间还少，因为此时交易该股的都是交易大户，他们都是进行大规模的买进或卖出。当然，每一只股票都一定会到达这样一个价位，在这个价位上内部人士将卖出大量股票以阻止其上涨，并促使其主要趋势掉头向下。之后，交易者卖空高价股的机会便来了，但他必须等到自己的图表显示主要趋势已经掉头向下。

低价股，或者说价位在50点或25点以下的股票，有时也会出现快速的下跌。像纽黑文（New Haven）这样的股票，曾经到达了280点，后来逐渐走低，而且它的其中一些快速下跌出现在100点以下，同时一些陡直的、令人眩晕的下跌则出现在50点以下。该股最终在到达25点之后出现了毫无抵抗的崩跌。这是因为那些持有该股很多年的交易者的卖出，他们看到该股逐年走低，自己的本金不断萎缩，而且该股没有分红，最后终于放弃了希望并卖出股票。大多数持有者都是在20～12点之间卖出纽黑文的。接下来就是长时间的呆滞和吸筹，之后纽黑文开始恢复，并在1929年的10月份从10点上涨到了132点。

持股时限

我们进行一次交易时，一定是有充分的理由，而且有在一个合理的时间跨度内获利的可能性；但是要记住，我们可能会犯错，因此如果股票朝着对我们不利的方向运动，我们必须立即止损。当股票并没有朝着对我们不利的方向运动时，我们也可能是错误的。如果股票静止不动，我们就是在损失自己的资金利息，而且这是实际损失，因为我们可以用这笔钱去抓住新的机会并从中获利。一般的股票在表现出上涨或下跌的迹象之后，如果它真的要上涨或下跌的话，应该在之后的3个星期之内继续上涨或下跌。因此，我们等待一轮运动开始的时限大概是3个星期。如果它3个星期之内还没有开始运动，我们就要离场并寻找新的机会。有些运动缓慢的股票，如投资型股票，可能会在一个交易区间内停留 3～4 个月。因此，有时候花 2～3 个月的时间来等待一次运动开始还是值得的。我们必须记住，持有一只静止不动的股票时间越长，我们的判断越容易扭曲，因为我们是出于希望而持有的。要研究客观事实，找出股票静止不动的各种原因；如果我们找不到该股会在一个有限的时间内开始运动的充分理由，就不要再继续持有，应该立即离场。

如果我们发现了某个充分的理由，认为该理由将会在一个有限的时间跨度内推动该股运动，但该理由却没能发挥作用，就说明有什么地方不对劲，该股可能会朝着相反的方向运动。当第一次表明我们出错了的标志出现时要立即出脱股票，我们应该把这当成一条交易规则。在场外我们的判断总是会比在场内好，因为在场外时我们不会抱有希望和恐惧。

被操纵的股票

许多时候股票之所以会上涨到远高于其内在价值的价位，仅仅是因为一些炒作集团能够在短时间内控制，并且毫无道理地操纵它们，之后股票就会出现崩盘。因此，交易者如果碰巧参与了这类股票的话，就应该知道怎么办。因为只要处于上涨过程中，被操纵的股票与那些基于内在价值而正常上涨的股票所需要的交易资金一样多。我们的目的总是要跟随趋势，并在正确的时间离场。

鲁梅利发展（Advance Rumely）——这是一只在 1928 年和 1929 年出现过惊人上涨的股票，而这次上涨并非是企业盈利所支撑，而主要是操纵的结果。不过，那些遵循了图表以及各种标志的投资者和交易者可能从这次上涨中赚了大钱。回顾一下它的历史将帮助交易者确定何时卖出（图 7）。1912 年，最高价，101 点；1915 年，最低价，每股 1 美元；1919 年，最高价，54 点；1924 年，最低价，6 点，这表明该股是一只后涨股，它在绝大多数股票在 1920 年或 1921 年形成底部并开始上涨之后好几年才形成了底部。自 1924 年的 6 点开始，鲁梅利发展在 1926 年反弹到了 22 点。1927 年，它又下跌到了 7 点，这是一个买进点，因为它下跌到了仅与 1924 年的最低价相差 1 个点的价位。随后自这个价位开始的一轮大幅上涨在

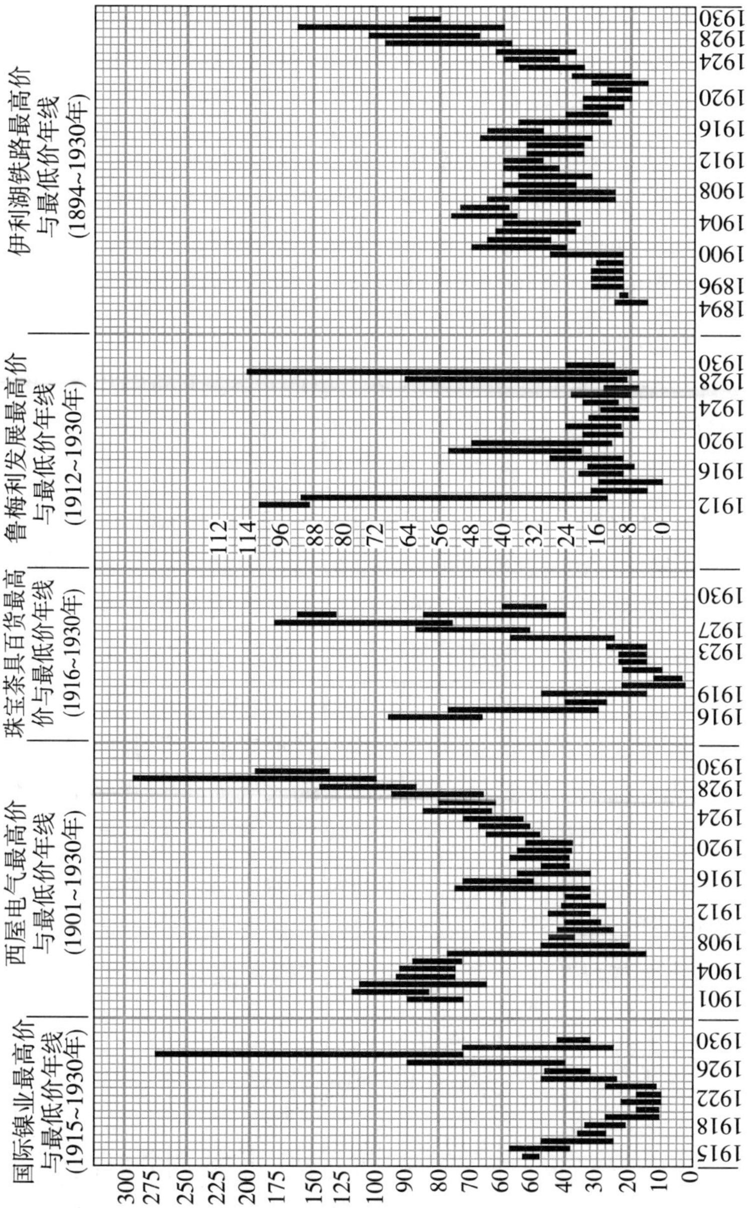
国际镍业最高价与最低价年线(1915~1930年)
西屋电气最高价与最低价年线(1901~1930年)
珠宝茶具百货最高价与最低价年线(1916~1930年)
鲁梅利发展最高价与最低价年线(1912~1930年)
伊利湖铁路最高价与最低价年线(1894~1930年)

图 7

1928年4月穿越了16点，这表明该股将继续走高，同时也是交易者应该继续买进的标志。同一个月，该股穿越了1926年的最高价22点；此时该股进入了一种强势形态，因为它穿越了1921年以来所有的最高价。1928年9月，该股上涨到了64点；接下来出现的下跌在1928年12月到达了31点。自这个价位之后开始了一轮快速的上涨，且该股在5个月的时间内上涨到了105点，上涨了74点；该股绝对是运动过快，而且这种没有受到公司盈利或是公司内其他任何条件支撑的价格不可能维持。因此，交易者应该知道1912年的最高价是101点并在这个价位附近卖出。不过，该股后来又继续上涨了4个点。如果交易者没有在这个价位卖出，他就应该一直以距离10个点的止损单或者说距离这个最高价10个点的止损单继续在该股上涨的过程中跟进。这将在95点迫使他离场。该股下跌到了95点之后就再也没有反弹，一路下跌，当它跌破82点时就跌到了3个星期以来的所有底部以下，这表明该股将继续大幅走低。大致在该股上涨到105点时，全国各地都出现了各种建议买进的小道消息，但从那时起，该股的表现就非常糟糕，这表明该股即将彻底崩盘；每次反弹力度都很小，被套牢的交易者根本没有机会离场，而且很多交易者都被这只股票套住了。1929年10月，该股再次下跌到了1927年7点的价位。在这之后，它又反弹到了23点，交易者获得了一次快速获利的机会。自那之后，该股便停留在了狭窄的交易区间内。那么，在其他股票没有出现大幅崩跌的情况下该股却出现了崩盘的事实，表明该股受到了认为的操纵。当然，自1929年9月开始，当所有股票都在恐慌中下跌时，鲁梅利却逆势上涨。但是，当一只股票像鲁梅利发展这样违背（市场整体）趋势，就表明有什么地方不对劲，也说明该股是被人为操纵到了不合理的高价位，因此交易者就要当心了。

大幅上涨的股票

火山喷发非常罕见。维苏威火山每天都在喷发，但不过都是些小型的喷发。大型的火山喷发和毁灭性的地壳变动每20年才出现一次。股票也是这样。快速的运动和大型的井喷行情只是偶尔发生。回顾一下过去曾充当过领涨股的那些股票，我们就会发现这样的大型运动非常罕见。例如：

联合太平洋（Union Pacific）——1905年和1906年，该股从1904年的最低价80点上涨到了195点；1907年的恐慌中，下跌到了100点；1909年9月上涨到了219点。这就是我所说的一只股票当中的火山喷发。1906年，该股出现了第一次大幅上涨；随后在1909年[①]到达了更高的价位。在这之后，它持续走低，期间没有出现过任何大型运动，直到1917年下跌到了102点，1921年到达了111点。1921～1928年，该股缓慢上涨，从未出现过任何快速的、像脱缰野马一样失控的运动。1928年8月，联合太平洋到达了194点；接下来便开始上涨并穿越了1909年的最高价219点。穿越这个价位之后，该股在1929年3月26日下跌到了209点；然后逐渐走高，直到1929年7月，该股自232点处开始了一轮快速的上涨。它持续走高，直到1929年8月到达了其历史最高价297点，从1928年8月的最低价上涨了103个点。这就是我所说的一只股票当中的火山喷发；当出现这样的情形时，就是时候卖出了，因为大的机会已经过去了。在1909年之后交易联合太平洋的交易者希望该股能出现1906年和1909年一样的快速运动，但他们不得不等待了20多年才又等到了一次这样的机会。因此，我们必须认识到，一旦某只股票已经出现过这样的快速上涨，它便会在很长一段时间内都不会再出现这样的上涨，而且它可能永远也不会再出现大幅上涨。

熔炉钢铁（Crucible Steel）——这是另外一只出现了井喷行情的股票。1915年，该股从13点左右开始上涨，并上涨到了110点；随后回调到了45点附近；1919年又开始从54点左右上涨，并在1920年4月上涨到了278点。接下来该股进行了拆分并宣布了股票分红。然后便一路走低，直到1924年到达了48点。那些在1924～1929年交易熔炉钢铁的交易者都希望该股能出现1919年和1920年一样的上涨，但他们却错失了从本应像熔炉钢铁一样上涨的其他股票中获得大额赢利的机会。因此，我们必须始终留意新的领涨股，一旦老的领涨股已经出现过大幅上涨，就不要再去碰它们。同样的情况也会出现在长时间的下跌之后。股票要很长一段时间之后才会再一次出现类似的大幅下跌，而且它还很有可能会在下一次的上涨过程中运动缓慢。

---

①　译注：原文是1900年。

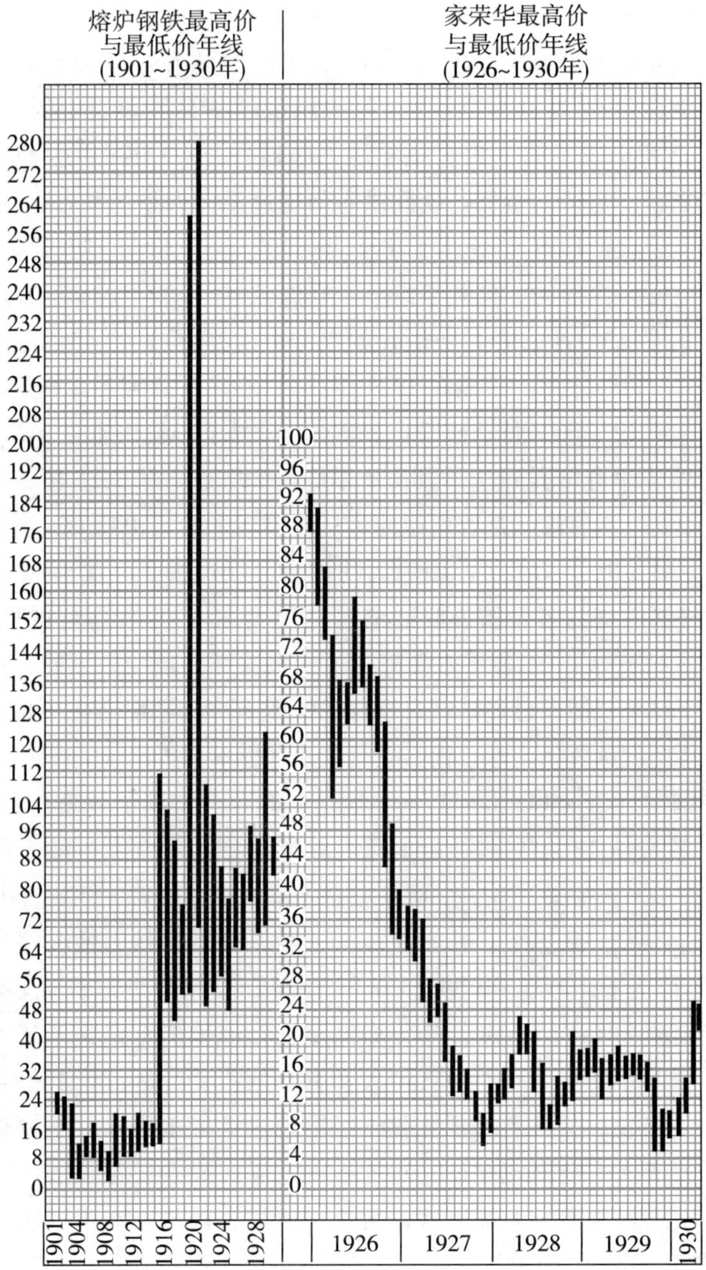

熔炉钢铁最高价
与最低价年线
(1901~1930年)
家荣华最高价
与最低价年线
(1926~1930年)
280
272
264
256
248
240
232
224
216
208
200
192
184
176
168
160
152
144
136
128
120
112
104
96
88
80
72
64
56
48
40
32
24
16
8
0
100
96
92
88
84
80
76
72
68
64
60
56
52
48
44
40
36
32
28
24
20
16
12
8
4
0
1901
1904
1908
1912
1916
1920
1924
1928
1926
1927
1928
1929
1930

图 8

新　股

记住，卖空新股总是会更加安全。我所说的新股，指的是那些在纽约股票交易所挂牌交易的时间仅仅为几个月到 2 年的股票，或是那些新组建的公司所派发的股票。当承销商正在派发股票时，各种消息都强烈看涨，以至于买进该股的交易者们期望太高，但在几个月之后或是几年之后，他们便会意识到自己期望的不过是一种可能性。结果就是一段时期的清算、重组或是重构，周线交易的投机性多头①被逐出了市场，随后该股便从一个长期的底部开始上涨，因为大型利益集团和投资者已经开始买进，并且是低价买进并持有先前投机者高买低卖的股票。当这类股票到达底部时，它经常会需要很长的时间来进行吸筹。

交易者从未听说过的关于卖空的真相

这么多人不敢卖空的其中一个原因就是，他们从未听说过关于卖空的真相，也从未有人告诉他们卖空与买进股票一样安全，并且在熊市当中卖空获利的速度将比在牛市当中做多获利的速度快得多。所有的新闻撰稿人、投资服务机构以及经纪行一般情况下都不鼓励卖空。银行也劝阻这种方式。股票上涨到过高的价位时总是会下跌的，在这种情况下为什么大家都要反对卖空呢？我们经常会在报纸上看到这样的话：“空头惊逃”、“空头陷入绝境”、“空头遭到轧空”、“空头被迫回补”、“空头溃败”、“空头将受到惩罚”、“某股票中窝藏着一个大规模的空头集团”。那么，为什么我们从未看到报纸上出现相反的论调呢，或者换句话说，比如：“多头遭到轧空”、“多头溃败”、“多头被迫变现股票”、“准备驱逐多头”？

当股市处在 1929 年恐慌时期的底部时，纽约股票交易所要求列出空头的名单。而市场处在顶部，每个人都在买进并陷入十分危险的境地当中

① 译注：中线的投机交易者。

时，正需要警告和保护时，交易所为什么没有要求同时列出正在买进以及正在高位卖出的交易者的名单，以便向公众发出警示呢？弄清是谁在顶部做多股票和是谁在提供这些股票，与弄清是谁在底部卖空股票一样重要。但弄清这两种情况也起不到任何作用。当每个人都在顶部犯错做多时，股票就不得不下跌；而在底部时，每个人都已经将股票套现，并持有空头头寸时，股票就会开始上涨。普通的交易者听到的都是阻止卖空的言论，得到的都是各种各样的关于买进的好消息，以及买进的回报是如何高的消息。但交易者和投资者想知道的是真相和事实，而不是基于那些观点和希望的东西。

任何一个愿意研究多年以来的最高价与最低价记录的交易者都只会得出这样的结论：只要我们在正确的时间卖空，卖空与做多一样安全。那些在1929年10月24日和29日发动了第一次和第二次多头战役[①]中失去了自己的“羊毛”的“羔羊”们一定知道，如果他们当时卖空的话，那自己的情况就会好多了。在10月份的恐慌当中，多头们及其“羔羊”们经历了历史上损失最为惨重的溃败。在10月29日的第二次多头战役之后，多头们士气低落、全线溃败，从华尔街到瓦特街，从炮台公园到布朗克斯，到处都是多头们（公牛们）的牛角、牛皮、牛蹄、牛后跟和牛尾巴。“羔羊”们一瘸一拐地回到家，痛苦地大喊大叫道：“说到所有那些曾经被咬过的可悲的白痴，私下想想，其实就是我们!”多头们排着长队并大叫道：“再也不会这样了。”从炮台公园到梅登洛讷，多头们血流成河。劳森所预言的“黑色星期五”实现了。为什么在所有这些“羔羊”们的惨败，以及多头们的心碎之后，我们还是没有听到任何关于多头们可怕的惨败的言论，而是开始听到更多关于空头即将被轧空以及空头负债累累的言论？如果在1929年10月和11月的恐慌性下跌中有更多的空头，股市就不会下跌到这么低的价位，因为空头会在上涨过程中进行回补，这样可以帮助支撑市场并阻止许多股票灾难性的毫无抵抗的崩跌。对于一个健康的市场来说，在正确的时间卖空就像在正确的时间做多一样必要。

---

① 译注：这两天都是历史上的单日大跌之一，做多的会损失极大。

为什么要进行股票拆分和宣布分红

如前所述，众所周知，公众一般情况下不会大规模交易股价超过 100 美元的股票；对于股价上涨到每股 200 美元或 300 美元时，公众在交易上的参与会越来越少。绝大多数在纽约股票交易所上市的公司都是为了在公开市场提供并充分派发自己的股票。因此，为了促使公众能在高价位时买进它们的股票，它们就进行拆分并宣布分红，这样其股票就可以重新以每股 100 美元，甚至更低的价位进行交易了。然后公众就能够也愿意买进了。许多好的公司进行宣布分红以及进行股票拆分确实有很好的和很充分的理由，即股票分红在现有法律下不必纳税；还有一些公司宣布分红是因为它们确实想让公众有机会参与到它们公司当中，变成它们的股东，与它们分享盈利。然而，许多被高度认为操纵的股票进行股票拆分并宣布分红唯一的目的就是为了把股票卖给公众，等到这些股票都被派发给公众之后，便会大幅下跌。

一般情况下，一只股票在进行拆分之后都需要很长一段时间来进行派发或是吸筹，而且在宣布分红之后，一只股票经常不会出现任何大型运动。当然，我们要运用自己的图表来判断股票的强弱形态并据此进行交易，但有一条好的交易规则应该遵循：在一只股票已经出现过一轮大幅上涨且已经宣布过分红之后，出脱该股，不要再去碰它；寻找下一次机会并留意这只股票，直到它显示出已经准备好开始在某一个方向上的大型运动为止。

谁拥有公司

关于自己所交易的股票，我们应该知道的一件非常重要的事情就是，谁拥有公司的控股权以及谁在管理公司。J・P・摩根公司曾持有过股份的或是管理过的公司总是表现得很好，因为除非它们相信某家公司具有很大的潜力，否则不会把资金投入到该公司。杜邦公司曾持有过股份的公司最终也表现得很好。因此，当我们正设法成为某个公司的股东时，要与那些成功人士一起介入，当然也要在正确的时间介入。

当初买进美国钢铁的时机并不是当该公司刚刚被组建的时候，而是当该股下跌到 10 美元附近并显示已经形成最终底部的时候。摩根公司已经介入该股表明了该股最终将表现得很好。尽管美国钢铁曾多次从其顶部回跌了 50～75 个点，但之后总是会重新上涨。图 3 一直显示了该股何时正处在即将下跌的顶部，何时又正处在即将开始另一轮上涨的底部。

1921 年，当摩根和杜邦这两大利益集团从杜兰特手中接管通用汽车时，该股价位在 15 点左右，随后继续下跌到了 $8\frac{1}{4}$点，接下来便停留在了一个狭窄的交易区间内，直到 1924 年主要趋势掉头向上。在我们了解到该公司正由摩根和杜邦控制时，就应该留意买进的机会，因为种种迹象都表明他们将使该公司取得成功。不过我们没有必要着急，我们应该等待 3 年，然后在附近底部时进场，随后便能快速获利。

国民城市银行，世界上最大的银行之一，近年来成了多家公司的股东，而且这些公司现在全都正在走向成功，不过这些公司的股票迟早会到达应该卖出的顶部。当它们到达底部且图表显示其趋势即将再次掉头向上时，我们买进这些国家大型金融利益集团所持股的公司的股票，最终将获得回报。

管理不善曾毁掉了许多家公司。总是有人声称，杰伊·古尔德（Jay Gould）在开始提高铁路股的价值之前就已经毁了它们。当时那些专业交易者最爱说的就是："卖出古尔德的股票。"伊利湖铁路（Erie）是另一家多年管理不善的公司，其股票像水浸了一样。公众好几次把自己投入到该股票上的资金亏得精光，因为该公司曾好几次被破产管理人接管。

已故的 E·H·哈里曼（E. H. Harriman）在 1896 年联合太平洋破产时接管了该公司，并使其成为了美国最大的铁路公司之一。该公司曾在连续超过 24 年的时间里支付了 10%的分红。哈里曼是一位有建设性的开创者，他管理的这家公司的股票被一些投资者买进了，他们都赚到了钱。管理不善可以毁灭一家好的公司，高水平的管理则可以使一家不好的公司繁荣起来。

货币利率、债券和股票价格

对不同时期的货币利率、平均债券价格和平均股票价格进行研究和比较非常重要。从图 9 中我们可以看到货币利率是如何影响债券价格的，以及债券的最高价和最低价与平均股价之间的差异。货币利率预示着债券价格的上涨或下跌，而债券价格又预示着股市市场随后会发生什么样的状况。

图 9 记录了多年以来的货币利率，向我们显示了短期借款利率的高低分别意味着什么。任何一个高货币利率周期之后都会出现过股票价格较低的情形，不管是早是晚。高货币利率意味着贷款已经增加，货币供应日渐不足，投机者迟早会被迫进行股票套现以偿还贷款。低利率并不总是意味着牛市即将到来或者说股市即将上涨。货币利率极低恰恰与货币利率极高相反，这意味着资金需求非常少。货币利率很低时，或者至少可以说当货币利率低于正常水平时，经济通常都不景气。因此，当经济很不景气时，股市就不会表现出大量盈利，也不可能增加分红。当经济开始好转时且货币利率逐渐上升时，股市将与货币市场同步运动或是稍微领先于货币市场。

1914 年 12 月，平均股价到达了最低价；1915 年 9 月，平均债券价格到达了最低价，比股市到达最低价位的时间晚了大概 9 个月。1915 年 11 月，平均股价到达了最高价；1916 年 1 月，平均债券价格到达了更高的价位。在这之后债券价格持续下跌到了 1917 年 12 月的最低价且其间没有出现反弹；而股市确实在 1917 年出现了反弹，且美国钢铁在 5 月份形成了当年的极限最高价。1917 年 12 月，股市到达了最低价；1918 年 5 月，债券到达了顶部，但这只是一次小幅反弹，到了 1918 年 9 月，债券形成了与 1917 年 12 月相同的最低价。这就是我们所说的双底，我们应该在这种位置买进。在这个位置股市受到了支撑，开始走高。1918 年 11 月，债券形成了最后一次反弹的最高价之后便开始走低；1919 年，债券继续走低，而股市却出现了一次大繁荣并于当年 11 月份到达了顶部，因此股市到达最终的最高价的时间比债券出现最高价的时间晚了 1 年。1920 年 5 月，债券到达了最终的最低价；1920 年 12 月，股市到达了一轮反弹开始的最低价。

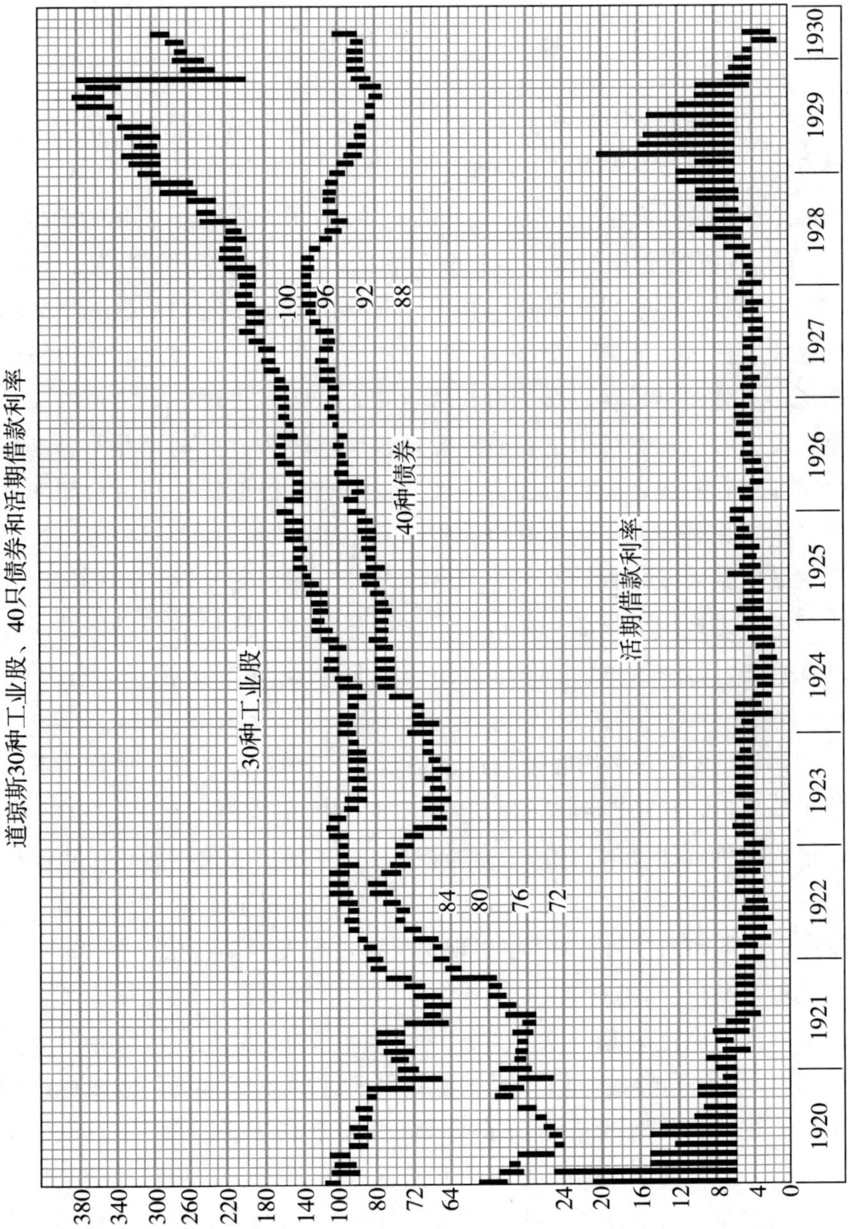
道琼斯30种工业股、40只债券和活期借款利率
30种工业股
40种债券
活期借款利率
1920
1921
1922
1923
1924
1925
1926
1927
1928
1929
1930
380
340
300
260
220
180
140
100
80
72
64
24
20
16
12
8
4
0
100
96
92
88
84
80
76
72

图 9

1920 年 10 月，债券形成了反弹的顶部，且此后出现的一轮陡直下跌在 1920 年 12 月到达了第二个最低价。1921 年 5 月，股市形成了反弹的顶部；1921 年 6 月，债券到达了最后的最低价，这是其最终的最低价出现 1 年之后形成的第二个更高的底部。1921 年 6 月，一些股票形成了最低价，但大盘到达最低点是在 1921 年 8 月，这是大的牛市行情开始以来的最终的底部，它比债券的最低价出现的时间晚了 16 个月。1922 年 9 月，债券到达了最高价；而股市则继续上涨，并于 1923 年 3 月从更高的位置开始回调。1923 年 3 月，债券到达了回调的最低价；同一时间股市到达了最高价，且债券在一个狭窄的区间内停留了许多个月。1923 年 10 月，债券形成了最后的最低价；1923 年 10 月，股市也形成了最低价，随后便一直反弹到了 1924 年 2 月并在 1924 年 5 月形成了最后的最低价，尽管一些股票直到 1924 年 10 月才形成了最低价，并在柯立芝先生当选美国总统之后很快便开始上涨。当股市正在进行最后这轮回调时，债券却在慢慢走高。1926 年 2 月，股市形成了顶部，并在随后的 3 月份出现了一轮大幅崩跌。1926 年 8 月，股市形成了更高的顶部，并在接下来的 1926 年 10 月出现了一轮陡直的下跌；1926 年 5 月，债券形成了最高价，然后便一直停留在一个狭窄的区间内，期间仅伴有小幅回调，直到 10 月份到达了最后的最低价，之后便开始上涨。1928 年 1 月和 4 月，债券形成了最终的略高于 99 点的最高价。没能到达 100 点表明在 100 点左右很可能存在沉重的卖压；而且毫无疑问，许多人都没能在正确的时间退出。然而，如果这些人绘制了图表，并且留意到债券是如何维持了好几个月，但是价格上没有出现重大盈利的情况，他们就会知道存在沉重的卖压，就应该卖出，因为货币利率正在上升。1928 年 4 月，债券的趋势掉头向下，1928 年 8 月，到达了一轮小幅反弹开始的底部，1928 年 11 月，反弹结束；与此同时，股市却持续上涨并在 1929 年 9 月 3 日到达了最终的最高价，比债券形成顶部的时间晚了 20 个月。然而重要的是要知道，纽约股票交易所的所有股票的平均价在 1928 年 11 月形成了极限最高价。1929 年 8 月，债券形成了最低价，但又在 1929 年 10 月略微走低，随后在 1929 年的 12 月出现反弹，接下来在 1930 年的 1 月出现了小幅回调，然后在 1930 年的 4 月走高。要观察货币利率及债券市场，我们将发现它们可以帮助确定股票的价格趋势。

第六章　投资者应该如何进行交易

在许多股票当中要赚大钱需要进行长期投资（长线交易），但有的时候将股票作为长期投资进行持有又赚不到钱，这取决于市场处于哪一个周期，以及市场离派发阶段究竟有多远。假设我们买进一只中等价位或低价位的股票作为长期投资进行持有，而且该股不支付红利，那么我们就必须计算我们已投入资金的利息，并且除非我们所获得的盈利弥补利息之外还有所富余，否则就不值得在该股上进行长期投资。许多交易者买进一只低价股之后持有好几年，最后以 5 个点的盈利卖出，还认为自己赚了钱。但是，如果他们愿意计算一下自己所投入的资金在这期间的复利，就会发现自己其实并没有获得很高的资金利息，同时还使自己的本金暴露在了风险之中。

投资者应该何时兑现盈利

我所说的投资者，指的是长线交易者或者说那些买进股票之后持有好几年的交易者。投资者必须有可靠的指南，以便在接近一轮下跌的底部时进场；随后，如果能进场正确，就应该一直持有到牛市行情结束，忽略中途的小型波动；但要仔细研究股票的图表，以便确定该股何时显得疲软，同时还要仔细观察行情结束的信号，以便卖出自己的头寸。

纽约中央（New York Central）——我在 1923 年初完成的《江恩股市定律》一书中把纽约中央选为了投资者或交易者应

该买进的最好的股票之一。我将给出该股从 1921 年 6 月的最低价到 1929 年 9 月的顶部的图表，图 10 中显示了这期间的重要摆动和回调，所有这些都标志着上升的趋势。在上涨过程中，该股顶部不断升高，底部也不断升高。那么对于投资者来说，需要留意的重要事情就是最佳的卖出点。我的交易规则说明，留意最后的重要冲刺和可能会持续 7～10 周的“沸腾”运动。1922 年 10 月，纽约中央从 1921 年 6 月的最低价 65 点上涨到了 101 点，11 月又回调到了 89 点，下跌了 12 个点；1923 年 6 月，该股的价位为 104 点，7 月份回调到了 96 点，下跌了 8 个点；1923 年 12 月，最高价为 108 点，随后回调到了 100 点，下跌了 8 个点；1924 年 2～4 月，该股的最高价都停留在 100 点；接下来上涨到了一个新的最高价，表明该股将大幅走高；1925 年 2 月，到达了最高价 125 点，3 月、6 月都回调到了 114 点，下跌了 11 个点，回调幅度仍然没有从 1922 年的顶部回调的幅度大，显示出了上升趋势；1925 年 12 月，该股价位为 136 点；1926 年 3 月，当绝大多数股票都出现了恐慌时，该股下跌到了 117 点，下跌了 19 个点，但没能跌破 1925 年形成的最低价 114 点，而是形成了更高的底部，这仍然显示出了强有力的上升趋势。因此，投资者应该继续持有，不要卖出该股。1926 年 9 月，形成了新的最高价 147 点，10 月，回调到了 130 点，仅仅下跌了 17 个点，回调幅度没有 1926 年 3 月的回调幅度大，仍然显示出了上升趋势。因此，投资者应该忽略这次回调并继续持有。1927 年 10 月，最高价为 171 点；1928 年 2 月，最低价为 156 点，下跌了 15 个点，仍然显示出了上升趋势；1928 年 5 月，最高价为 191 点，这是一个新的最高价；1928 年 7 月回调到了 160 点，下跌了 31 个点，这是 1921 年以来最大幅度的回调，是一个警告信号，告诉我们卖压越来越沉重。然而，该股没能到达 1928 年 2 月的最低价 156 点，显示出了主要趋势仍然是向上的，因为它从未跌破上一个底部以及这轮上涨运动开始的阻力位。1929 年 2 月，最高价为 204 点，3 月、4 月的最低价都为 179 点，下跌了 25 个点，回调幅度没有 1928 年 7 月的回调幅度大。自这个价位之后开始了最后的重要冲刺，该股在 1929 年 9 月到达了 257 点，4 个月内上涨了 78 个点。现在，我们假定投资者不知道 1929 年 9 月和 10 月即将出现恐慌，因此他不可能在顶部卖出。为了确定何时卖出以及在什么位置设置止损单，他应当回过头来找出从顶部出现的最大幅度的回调，也就是从 1928 那年 5 月的顶部 191 点到 1928 年 7 月的最低价 160 点的 31 个点的回调。下一个重要的

纽约中央、艾齐逊铁路和美国电话电报的摆动图

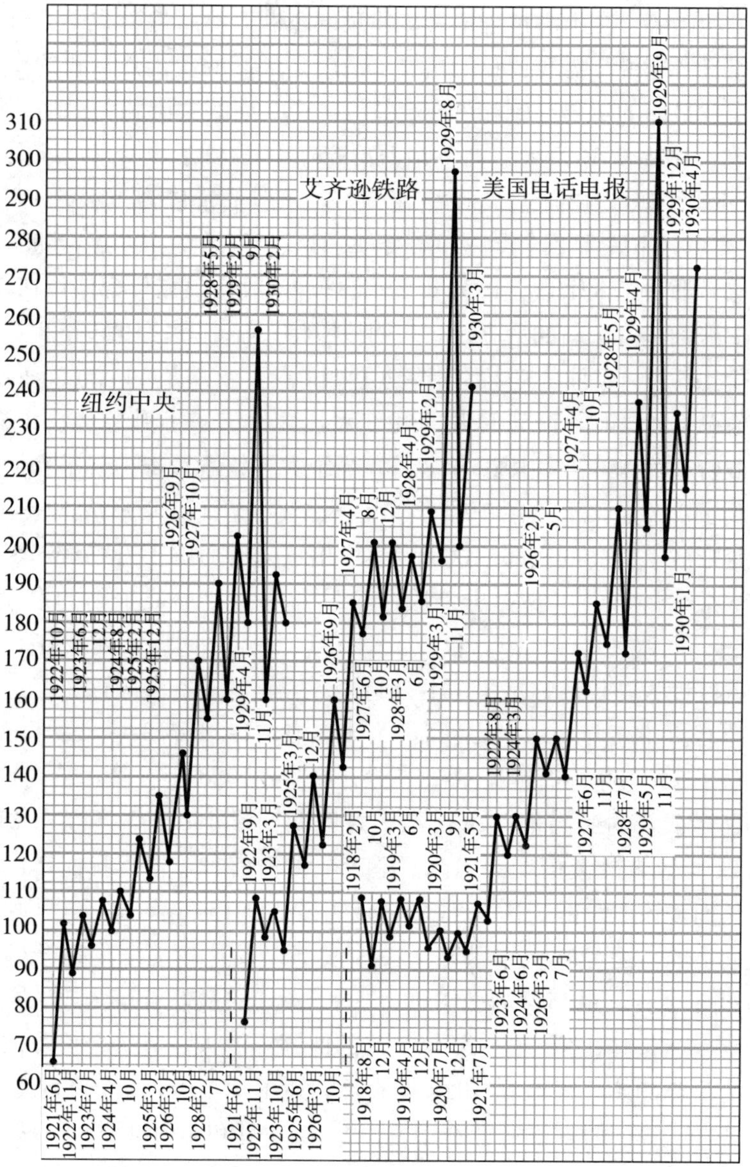

图 10

下跌是从 1929 年 2 月到 1929 年 3 月和 4 月的 25 个点的回调。应该遵循的一个很好的交易规则是：在一只股票完成最后的重要冲刺并到达了“沸点”之后，应该设置止损单，并且止损价位的位置与顶部的距离应该与上一次回调的点数相同。因此，投资者应该在顶部下方 25 个点设置止损单。那么当该股价位为 257 点时，止损单应该设置在 232 点。在该股到达这个价位之后，再也没有出现过大幅反弹，直到它下跌到 1929 年 11 月的 160 点，下跌了 97 个点。这又是一个买进点。因为它下跌了将近 100 个点并下跌到了 1928 年 7 月上涨开始的价位。1928 年 2 月的最低价为 156 点，因此如果投资者在 160 点再次买进，就应该在比上一次的最低价略低的 155 点设置止损单。1930 年 2 月，纽约中央上涨到了 192 点；1930 年 3 月，最低价为 181 点，而 2 月的最低价为 178 点。因此，就我撰写本书的 1930 年 3 月来说，投资者应该在 177 点设置止损单。

如果投资者遵循了我在《江恩股市定律》一书中所制定的交易规则，并于 1921 年在 65 点和 66 点附近买进了纽约中央，并且根据我们刚刚给出的交易规则在该股上涨过程中一路跟进，就应该在设置了止损单的 232 点处卖出，并因此获得了每股 167 个点或者说 16700 美元的盈利，同时也获得了持股期间的分红所提供的较高的本金回报率。假设其最初购买 100 股的成本是 6500 美元；随后当该股到达 130 点时，他获利 6500 美元，并假设他在这个价位再次买进 100 股，他的盈利就会达到 23200 美元，接近他原始本金的 4 倍，8 年多一点儿的时间里投资回报率为 400%，平均每年获利 50%，证明这一次长线交易是值得的。当然，如果该股每上涨 15 个点或 20 个点就进行加码买进的话，盈利将会大得多，但投资者不应该加码。当市场正朝着对投机性的投资者或交易者有利的方向运动时，他们加码的间隔时间也会越来越短，因此会承受越来越大的风险。

投资者应该注意什么

一个进行长线交易的真正的投资者应该注意大的摆动、回调的幅度和回调所持续的时间。参看图 10，艾奇逊铁路、美国电话电报和纽约中央的摆动图。

投资者首先必须根据交易规则挑选出正确的股票进行买进，然后只要趋势向上就一路跟随。接下来当趋势改变并掉头向下时，他就应该离场，不要再去碰这只股票，而是去另一只还没有出现大幅上涨的股票当中寻找机会。

南部铁路（Southern Railway）——年线图表将向我们显示出，南部铁路1902年的最高价为41点；随后在1903年下跌到了17点；接下来在1906年形成了顶部42点，仅比1902年的顶部高1个点；1907年和1908年的最低价均为10点；1909年的最高价为34点；接下来的3年里都形成了33～32点附近的顶部；1915年下跌并到达了最低价13点；1916年上涨到了36点，仅比1909年的最高价高2个点；然后在1917年、1918年、1919年和1920年，都形成了34点以及33点附近的顶部，此后便开始了一轮下跌并在1920年、1921年和1922年均形成了底部18点。该股在同一个价位停留了3年且形成了比1915年更高的底部，表明该股将走高。1922年该股穿越了1921年的最高价24点，也表明它将继续走高。随后的1923年它又穿越了1906年以来的最高顶部36点，这是该股即将大幅上涨并成为一只早期领涨股的又一个标志。1924年初，南部铁路穿越了1906年的最高价42点，同时这也是该股历史上的最高价。18年之后穿越这个顶部是大幅上涨的可靠信号，那些已经在更低的价位买进的交易者应该增仓买进并在上涨过程中一路加码。1928年，该股上涨到了165点，1929年11月，下跌到了109点。仔细研究那些形成了多年的顶部之后又开始形成更高的底部，且最终穿越了极限最高价并进入了新的价位区间的股票。它们就是投资者和交易者能够从中获取大额赢利的股票。

在我1923年初撰写的《江恩股市定律》一书中的102～103页，我们可以看到我把美国制罐、罗克艾兰（Rock Island）和南部铁路挑选为即将大幅上涨的股票。后来这些股票都变现得很好，而且如果将同样的交易规则运用到强弱形态相似的股票当中，未来我们也将能够正确挑选出具有大幅上涨可能性的股票。

买进老的或成熟的股票

投资者不应该做的一件事就是买进新公司的股票，除非他对这些公司的将来很有把握，但事实往往并非如此。那些极其优秀的大人物也会犯错，并且他们当中的绝大多数都会在一家新公司刚刚创立时变得过于乐观，总期待出现一些意料之外的大好事。因此，在进行长期投资时，投资者应该遵循的最安全的交易规则就是：买进那些老的或者说成熟的股票。如果一只股票已经存在20多年且有相当好的分红记录，投资者就应该先查阅一下该股的记录，然后再根据图表在该股价位已经很低时买进，之后等到最后的重要冲刺出现时卖出。这种老的或者是成熟的股票在最后阶段会迅速运动，其原因就在于在很多年以后，几乎所有的股票都到了投资者手中，浮动筹码已经非常少；因此当大量的买进需求开始出现时，股票就会快速上涨，直到到达一个投资者大量卖出并阻止涨势的价位。

艾奇逊铁路（Atchison）——在《江恩股市定律》一书中，我们将艾奇逊看做是1921年应该买进的绩优铁路股之一。该公司于1895年组建；因此，到1921年它已经成立了26年，并且该股有很好的分红记录（图10）。1921年6月，艾奇逊的最低价为76点；1922年9月，最高价为108点，本年11月[①]，最低价为98点，下跌了10个点；1923年3月，最高价为105点，本年10月，最低价为94点，从108点下跌了14个点。该股没能跌破这些底部以下3个点，仍然显示主要趋势向上。1925年3月，最高价为127点，6月，最低价为117点，下跌了10个点，12月，最高价为140点；1926年3月，最低价为122点，下跌了18个点。考虑到这是一次恐慌且一些高价股下跌了100个点，这算是一次小幅下跌。艾奇逊仍然显示出一种强势形态，因此投资者应该继续持有。1926年9月，最高价为161点，10月，最低价为142点，下跌了19个点。主要趋势仍然向上，投资者应该继续持有。1927年4月，最高价为201点。按照我的交易规则，股票总是会在100点、200点和300点，或是整数价位附近遭遇沉重的卖

① 译注：本年指1923年。

压，并发生一定幅度的回调。此时知道这一点的投资者就会卖出，然后以更低的价位买进艾奇逊。然而，投资者[①]并不知道趋势已经转变，并且图表上也没有显示出来。1927 年 6 月，该股下跌到了 181 点，下跌了 20 个点，仍然形成了更高的底部并显示出上升趋势。1927 年 12 月，最高价为 201 点，与当年 4 月相同。在这一价位投资者可以再次卖出，但是趋势还没有掉头向下。1928 年 3 月，最低价为 183 点，下跌了 18 个点，仍然形成了更高的底部并显示出上升趋势。此时投资者应该在 178 点或者在上一个最低价（即 1928 年 3 月的最低价 183 点）下方 3 个点设置止损单。1928 年 4 月，最高价为 197 点，形成了略低的顶部。1928 年 6 月，最低价为 184 点，下跌了 13 个点。如果投资者在 1928 年 3 月的最低价下方 3 个点设置了止损单，他仍然是安全的；这里艾奇逊第三次形成了更高的底部，表明若是它能够形成更高的顶部，就会大幅走高。1929 年 2 月，最低价为 209 点，这是一个新的最高价，也是该股将大幅走高的标志。1929 年 3 月，最低价为 196 点，下跌了 13 个点，与上一次的回调幅度完全相同。1929 年 8 月，最高价为 298 点。该股没能穿越整数价位 300 点，表明它已经形成顶部且已经完成了最后的重要冲刺。最后两次的回调都是 13 个点，因此交易者在继续跟进股票上涨时应该在这个最高价下方 13 个点设置止损单。这将迫使他在 285 点处离场。1929 年 11 月，艾奇逊下跌到了 200 点，从顶部下跌了 98 个点；这时有一个买进点，因为该股几乎下跌了 100 个点，同时站在了 1929 年 3 月的最低价以上 2 个点。如果投资者在 200 点附近买进，就应该在离该价位 5 个点的位置设置止损单。1930 年 3 月，该股上涨到了 242 点，并且在撰写本书时应该将止损单设置在 1930 年 2 月的最低价下方的 227 点。1929 年 11 月的 200 点是一个买进点，是因为 1929 年1～5 月连续 5 个月的时间里，艾奇逊始终在 196 点附近形成底部。人们以前在 196 点买进该股的事实表明，这个价位上存在着强有力的支撑；而它再次停在 200 点则表明，有人仍然愿意以比 200 点略高的价位买进所有卖出的股票，这也就标志着这至少是一个合适的可以买进等待反弹的价位。

美国电话电报公司（American Telephone & Telegraph Co）——该股在

---

① 译注：不知道整数位会出现回调这条交易规则的人。

1920 年被证明是极好的投资对象，自那之后它已经提供了巨大的赢利和大量的分红。它出现了大幅上涨，期间只有一些小幅回调。老的或者说成熟的股票为什么回调的幅度会如此小的原因之一就是，它们是被投资者持有，它们不会像专业的交易者一样，在反弹时卖出，也不会在下跌过程中因为害怕而卖出，因为专业的交易者是用保证金交易流行股。我们应该在吸筹时的低位而不是靠近顶部的时候买进这些绩优且支付分红的老股票。

由于美国电话电报公司是一家老公司，因此对它多年来的最高价与最低价进行回顾是非常重要的。图 10 中，1902 年的最高价是 186 点；1907 年恐慌中的最低价是 88 点；接下来的最高价是 1911 年到达的 153 点；接下来的最低价是 1913 年的 110 点；1916 年的最高价是 134 点，1918 年的最低价是 91 点。此时，这是一个极其有利的买进点，因为在 1907 年的恐慌时期该股下跌到了 88 点。因此，应该在任何靠近这个价位的地方买进，并在 85 点或者说以前的最低价下方 3 个点设置止损单。对顶部进行研究也很重要：1918 年 2 月，最高价 108 点，8 月，最低价 91 点，10 月，最高价 108 点，12 月，最低价 98 点；1919 年 3 月，最高价 108 点，4 月，最低价 101 点，6 月，最高价 108 点，12 月，最低价 95 点；1920 年 3 月，最高价 100 点，7 月，最低价 92 点，9 月，最高价 100 点，12 月，最低价 95 点。请注意，1919 年和 1920 年的最低价高于 1918 年 8 月到达的最低价，说明该股在此获得很好的支撑，该价位是一个买进点。有 4 个顶部都出现在 108 点附近，而且 1921 年 5 月该股再次上涨到 108 点，不过在 1921 年 7 月它仅仅回调到了 102 点，再一次形成了更高的底部，说明该股在此获得了强有力的支撑。此时，如果我们在底部附近买进了该股并且想要加码，就应该在该股穿越顶部 108 点上方的 110 点时再进行加码。该股继续逐年走高，不断形成更高的顶部和更高的底部，这表明主要趋势一直是朝上的。1928 年 5 月，股价为 210 点，1928 年 7 月，回调到了 172 点，没能大幅跌破 1927 年 11 月的最低价，这表明趋势已经掉头向上①。如果投资者一直在观察这只股票，或者如果交易者一直在等待机会在 1924 年 12 月买进该股，那他就应该在 132 点加码了，因为此时它超过了 1922 年、

① 译注：原文是趋势掉头向下，译者理解是笔误，正确的应当是向上。

1923年和1924年的顶部。最后的重要冲刺发生于1929年5～9月，该股从205点上涨到了310点，上涨了105个点。这就是最后的重要冲刺以及投资者应该卖出股票的地方，尤其是这最后的波动高达105个点；但是，投资者或交易者不可能知道回调具体从哪个高价位开始，因此他应该回头看一看上一次的回调并设置止损单，且止损价位离顶部的距离应该与上一次回调的点数相同。上一次的回调是从1929年4月的238点到1929年5月的205点，一共33个点。这将迫使投资者在277点离场；同时如果他当初在100点附近买进了，就没有什么可担心的，即使他在最后冲刺的顶部损失了33个点。1929年11月，该股下跌到了198点。这是一个买进点，因为从顶部下跌了大概110点，而当股票下跌到或上涨到200点这个整数价位附近时总是会获得支撑。如果投资者在这个价位附近再次买进，他就应该留意回调的点数以便设置止损单。1929年12月，该股上涨到了235点；1930年1月，回调到了215点，共回调了20个点。1930年4月，该股上涨到了274点。因此投资者应该在上涨过程中以距离20个点的止损单进行跟进，或是等到有了更好的标志时卖出。考虑到美国电话电报公司已经出现了最后的重要冲刺的事实，投资者不应该期待该股再次回到310点，至少在未来很多年都不应该再有这样的期待。

人民煤气（People′s Gas）——对投资者来说，仔细研究图11该股1895～1930年的最高点与最低点年线图表是非常重要的。1899年，最高价130点；1907年，最低价70点；1913年，该股再次上涨到了1899年的最高价130点。请注意，1909～1917年的最低价都在100点到106点之间，这表明这几年当中在100点附近均存在良好的支撑。趋势曾连续几年向上，投资者对该股的信心也大大增加。1918年，该股跌破100点时，这表明有什么地方出了问题。此时投资者应该卖出，交易者则应该进行卖空。1920年，该股下跌到了27点。随后进行了大规模的吸筹，趋势再次掉头向上。1926年，该股穿越了1899年和1913年的最高价130点；这是该股将大幅走高的一个标志，投资者和交易者应该进行加码。接下来出现的一轮大幅上涨在1929年到达了最高价404点，此时该股宣布分红。

美国钢铁的摆动——在许多场合，我都用美国钢铁举例，这并不是因为我的理论或交易规则不能被其他股票证明，而是因为美国钢铁是最为一

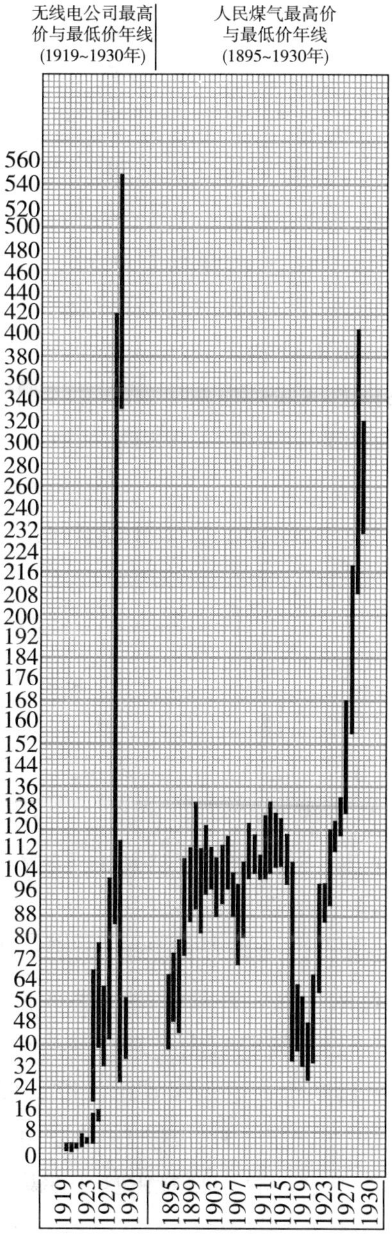
无线电公司最高价与最低价年线(1919~1930年)
人民煤气最高价与最低价年线(1895~1930年)
560
540
520
500
480
460
440
420
400
380
360
340
320
300
280
260
240
232
224
216
208
200
192
184
176
168
160
152
144
136
128
120
112
104
96
88
80
72
64
56
48
40
32
24
16
8
0
1919
1923
1927
1930
1895
1899
1903
1907
1911
1915
1919
1923
1927
1930

图 11

般公众所熟知的一只股票，他们对这只股票的运动有更多的了解。图 3 显示了美国钢铁自 1901 年 3 月 28 日在纽约股票交易所挂牌交易首日至 1930 年 4 月 7 日期间的大型运动和小型运动。该股从 1901 年 3 月的 42¾点开始，上涨到了 4 月份的 55 点。作为一只成交量为 500 万股的新股，它自然需要很长的时间来进行派发。该股的第一次大幅下跌发生在 1901 年 5 月 9 日的恐慌当中，它当时下跌到了 24 点。6 月，该股反弹到了 48 点，随后又下跌到了 37 点；1902 年 1 月，它上涨到了 46 点。由于没能到达前一个顶部 48 点，表明这是一个很好的卖点，投资者或交易者应该卖出并转为卖空操作。1902 年 12 月，该股下跌到了 30 点；1903 年 3 月，上涨到了 39 点，仍然形成了比前一个顶部更低的顶部。1904 年 5 月，该股下跌到了历史最低价 8⅜点。在这个价位附近进行了大概 8～10 个月的吸筹。投资者应该在这个价位附近买进，或是在 1904 年 9 月该股穿越 13 点时买进，因为这个价位处在 1903 年 11 月至 1904 年 8 月所形成的阻力位之上，1905 年 4 月，该股形成了最高价 38 点。由于没能穿越 1903 年 3 月的最高价，这预示着即将出现回调。1905 年 5 月，下跌到了 25 点，该股在这个价位获得了良好的支撑，表明这是一个买进点。1906 年 2 月，上涨到了 50 点，仅比 1901 年 7 月的最高价高 2 个点；1906 年 7 月，回调到了 33 点；1907 年 1 月，上涨到了 50 点。由于没能穿越 1906 年的最高价，表明应该卖出该股并转而卖空，尤其是当该股还停留在 1901 年 4 月形成的最高价以下时。1907 年 3 月的恐慌当中，美国钢铁下跌到了 32 点；1907 年 7 月，上涨到了 39 点，仍然形成了更低的顶部；1907 年 10 月的恐慌当中，该股下跌到了 22 点。这是一个买进点，因为它只是略低于 1905 年 5 月到达的最低价。随后出现了一轮快速的上涨，并且回调幅度非常小。1908 年 11 月，美国钢铁上涨到了 58¾点。这是该股有史以来的最高点，穿越了 1906 年、1907 年以及 1901 年 4 月的最高价，这表明它已经准备好大幅走高。因此，每一次回调时都应该买进。1909 年 2 月，美国钢铁下跌到了 41⅛点。仔细研究其最高点与最低点周线图表，我们将看出这表明底部即将到来，应该买进该股。接下来出现了一轮大幅上涨，并且该股从未回调 5 个点以上，直到它在 1909 年 10 月上涨到 94⅞点；在这个价位上出现了该股有史以来的最大成交量，并且其最高点与最低点周线图表显示出该股即将形成顶部。假设一个投资者或交易者在1909年2月的底部附近或是在以前的任何一个最低价买进，在1909年2月的回调之后，如果他在该股上涨的过程中以距离5～7个点的止损单一路跟进，这样他的止损单将一直不会被触及。留意回调以等待买进的交易者在看到该股第一次回调5个点之后，就应该在该股每一次回调5个点时买进，并设置距离3个点的止损单，这样他的止损单将一直不会被触及。以这样的方式加码，就能获得大笔的盈利。自1909年10月的顶部开始，美国钢铁在1910年2月下跌到了75点，3月，反弹到了89点，7月，下跌到了62点，11月，上涨到了81点，然后在1910年的12月下跌到了70点，之后又在1911年的2月再次反弹到了82点。请注意，该股一直在形成更低的顶部以及更低的底部。它在81～82点附近形成了3个顶部的事实表明在这些价位它是一只卖空股，同时应该在距离3个点的位置设置止损单。1911年4月，该股下跌到了73点，1911年5月，再次上涨到了81点，再一次没能穿越1909年11月和1911年2月的最高价。随后出现了一轮陡直下跌；1911年11月，当美国政府提起诉讼要求解散美国钢铁公司时，该股下跌到了50点。这是一个买进点，因为1901年、1906年和1907年期间，美国钢铁都曾形成过50点的顶部。因此，当该股下跌到与以前的顶部阻力位同样的价位时，这个阻力位就变成了一个买进点。美国钢铁自这个价位开始上涨到了1911年12月的70点，此时出现了大量买盘；接下来出现的一轮回调在1912年2月下跌到了59点，形成了更高的底部，表明这是一个可以买进等待反弹的价位。1912年4月，该股上涨到了73点，5月，下跌到了65点，再次在一个更高的价位上获得了支撑，表明该股将再次反弹。1912年10月，该股上涨到了80点，再一次没能穿越卖出点。在这一点位上，我们应该卖出并再次反手做空。1913年6月，该股下跌到了50点，回到了与1911年11月相同的价位，这是一个买进点，同时我们应该在1909年2月形成的底部下方3个点设置止损单，因为那是前一轮大幅上涨的起始点。1915年的复苏非常迅速并且美国钢铁也显示出大量的买盘。当该股连续穿越63～66点的价位时，说明它正处在非常强势的形态，也表明它将继续走高，投资者和交易者应该进行加码。1915年12月，该股穿越了80～82点的阻力位，上涨到了89点，表明它最终将大幅走高。1916年1月，该股下跌到了80点，并在这个与前一个顶部价位相同的价位上获得了支撑。1916 年 3 月，该股上涨到了 87 点。没能穿越 89 点表明即将发生回调。1916 年 4 月，再次下跌到了 80 点。这是又一个确切的买进点，同时应该在 77 点设置止损单。然后出现的上涨穿越了 89 点，之后又穿越了历史最高价 94⅞点，表明该股安静大幅走高。1916 年 11 月，该股上涨到了 129 点；1916 年 12 月的恐慌中，下跌到了 101 点；1917 年 1 月，反弹到了 115 点；1917 年 2 月，下跌到了 99 点。这是一个买进点，同时应该在 98 点或是 1916 年的最低价 80 点下方 3 个点设置止损单。只要美国钢铁能够维持在老顶 95 点以上，它就是处在强势形态，表明将大幅走高。1917 年 5 月，该股上涨到了 136 点。此处出现了几笔有史以来最大的成交量，同时周线图表、月线图表以及 3 点运动规则也表明美国钢铁即将形成顶部，然后便会出现另一轮下跌。1917 年 12 月，该股下跌到了 80 点，这是一个以前的支撑位，也是一个买进等待反弹的价位，同时应该在 77 点设置止损单做保护。1918 年 2 月，该股上涨到了 98 点；1918 年 3 月，下跌到了 87 点。没能回到以前的最低价附近，表明该股将继续走高。1918 年 5 月，上涨到了 113 点。但没能穿越 1917 年 1 月的最高价。1918 年 6 月，下跌到了 97 点；1918 年 8 月，上涨到了 116 点，并在这个仅比 1918 年 5 月的顶部高 3 个点的价位上遇到了大量的卖盘。周线图表显示出该股即将形成顶部，应该进行卖空。1919 年 2 月，下跌到了 89 点，形成了比 1918 年 3 月高 2 个点的底部，表明这是一个买进点。1919 年 7 月，上涨到了 115 点；没能穿越 1918 年 8 月的最高价，表明应该进行卖空。1919 年 8 月出现的一轮陡直下跌到达了 99 点，10 月，上涨到了 112 点，形成了比 7 月更低的顶部，这是又一个该股已成卖空股的标志，表明该股即将走低。1919 年 12 月，下跌到了 101 点，形成了比前一个底部高 2 个点的底部，是一个反弹的标志。1920 年 1 月，上涨到了 109 点，形成了比 1919 年 10 月更低的顶部。请注意，自 1917 年 5 月开始，所有的顶部都逐渐降低，与 1911 年和 1912 年的情形一样，这表明卖出利好。1920 年 2 月，美国钢铁下跌到了 93 点，跌破了上一个支撑位，表明该股将继续走低。1920 年 4 月，上涨到了 107 点，再次形成了更低的顶部，表明该股已是一只卖空股。1920 年 12 月，下跌到了 77 点，跌破了上一个于 1915 年和 1917 年形成的支撑位 80 点，表明该股将继续走低。1921年5月，上涨到了86点，6月，下跌到了70½点。在这一价位获得了良好的支撑，同时最高点与最低点日线和周线图表也表明该股即将形成底部，应该买进等待下一次的上涨。随后上涨开始了，美国钢铁开始不断形成更高的顶部和底部，每一次回调之后都会继续走高，直到1923年10月，该股上涨到了111点。没能穿越1919年10月的顶部，这至少表明即将出现回调；同时在它能够穿越自1918年5月开始形成的各个阻力位，并一路穿越109～116点附近的价位之前，这都预示着该股即将走低。1922年11月，该股下跌到了100点；1923年3月，上涨到了109点。再一次没能形成上一个1922年10月的顶部，表明该股将继续走低。1923年7月，该股下跌到了86点，8月，反弹到了94点，10月，同样下跌到了86点。好几个月都在这个价位形成了底部，表明这一价位上存在着强有力的支撑，应该买进该股并在83点设置止损单。1924年2月，该股上涨到了与1922年3月相同的顶部109点，5月，下跌到了95点，形成了更高的底部，表明获得了更加强有力的支撑。接下来开始的一轮上涨穿越了1918年与1922年之间形成的所有顶部，表明该股将大幅走高，并且当它穿越112点时，交易者和投资者应该进行加码。1925年1月，该股上涨到了129点，与1916年11月形成的顶部相同；1925年3月，下跌到了113点。这是一个买进点，因为该价位靠近该股以前遇到阻力的顶部。1925年11月，该股上涨到了新的最高价139点，比1917年的老的最高价高3个点，表明该股稍后将继续走高。1925年12月，下跌到了129点；1926年1月，上涨到了138点。没能穿越1925年11月的最高价，应该卖出该股，交易者应该进行卖空并在142点设置止损单。1926年4月，该股下跌到了117点，并在这个比1925年3月的最低价更高的价位上获得了支撑，表明该股即将走高。此时周线图表显示出良好的支撑。然后出现的一轮上涨穿越了所有的最高价，并在1926年8月上涨到了159点。1926年10月，该股下跌到了134点，并在这个比1925年和1926年初的顶部略低价位获得了支撑。之后开始了另一轮大幅上涨，1927年5月，老股上涨到了176点，此时其除权40%，并且主要趋势仍然向上。1926年12月，新股在117点开始交易，1927年1月，该股下跌到了111¼点。没能跌破上一个1925年3月的最低价113点下方3个点，表明该股在这个价位上获得了支撑，这是一个买进点，同时应该在 110 点设置止损单。当该股在最低价附近运动缓慢时，表明正在进行大规模的吸筹以及该股即将进入一种再次走高的强弱形态。1927 年 5 月，该股上涨到了 126 点，6 月，下跌到了 119 点，并在这个价位上出现了良好的支撑，随后便出现了反弹。当该股穿越 126 点时，应该在这个地方进行加码，因为这表明该股将继续走高并不断形成更高的底部和顶部。1927 年 9 月，该股上涨到了 160 点，10 月，回调到了 192 点。没能回到老顶 126 点，表明在这个价位上获得了良好的支撑，这是一个买进点。此时成交量非常大，并且出现了快速陡直的下跌，因此交易者应该回补空头并买进。1927 年 12 月，该股反弹到了 155 点。没能到达老顶，表明随后将出现另一轮回调。1928 年 2 月，该股下跌到了 138 点，4 月，上涨到了 154 点。没能穿越 1927 年 12 月的顶部，表明应该卖空该股。1928 年 6 月，该股下跌到了 132 点。没能到达 1927 年 10 月的底部，表明这是一个买进点，同时应该在老底下方设置止损单。接下来该股重新恢复了上涨，并在 1928 年 11 月到达了顶部 172 点。尽管这是新股所到达的最高价位且该价位也在 1927 年 9 月的顶部 160 点以上，但它仍然低于老股在 1927 年 5 月形成的最高价 176 点。然后在 1928 年 12 月，该股下跌到了 149¾点，在这一价位上该股再次显示出良好的支撑；同时趋势掉头向上并穿越了最高价 176 点，表明该股将继续走高。1929 年 1 月，该股上涨到了 193 点，2 月，下跌到了 169 点，3 月，上涨到了 193 点。没能穿越老顶，表明应该卖出并反手卖空。毫无疑问，此时在从 194 点一路向上至 200 点的价位上都存在着该股大量的卖单，因为这些整数价位附近总是会出现卖单。设定了这些价位的人们最终没能离场。1929 年 3 月，该股回调到了 172 点，4 月，再次上涨到了 192 点。第三次没能穿越 1929 年 1 月的顶部，表明该股已是一只卖空股，同时应该在 196 点设置止损单。1929 年 5 月，该股下跌到了 162½点。尽管它跌破了上一个 1929 年 2 月和 3 月的最低价，但该股没能回到它在 1928 年 12 月开始上涨时的价位附近。在这一价位上出现了良好的支撑，同时周线图表也显示主要趋势已经掉头向上。自这一支撑位之后，出现了最后的重要冲刺。在伴随巨大成交量的情况下，美国钢铁穿越了顶部 192 点和 193 点，表明该股将大幅走高。在它于 1929 年 9 月 3 日到达 261¾点，形成了将近 100 个点的最后冲刺之前，它从未出现过收盘价连续3天导致投资者出现亏损或者说连续3天以更低价位收盘的情形。请注意，此时正是美国钢铁的第29个年头。如前所述，股票会在充分派发以及投资者买进之后进行最后的冲刺以及大幅上涨；那么当股票变得稀少时，就很容易拉抬了；因此当最后的冲刺出现时，投资者应该卖出。如果投资者一直以离每个顶部10个点距离的止损单跟随这次上涨，止损单将始终不会被触及，直到美国钢铁从261¾点到达251¾点时，此时他应该卖出并反手做空。1929年10月，美国钢铁下跌到了205点；同一个月又反弹到了234点；11月，下跌到了150点，回到了与1929年形成的底部同样的价位，这是一个买进点，同时应该在147点设置止损单。1929年12月，上涨到了189点；同一个月又回调到了157点，形成了更高的底部，这又是一个买进点。1930年2月，上涨到了189点，与1929年12月形成的价位相同。这是一个应该卖出并反手做空的价位。2月，该股下跌到了177点，再一次形成了更高的底部，此后开始了一轮上涨。此次上涨穿越了1929年12月和1930年2月的顶部189点，表明该股将继续走高。1930年4月，该股上涨到了198¾点，随后出现了一轮回调。毫无疑问，200点附近存在着大量的卖单，因为这之前一段时间报纸就谈论过美国钢铁即将形成200点。自然，那些想在这个整数价位卖出的交易者又没能离场。美国钢铁本应该在回调到189点附近时获得支撑，但它竟然跌破了1930年2月的最低价177点，这再一次表明该股将继续走低。不过，交易者和投资者应该先仔细观察，等到最高点与最低点周线和月线图表显示其正在派发，并表明该股即将遇到阻力且正准备走低。

每一个交易者和投资者都应该有一张折线图或是图表，以显示自己正在交易股票的摆动，并且图表追溯的时间则要尽可能久远。这样他便能看出该股是即将形成更高的底部和顶部还是即将形成更低的底部和顶部，并确定该股正处于什么样的形态。记住，一只股票在出现最后的冲刺之后，需要很长的时间才能再次到达这样的价位，正如我们曾在美国炼油以及其他一些股票上所看到的一样；它们在1906年形成了顶部，之后到1926～1929年之前一直都没有再次穿越过各自的顶部。因此，投资者应该避免在股票出现了最后的冲刺之后被股票套住，因为它们可能会在之后很长一段时间内持续走低。

趋势与大盘相反的老股票应该如何操作

当老的或者说成熟的股票的趋势开始与大盘趋势相反时，说明有什么地方出了问题，投资者和交易者应该出脱这些股票，不要去碰它们。举例说明：

美国毛纺（American Woolen）——多年以来，这只股票一直是一只很有投资价值的老股票，并且该公司在战争期间大赚了一笔。1914 年，该股形成了最低价 12 点；1919 年 12 月，上涨到了 169 点，并在此处进行了大规模的派发且趋势掉头向下。1920 年 2 月，该股下跌到了 114 点，4 月，反弹到了 143 点，5 月，跌破了 114 点，表明该股将继续走低，12 月，下跌到了 56 点。在整个 1921 年期间，该股稳稳地维持住了这个价位，这表明它在此获得了良好的支撑并将大幅上涨，而它确实上涨了。该股比其他股票更早形成了底部，并且是一只早期的先涨股，该股一直上涨到了 1923 年 3 月的 110 点。注意它没有涨到 116 点，即 1920 年 5 月以来的最高点。这是一个卖出点，投资者和交易者都应该在此卖出。从那时起，该股持续走低并且从未出现有力的反弹，这表明该公司出了什么问题。不过，该公司前几年的盈利就已经表现得很差劲，而且很容易就能发现此时该公司的管理很糟糕，并在战争之后累积了大量的存货，这使得该公司遭受了巨大的损失，其股票自然也就受到了盈利减少的影响。1924 年，该股跌破了 1920 年的最低价 56 点，表明该股将继续走低。1924 年秋，当其他股票都开始上涨时，该股不但没能形成反弹，反而与大盘趋势相反，直到 1927 年下跌到 17 点；随后在 9 月份反弹到了 28 点。1928 年 6 月，该股又下跌到了 14 点；11 月，反弹到了 32 点；接下来出现的下跌在 1929 年 10 月到达了最低价 6 点。该公司已经连续好几年出现亏损，而且此时很可能已经到了最糟糕的地步，该股可能正处于未来即将走高的形态。1930 年 2 月，该股反弹到了 20 点，3 月，下跌到了 13 点。此时可以在回调时买进了，但等到它穿越 20 点并预示着更有力的反弹之后再买进会更好一些。不过，此时美国毛纺的盈利并没有显示出该股近期内会出现任何重大的牛市。

我们要研究股票在 10 年当中是如何表现的；20～30 年期间是如何表现的；以及 40～50 年期间又是如何表现的……这一点非常重要。

投资的安全性

在华尔街上，许多损失都是因为希望和期待过多盈利并因此承担了不合理的风险。把钱存入储蓄银行被认为是最安全的投资方式。我们将获得4%～4½%的收益。第二安全的投资方式就是优良的债券和优先抵押权，它们可以让我们获得大约6%的资金回报率。当我们跳过这几种投资方式，去买进回报率在6%以上的股票或债券时，我们就越过了危险界限，背离了安全原则。选择支付较少分红的绩优股并在正确的时间买进，比买进支付高利率的高风险债券要好。如果债券不得不支付6%以上的利率才能卖出，说明该债券有什么问题。我们通常可以选择支付4%的分红且有潜力的股票，这种股票以后可能会支付8%～10%的分红，同时我们的投资将会获得大笔的盈利，因为我们的股票的价格会上涨。债券极少会大幅上涨，并且经常下跌到我们的买进价以下，因而导致我们投入的本金缩水。在不利条件下，即使是最好的债券也会下跌。在战争期间，英国统一公债(British Consols)① 和美国国债都出现了大幅下跌。这表明我们有必要绘制单个债券或一组债券的图表，并留意其趋势的变化，正如我们留意活跃股的趋势变化一样。总有一天我们会必须卖出开始下跌的债券，然后介入更好的、更安全的债券或是等待下一次机会。

通过探究债券市场和债券价格的表现，我们将能够确定股票市场今后会如何表现，以及整体经济会如何表现。1928年的债券价格表明了股票价格随后将下跌，并且即将出现经济萧条。

---

① 译注：英国政府1751年开始发行的长期债券。

第七章　如何挑选早期的领涨股和后期的领涨股

在每一次的牛市行情当中，总是会有一些股票在行情的第一阶段领涨；其中一些会在行情初期形成顶部，随后便再也不会上涨，接下来便开始下跌；而其他的一些股票则将继续上涨。在牛市行情的下一个阶段，会有新的领涨股出现，形成顶部之后，在第三阶段又被其他领涨股替代，最后在牛市行情的第四阶段或者说最后一个阶段，后期的领涨股纷纷出现并大幅上涨。

在每一个股票板块当中，都总有一些股票处于弱势形态，也总有一些股票处于强势形态，并表现出与总体趋势相反的趋势。因此，我们有必要确定哪些股票处于强势形态并将成为领涨股，以及哪些股票处于弱势形态将继续下跌，并在熊市当中成为领跌股。在1921～1929年的牛市行情当中，只有少数几只股票表现活跃，并且每年都能领涨。一些股票在1922年就完成上涨并形成了顶部，还有一些则分别在1923年、1925年、1926年，以及1927年形成了顶部；而上市股票中绝大部分都在1928年才形成顶部。1928年11月，在纽约股票交易所交易的所有股票的平均指数在这轮行情中都到达了最高点。然而，道琼斯30种工业指数1929年9月3日才到达了创纪录的最高点，更有许多后期的领涨股是在1929年春天和夏天才出现大幅上涨的。在交易股票时，不管股票是上涨还是下跌，能挣钱的时候都应该是在这些股票领涨或领跌的时候。因此，我们有必要研究一个股票板块中的每一只个股，以便判断其强弱形态。

化工类股票

当我在1923年1月撰写《江恩股市定律》一书时曾说过，化工股和航空股将是下一轮牛市当中的领涨股。因此，我们有必要分析各个化工股，以确定在牛市行情的不同阶段最好应该买进哪些化工类股票。

美国农业化工（American Agricultural Chemical）——1919年4月、5月、6月和7月，这只股票到达了极限最高价并进行了派发。随后出现的下跌在1921年8月到达了最低价27点；接下来在1922年8月形成了最高价42点；1923年4月，该股再次下跌到了1921年的最低价27点。这并不是该股已进入强势形态的信号，因为如果它即将上涨，就应该形成更高的底部，而且该股1922年的反弹与其他股票相比力度也很小。趋势继续向下，1924年期间该股非常疲软，并在6月份到达了最低价7点；这是1907年形成最低价10点以来的最低价。这表明该股正处于一种非常弱势的形态，它并不属于我们应该买进并等待大幅上涨的化工类股票之一。1926年1月，该股的最高价为34点。尽管这一价位高于1923年的顶部，但它没能到达1922年——牛市行情第一年的最高价。1927年4月，趋势再次掉头向下，该股下跌到了8点，停在了比1922年6月的最低价高1个点的价位上。这是一个买进并等待反弹的价位，同时应该在6点设置止损单做保护。买进这种低价股时，应该在上一个最低价下方大约1个点设置止损单做保护。接下来该股慢慢反弹并在1929年11月创下了最高价26点。请注意，这个顶部低于1926年的顶部，表明该股每一次反弹的顶部将逐渐降低，主要趋势已经向下。自这个顶部开始，该股持续下跌并且非常疲软；1929年11月，它到达了最后的最低价4点，这是20多年以来的最低价。我的交易规则之一就是，一只股票必须穿越它在牛市行情的第一年形成的最高价，才能表明它即将在这轮行情的下一阶段成为领涨股。美国农业化工从未穿越1922年的最高价，这一事实表明它不会成为领涨股。因此，我们不应该买进该股，而应该寻找另一只处于更加强势的形态当中的化工类股票。

戴维森化工（Davison Chemical）——1921年3月，该股的最低价是

23点。它在这一价位显示出了良好的支撑并开始上涨。1922年4月，它到达了最高价65点。此处出现了大量的卖盘，趋势掉头向下。1923年5月，最低价为21点。这是一个买进点，也就是说，我们应该在23～22点附近买进，并在20点或是1921年的最低价下方3个点设置止损单做保护。在1923年5月的下跌之前，该股曾在3月份反弹到了37点。1923年8月，它穿越了本年初的最高价37点，这使得趋势掉头向上并表明该股将继续走高。如果我们已经在其最低价附近买进，那么当它穿越38点时，我们就应该增仓买进并利用止损单在其上涨过程中一路跟进。1923年下半年，该股由于炒作集团的拉抬出现了一轮快速的上涨。当时许多报纸都在谈论此事；小道消息满天飞，宣称该股将涨到几百美元一股；一些激进狂热的市场行情通报的写手甚至说该股可能会涨到1000美元一股，因为硅胶生产将为该公司产生大量赢利。1923年12月，股价为81点。这是巨大成交量下的一个尖顶；一轮快速陡直的下跌接踵而至，股价持续走低，直到1924年7月再次到达了61点。这是又一轮陡直的上涨，随后又出现了一轮陡直的下跌。该股在1924年7月形成了更低的顶部，并跌破了1924年4月形成的底部41点之后，显示出了弱势的形态，并表明了它将继续走低。1925年4月，该股下跌到了28点，比1921年和1923年的各个最低价高5～7个点不等。该股在更高的价位获得了支撑，至少表明了它即将出现反弹。1925年8月，该股反弹到了46点；接下来出现了一轮回调；1926年2月，它再次形成了最高价46点。那么，该股若是没能穿越这个最高价就表明它将走低，我们应该卖出并反手卖空该股并在49点设置止损单。此后出现的一轮下跌在1927年的3月份下跌到了27点，比1925年的最低价低1个点。这又是一个买进点，同时应该在25点或1925年的最低价下方3个点设置止损单做保护。这一价位上再次获得了良好的支撑，并在1927年7月反弹到了43点。没能形成1925年和1926年的顶部，这是该股很疲软的一个信号，表明随后将出现另一轮下跌，同时也表明该股近期将不会成为领涨股。1926年10月，该股下跌到了23点，跌破了除1921年和1923年的最低价以外的所有最低价。此处该股再次获得了支撑，我们应该买进并在20点设置止损单做保护。该股此次停在了1923年和1921年的最低价上方2个点的事实，表明有人正在这个价位附近买进。随后该股在一个狭窄的交易区间内停留了 6 个月，接下来趋势掉头向上。1927 年 12 月，它上涨到了 48 点，穿越了 1925 年、1926 年以及 1927 年的顶部。这有力地说明了该股将继续走高，也说明了我们应该在每一次回调时再次买进。1928 年 2 月，该股回调到了 35 点，并在此处再次获得了良好的支撑；然后在 1928 年 4 月穿越了 48 点。这是又一个应该增仓买进的地方；此后该股继续上涨并在 1928 年 11 月上涨到了 68 点，穿越了之前的除 1923 年 12 月形成的极限最高价之外的所有顶部。随后在 1928 年 12 月从 68 点回调到了 54 点。1929 年 1 月，该股上涨到了 69 点，仅比上一个顶部高 1 个点。这是一个不好的信号，表明应该卖出该股并反手做空。接下来它在一个狭窄的交易区间内停留了一段时间，然后在 2 月份和 3 月份形成了最高价；此后又在 3 月下旬下跌到了 49 点。在形成了一个双顶之后又从最高价下跌了 20 个点，这是一个不好的迹象。1929 年 4 月，该股反弹到了 59 点，再次形成了更低的顶部；5 月，下跌到了 43 点，形成了更低的底部，仍然表明趋势是向下的。1929 年 7 月，该股反弹到了 56 点，再次形成了更低的顶部；8 月，下跌到了 46 点，形成了比上一个最低价略高的底部；10 月上旬，再次反弹到了 56 点，再次形成了相同的顶部，表明该股已成为一只卖空股。随后出现了一轮毫无抵抗的下跌并在 10 月上旬再次下跌到了 1923 年的最低价 21 点。该股在 1921 年、1923 年和 1926 年都在这个价位附近获得了支撑，表明我们应该于 1929 年在这个价位买进并在 20 点设置止损单，这样该止损单将始终不会被触及。这就证明了我的交易规则，即买进时在第一个极限最低价下方 3 个点设置止损单。例如：1921 年 3 月，极限最低价是 23 点，那么这些年来每一次买进时设置在 20 点的止损单都不会被触及。大家可能会问，为什么该股每一次都在这一价位上获得支撑。原因在于，某个炒作集团或某些内部人士知道该股的价值为 20 美元每股，因此每当该股下跌到 25～21 点附近时，他们都会买进；之后当该股到达了他们认为已经够高的价位时，他们又会卖出。1930 年 3 月，该股从 1929 年的最低价 21 点反弹到了 42 点。如果该股能够连续几年保持在这一价格水平，并且在下一次下跌时没有回跌到 1929 年的最低价，就说明该股可能会成为未来的领涨股。我们可以看出，该股是 1921～1929 年的牛市行情当中的一只早期领涨股；它在 1923 年 12 月就形成了最高价，并且在之后的 6 年里从未上涨到更高的价位，而其他处于强势形态的化工类股票却在这之后逐年形成更高的价位。

空气压缩（Air Reduction）——1920 年，该股形成了最低价 30 点；1921 年 6 月，再次形成了相同的最低价，构成双底，这确切表明了该股随后将出现一轮大幅上涨。1923 年 3 月，该股上涨到了 72 点，表明它是一只早期领涨股。1923 年 6 月，它下跌到了 56 点；1924 年 1 月，它形成了新的最高价 81 点；1925 年 2 月，上涨到了历史最高价 112 点；1926 年、1927 年和 1928 年，该股都形成了更高的底部和顶部，表明它一直是领涨股，因为当其他股票，如美国农业化工和戴维森化工不但没有形成新的顶部，反而不断形成更低的顶部时，该股却不断形成更高的底部。空气压缩是一只后涨股，并且在 1929 年牛市行情的最后冲刺阶段中快速运动。1929 年 10 月，它到达了最后的最高价 223 点。该股形成了一个尖顶；它在顶部时非常活跃，波动区间非常大，成交量也非常大。1929 年 11 月，它下跌到了 77 点。如果我们在 1929 年 8 月留意了这只股票即将见顶的信号，那么该股的一些迹象会向我们表明它已经接近终点。1929 年 8 月，该股的最高价为 217 点，9 月，最高价为 219 点，仅比上一个顶部高 2 个点。随后该股便出现了一轮陡直的回调，而 10 月份的最后冲刺则将它带到了 223 点，仅比 8 月份的最高价高 6 个点，比 9 月份的最高价高 4 个点。当该股形成这个最后的最高价时，几乎其他所有股票的趋势都已经掉头向下。因此，当其他股票都在如此剧烈地下跌时，预计该股将不得不随之一起下跌也就再自然不过了。1929 年 8 月 24 日到 11 月 16 日的最高点与最低点的周线图表显示出该股已经到达顶部并正在进行大规模的派发。1929 年 10 月 5 日结束的那一周，空气压缩从顶部 219 点下跌到了 186 点；接下来又在 10 月 19 日结束的那一周上涨到了 223 点。再接下来的一周它又跌破了 1929 年 10 月 5 日结束的那一周所形成的底部 186 点。这使得趋势掉头向下；如果我们当时已经卖空该股的话，就应该在该股跌破 186 点时进行加码，这样自这一价位之后的几个星期内我们便能获得 100 个点甚至更多的盈利。尽管这只股票是这轮牛市行情当中的领涨股，并且也是一只后涨股，最后完成上涨，但同时它在第一轮恐慌性的下跌中的下跌幅度却与其他许多股票相当，甚至是更大。

联合化工（Allied Chemical）——这是化工类股票当中的最优的领涨股之一，也是最值得买进的股票之一，它一直表现出了上升趋势。1921 年 8 月，该股的最低价为 34 点。1922 年 9 月，它上涨到了 91 点；1923 年 8 月，下跌到了 60 点；随后进行了许多个月的吸筹。1925 年 3 月，它形成了新的最高价 93 点。上涨到了 1922 年的最高价之上，表明该股稍后将大幅走高，我们应该在每一次回调时买进。在 1926 年、1927 年、1928 年和 1929 年期间，该股都形成了更高的底部和顶部，直到 1929 年 8 月到达了最终的顶部 255 点。最高点与最低点周线图表在 235 点处显示出了下降趋势。1929 年 11 月 13 日，该股下跌到了 197 点。其崩跌幅度比空气压缩以及其他化工类股票小得多，表明它处于更加强势的形态当中，当趋势掉头向上时，它将出现更大幅度的反弹。1930 年 3 月，它获得了良好的支撑并反弹到了 192 点。从以上分析当中我们可以看出，当美国农业化工和戴维森化工都处于弱势形态时，空气压缩和联合化工是如何表现出强势形态的。

杜邦公司（Dupont）——1922 年和 1923 年，该股都形成了最低价；随后在 1924 年形成了更高的底部；接下来逐年走高并在 1929 年 9 月到达了 231 点。这是化工类股票当中的一只后期领涨股。1929 年 11 月，它下跌到了 80 点。请注意这只股票的下跌幅度比联合化工的下跌幅度大很多。杜邦公司的下跌幅度之所以比联合化工大很多，原因在于杜邦公司进行了拆分与送股，而联合化工则没有进行过拆分，也没有宣布过送股。1930 年 3 月，杜邦公司反弹到了 134 点。

美国工业酒精（U. S. Industrial Alcohol）——我曾在《江恩股市定律》一书中分析过这只股票。它显示出了弱势形态，因为在 1921 年的熊市当中它是一只后涨股，并且直到 1921 年 11 月才形成了底部 35 点。因此，我们可以估计它在之后的牛市行情当中也将是一只后涨股。1923 年 3 月，美国工业酒精的最高价 73 点；随后又在 1923 年 6 月下跌到了 40 点；接下来又在 1924 年 7 月上涨到了 83 点，比 1923 年的最高价高了 10 个点。自这个价位开始，该股持续走低，并在 1924 年 5 月下跌到了 62 点。然后开始了一轮陡直的上涨，并在 1925 年 10 月到达了最高价 98 点。这是该股以前下跌过程中的支撑位。参见《江恩股市定律》一书中给出的图表。当该股反弹到这一价位时，这个以前的支撑位变成了一个阻力位和卖出点。该股显得很疲软并持续走低，直到 1926 年 3 月到达 45 点，停在了 1923 年的最低价上方 5 个点和 1921 年的最低价上方 10 个点。这又是一个买进点。1927 年 2 月，它上涨到了 89 点，没能到达 1925 年的顶部。1927 年 3 月，它下跌到了 69 点并在此处获得了良好的支撑，趋势再次掉头向上。1927 年 12 月，它穿越了 98 点。这是一个股价将继续走高的标志，我们应该在此进行加码。1928 年 3 月，该股形成了最高价 122 点。此处出现了大量的卖盘；1928 年 6 月，该股下跌到了 102 点。停在了老顶 98 点上方且没能跌破 100 点，表明该股稍后即将走高。在这之后，该股逐渐走高并在 1929 年 8 月开始了最后的冲刺，它从 175 点开始上涨并在 1929 年 10 月上涨到了 243 点。此后该股在 1929 年 11 月下跌到了 95 点，虽然比 1928 年的最低价低了 5 个点，但回到了以前的 95～98 点附近的支撑位；好几年以来这一支撑位一直是阻力位，不管是在下跌过程中，还是在这一阻力位被穿越前的上涨过程中。1929 年 11 月该股到达底部之后出现的一轮快速陡直的反弹在 12 月份反弹到了 155 点，此时趋势再次掉头向下。1930 年 3 月，该股回跌到了 100 点，表明该股正处于一种弱势形态。

注意这只股票在 1916 年、1917 年和 1918 年的 167～169 点之间老顶非常重要。当这些顶部被穿越时，就表明该股将大幅走高；在这种高价位上，我们若是买进而不是卖空的话，就会赚到大钱。注意 1916 年、1917 年、1918 年和 1919 年的 95～98 点之间的支撑位，同时也要注意 1929 年的底部 95 点。

美国工业酒精 1929 年 9 月和 10 月的最高点与最低点日线图表非常重要，它将非常清晰地向我们表明该股强弱形态。1929 年 9 月 3 日，道琼斯工业股指数形成了日线平均指数的顶部，美国工业酒精的股价为 213½点；9 月 5 日，它下跌到了 200 点；9 月 9 日和 10 日，反弹到了 212 点；9 月 10 日和 11 日，再次下跌到了与 9 月 5 日相同的最低价 200 点。随后，当该股跌破这一价位下方 3 个点或者说到达 197 点时，我们就应该卖空。9 月 12 日，该股上涨到了 210½点；9 月 13 日，下跌到了 198½点，仅比上一个底部低了 1½个点；9 月 20 日，快速上涨到了新的最高价 226½点；9 月 25 日，下跌到了 204½点，仍然停在了上一个最低价的上方；9 月 27

日，最高价为 220 点；10 月 4 日，最低价为 201 点，高于 9 月 5 日、9 日和 10 日的底部，同时也高于 9 月 13 日的底部。如果该股下跌到 197 点的话，这就是一个应该卖空的确切标志；但只要该股不断形成更高的底部，我们就应该买进并在 197 点或 200 点这一价位上设置止损单。1929 年 10 月 11 日，该股到达了最后的顶部 243½点。10 月 4～11 日，该股每日的收盘价都使得投资者出现了盈利，而且 10 月 11 日该股的收盘价比 10 月 10 日高了 3½个点。接下来的 10 月 14 日，该股开盘后上涨了 1 个点，然后以当天的最低价 233 点报收，从前一个交易日下跌了 8 个点。在日线图表上，这是一个应该卖空的标志。此后出现了一轮毫无抵抗的崩跌；我们应该在该股跌破 200 点或 197 点的止损单时空仓加码。11 月 13 日，该股下跌到了 95 点；12 月 9 日，反弹到了 155 点；随后再次开始下跌，并在 1930 年 3 月下跌到了 98⅛点。该股始终没能反弹到 1929 年 12 月 9 日的最高价上方，且日线和周线图表上一直在形成更低的底部，这一事实表明该股正处于一种弱势形态。当股票非常活跃并到达了最高价或最低价时，观察日线图表上的趋势变化始终是非常重要的。日线图表将比周线图表更清晰地向我们显示出阻力位在什么位置。美国工业酒精不但在 1921 年的熊市行情当中很晚才形成底部，而且在 1929 年的牛市行情当中也是最后形成顶部的股票之一。我们要留意这些先涨股和后涨股，并且绝对不要违背趋势；不要在它们仍然显示出下降趋势时买进，也不要在它们仍然显示出上涨趋势时卖空，即使它们正与其他所有领跌股或领涨股的趋势相反。

铜业以及金属类股票

绝大多数的铜业股运动都非常缓慢，是 1921～1929 年的牛市行情当中的后期领涨股。为了确定最值得交易的股票以及那些即将成为早期或后期领涨股的股票，我们有必要绘制图表并研究这个板块中的每只个股。

美国精炼（American Smelting & Refining）——这只股票是 1921～1929 年的牛市行情当中的领涨股，我们最好了解它的历史，尤其是 1924 年之后的历史。该股在 1906 年到达了最高价 174 点，而它在 1916 年牛市行情当中的最高价是 123 点。1921 年，它下跌到了 30 点。这一最低价与该股1899年的最低价相同，这是一个重要的支撑位。1925年，该股穿越了1916年的最高价123点，表明该股将大幅走高。随后它继续形成更高的底部和顶部，并在1927年9月穿越了其历史最高价174点。接下来在1927年10月快速回调到了158点。当一只股票在多年以后到达一个新的最高价时，这通常都是该股将继续走高的信号；但是，在该股大幅上涨之前，经常会先出现一轮回调，因此买进的时机应该是该股进入新的高价区间之后发生第一次或第二次回调时。如果我们在美国精炼第二次穿越174点时买进，就可以获得巨大的盈利并在上涨过程中一路加码。1929年1月，美国精炼的股价为295点。然后宣布了股利分红，并且进行了股票拆分，拆分比例为3∶1。1929年9月，新股的最低价为85点，最高价为130点，这相当于老股的最高价为390点。1929年11月，它下跌到了62点，这是一个买进点。注意1924年58～61点的底部和支撑位。此后该股在1929年12月从最低价62点反弹到了79点。在这之后，该股停留在了一个狭窄的交易区间内，并且到1930年3月撰写本书为止都没能再次上涨到1929年12月的最高价。

安纳康达铜业（Anaconda Copper）——这只股票是1916年牛市当中的后涨股，实际上，它是最后出现快速上涨的股票之一。该公司是历史悠久的铜业公司之一，因此获得它从很久以前开始的股价记录很重要。1903年和1904年的最低价为15点；1907恐慌中的最低价为25点；1915年和1916年的最低价仍然为25点；1916年11月的最高价为105点；1920年的最低价为31点；1921年的最低价为29点。该股1920年和1921年都在同一个价位附近获得了支撑，并且都停在了1907年、1915年和1916年的支撑位上方5～6个点。尽管该股运动缓慢，需要很长一段时间的耐心等待，但这是一个很好的买进安纳康达的价位，同时应该在距离该价位很近的位置设置止损单。1922年5月和9月的最高价都是57点。随后该股在1924年5月再次下跌到了最低价29点，并第三次在此获得了支撑；如果接下来该股没有跌破26点或是该支撑位下方3个点的话，这就是该股稍后将走高的确切标志。1924年5月，该股缓慢回升，逐年形成更高的底部和顶部，但它仍然处在横向运动当中，表明吸筹正在进行；该股没有穿越1922年的最高价57点，直到1927年12月，它上涨到60点且此后从未再次回调到 53 点。等到该股穿越过去 6 年来的所有顶部时，再在新的高价位买进并等待前所未有的大幅上涨会更加安全，因为穿越所有的老顶表明该股即将快速且大幅度的上涨。1928 年 11 月，它穿越了历史最高价 105 点。这是又一个买进该股等待上涨的价位。1929 年 3 月，它上涨到了 174 点。接下来宣布了股利分红，新股在 1929 年 3 月的股价为 140 点；5 月，下跌到了 99 点；9 月，反弹到了 134 点，形成了比 1929 年 3 月到达的最高点低 6 个点的顶部，表明派发正在进行，应该在该股形成更低的顶部之后进行卖空。该股在跌破 125 点之后快速下跌，期间只有几次非常小的反弹；然后它又跌破了 99 点并在 1929 年 12 月 23 日下跌到了 68 点。此后出现了一轮乏力的反弹，随后该股便在 1930 年 2 月到达了 80 点。

肯尼科特铜业（Kennecott Copper）——这只股票是 1921～1929 年牛市行情当中的早期领涨股，并且其涨势领先于铜业板块中的所有股票。因此，它是值得买进的铜业股之一。1920 年，该股的最低价为 15 点；1921 年，该股没能跌到这么低的价位，而且在之后逐年形成更高的底部和顶部并在 1927 年自 65 点左右开始像脱缰野马一样失控地运动。1929 年 2 月，该股上涨到了最后的顶部 165 点。随后宣布了股利分红，新股在 1929 年 3 月形成了最高价 104 点。1929 年 11 月，它下跌到了 50 点。这与 1926 年 3 月到达的最低价相同；当时该股自这一价位开始上涨。1921 年和 1922 年，这只股票就清晰显示出它即将成为领涨股。该股不但没能跌破 1920 年的最低价，反而在 1921 年形成了更高的底部的事实，就表明它已经能够领涨；而且与安纳康达以及其他一些股票相比，我们应该优先买进该股。

仔细观察股票，并在它们穿越吸筹区间之后买进或是在它们跌破派发区间之后卖出，这一点始终非常重要。这样做我们将快速地获得盈利，不会失去耐心，也不会被套牢在横向运动当中。

国际镍业（International Nickel）——这只股票是 1921～1929 年牛市行情当中的后涨股（图 7）。该股进行了很长一段时间的吸筹，但如果我们等到它穿越吸筹区间之后再买进，不仅会迅速地赚到钱，而且还会因为没有过早入场而省下一些时间。1920 年，该股的最高价为 26 点，最低价为 12 点；1921 年，最高价 17 点，最低价 12 点；1922 年，最高价 19 点，最低价 12 点；1923 年，最高价 16 点，最低价 11 点；1924 年，最高价 27

点，最低价 11½点。从以上数据可以看出，该股这些年来每年都会在 11～12 点附近获得支撑。有人吸纳了此价位上所有卖出的股票。因此，在这个价位上买进并在 10 点或者 12 点下方 3 个点的 9 点设置止损单是安全的。1922 年，牛市行情的第一年，该股最高价为 19 点。根据我的交易规则，等到股票上涨到牛市行情第一年的上方再买进总是会更好一些。1924 年 11 月，该股穿越了 1922 年的最高价上方的 20 点，这是该股将继续走高的可靠信号。这是一个买进点。1925 年 9 月，该股形成了最高价 25 点，比 1920 年的最高价高 3 个点。这是应该加码的点位。1925 年 11 月和 12 月，该股上涨到了 48 点。周线图表显示该股已经到达顶部并正在进行短期的派发。1926 年 3 月，该股下跌到了 33 点并在 5 月份再次形成了同样的底部。我们应该在此买进并在 30 点或老底下方 3 个点设置止损单。随后该股开始上涨并且逐月形成更高的底部；1927 年 4 月，它穿越了 48 点。这是又一个应该加码的价位。接下来该股继续走高，并不断形成更高的底部和顶部；1929 年 1 月，它穿越了 1915 年和 1916 年的老顶 227 点并上涨到了 325 点。此时宣布股利分红。新股在纽约场外市场进行交易，并在 1928 年 11 月形成了最低价 32 点，与 1926 年 3 月份和 5 月份形成的最低价相同；当时大的趋势自这一价位开始掉头向上。一只股票进行拆分之后，观察老股以前的各个运动开始的最高价和最低价始终是很重要的，因为新股也会经常在这些价位上获得支撑或是遇到卖盘。因此，当国际镍业的新股下跌到 32 点时，它就值得买进，同时我们应该在 29 点设置止损单。1929 年 1 月，新股上涨并形成了最高价 73 点。该股在这一价位附近进行了派发并在 1929 年 11 月下跌到了 25 点；然后在 1930 年 3 月反弹到了 42 点。

国际镍业在 1920～1924 年连续 5 年停留在 12 美元附近的底部。这一事实表明该股进行了大规模的吸筹，同时也表明这些交易出自某位交易大户之手。他并没有竞价买进该股，而是吸纳了所有卖出的股票。尽管该股是 1924～1929 年的牛市行情当中的一只后涨股，但在金属板块中，其涨幅却是最大的，从 1924 年的最低价上涨了 313 个点。它表明了股票进行了长时间的大规模吸筹，以及突破了吸筹区间之后再买进的价值。该股的大型运动真正开始是在 1927 年 4 月，当时的价格是 41 点，经过 21 个月之后，该股在1929年1月上涨到了280点，相当于每个月的平均获利超过了13个点。该股史上最大的回调是从99点回调到74点，回调幅度为25个点。1928年4月穿越105点之后，该股出现了一轮疯狂的、像脱缰野马一样失控的牛市行情。绘制出该股的最高点与最低点周线图表，尤其是新股自1928年11月至今的图表，我们会看到1929年1月26日结束的那一周形成的73点的尖顶。随后该股便陡直下跌到了57点；接下来又反弹到了67点；然后出现了横向派发；此后又在1929年3月下跌到了40½点。自这个底部开始，该股在9月21日结束的那一周反弹到了60½点。自这第三个更低的顶部之后，出现了一轮恐慌性的下跌。1929年11月，该股的股价为25点，并在1930年3月反弹到了42点。

设备类股票

在任何一个板块当中，那些最早形成底部的股票也会在牛市行情当中更早地形成顶部。

美国制动与铸造（American Brake Shoe & Foundry）——1920年12月，该股形成了最低价40点；1921年期间，它进行了吸筹；1922年，充当了领涨股。该股1921年的价位没有跌到1920年下方，这一事实表明它已经准备好在下一轮牛市当中领涨。1923年和1924年发生了回调并再一次进行吸筹；1925年再次充当了领涨股；1926年2月，到达了最高价280点，5月，下跌到了110点；1927年3月，反弹到了152点，此时宣布了股利分红。在这之后，该股没有再出现任何大的交易机会。

美国汽车与铸造（American Car & Foundry）——这是又一只在1920年12月形成了最低价并在1922年充当了领涨股的股票，它当时的最低价为111点。1922年10月，该股的股价为200点；1923年和1924年，发生了回调并进行了吸筹；1925年3月，上涨到了232点，此时宣布了股利分红。随后在1921～1929年牛市行情剩余的时间里，该股没有再出现任何大型的运动。该股从1925年9月开始派发并显示出下降趋势，一直到1929年11月到达76点为止。

美国机车（American Locomotive）——这是一只早期领涨股。1923

年，该股形成了 145 点；此时宣布了股利分红，新股在 65～76 点之间进行了吸筹。1924 年 12 月，该股从 84 点开始快速上涨，并在 1925 年 3 月到达了顶部 144 点。它没能穿越 1923 年形成的老顶 145 点。在趋势掉头向下之后，该股在其他股票上涨时持续走低，并在 1928 年 6 月下跌到了 87 点。随后它又在 1929 年 7 月上涨到了 136 点；1929 年 11 月，又下跌到了 90 点。

鲍德温机车（Baldwin Locomotive）——这只股票一直是一只迅速运动的好股票，因为其供应量始终非常小。该股的浮动筹码几乎没有达到过 10 万股以上。1921 年 6 月，该股的最低价为 63 点，仅比 1919 年的最低价低 2 个点；因此，如果我们在 1919 年的最低价买进了该股并在这一价位下方 2 个点设置了止损单的话，该止损单将不会被触及。1922 年，该股充当了牛市领涨股，并在 1923 年 3 月到达了 144 点。1924 年 5 月，它下跌到了 105 点；1925 年 2 月，上涨到了 146 点，比 1923 年 3 月的顶部高 2 个点。该股在这个价位上是一只卖空股，同时我们应该在老顶下方 2 个点设置止损单做保护。1925 年 3 月，它下跌到了 107 点，在 1924 年 5 月的最低价上方 2 个点获得了支撑。这是又一个买进点。1926 年 2 月，该股上涨到了 136 点；1926 年 3 月，当市场出现大型的恐慌性下跌时，它到达了 93 点，与 1921 年 12 月的最低价相同，也与 1923 年 1 月大幅上涨开始时的价位相同。在 1926 年 3 月的下跌之后，趋势再次掉头向上；1926 年 7～10 月，该股在 124～126 点附近遭遇了买盘；11 月，它穿越了 128 点并一路向上穿越了 1923 年的顶部 144 点和 1925 年的顶部 146 点。随后它又穿越了其历史上形成的最高价 156 点。不断形成新的最高价表明了进一步的大幅上涨，我们应该增仓买进并在上涨过程中一路加码。1928 年 3 月，该股到达了极限最高价 285 点；接下来便出现了一轮快速下跌。然后宣布了股利分红，并按 4∶1 的换股比例进行了换股[①]。1929 年 8 月，新股的股价为66½点；此后主要趋势掉头向下，绘制了最高点与最低点周线图表我们便能看出这一点。1929 年 10 月 29 日，鲍德温机车下跌到了 15 点，相当于老股的 60 点，比老股 1921 年 6 月的最低价低了 3 个点。随后该股在 1930 年 2

① 译注：即 1 股老股换 4 股新股。

月反弹到了38点。这向我们表明，当美国制动、美国汽车与铸造和美国机车都处于下降趋势时，鲍德温却处于上升趋势并在稍后的牛市行情当中形成了顶部，而其他股票在牛市的最初几年形成了顶部之后就再也没有上涨过。图表显示出鲍德温处于一种强势形态。

西屋电气（Westinghouse Electric）——该股1901年至1930年的最高点与最低点年线图表显示（图7）：1921年8月，最低价39点；1923年2月，最高价67点；1923年5月、6月、7月，相同的最低价53点，并在此获得了强有力的支撑；1924年1月，上涨到了65点，5月，下跌到了56点，并在这个高于上一个底部的价位获得了支撑，12月，穿越了1923年的最高价67点并在1925年1月上涨到了84点；1925年3月，下跌到了66点，8月，反弹到了79点；1926年2月，再次形成了相同的顶部79点，5月，下跌到了65点，仅比1923年形成的最低价低1个点。这是一个买进点，同时应该在63点设置止损单。见图5，1927年8月，穿越了1925年的最高价84点，随后又穿越了1904年、1905年和1906年的顶部92点，这是该股将大幅走高的可靠信号。1928年11月，该股穿越了其1902年形成的历史最高价116点。在这么多年的吸筹之后形成了新的最高价记录是接下来将出现大幅上涨的可靠信号。穿越156点时，该股与鲍德温处于同样的强弱形态；这么多年以后穿越174点时，该股与美国炼油处于同样的强弱形态。西屋电气穿越116点之后就一路攀升，并且在1929年8月上涨到292点之前从未回调到112点。最后100个点的上涨是在6个星期之内完成的。这又证明了我的交易规则，即股票在最后的冲刺当中会有6～7周的快速运动。图12中，该股先是形成了一个尖顶；随后下跌到了275点；接下来反弹到了289点，形成了更低的顶部；然后跌破了第一次回调的底部275点，表明趋势已经掉头向下。此后出现的一轮快速下跌在10月3日到达了202点；随后出现的一轮快速反弹在10月11日上涨到了244点；接下来便开始了另一轮恐慌性下跌。当它跌破200点时，我们就应该更多卖空并在下跌过程中一路加码。10月29日，股价为100点；然后反弹到了154点；此后在11月13日下跌到了103点，形成了更高的底部。这是该股处于强势形态的一个标志，我们应该买进并在100点下方设置止损单。随后上涨开始了，股票到达了159点；接下来再次下跌到了

西屋电气最高价与最低价周线
(1929~1930年)

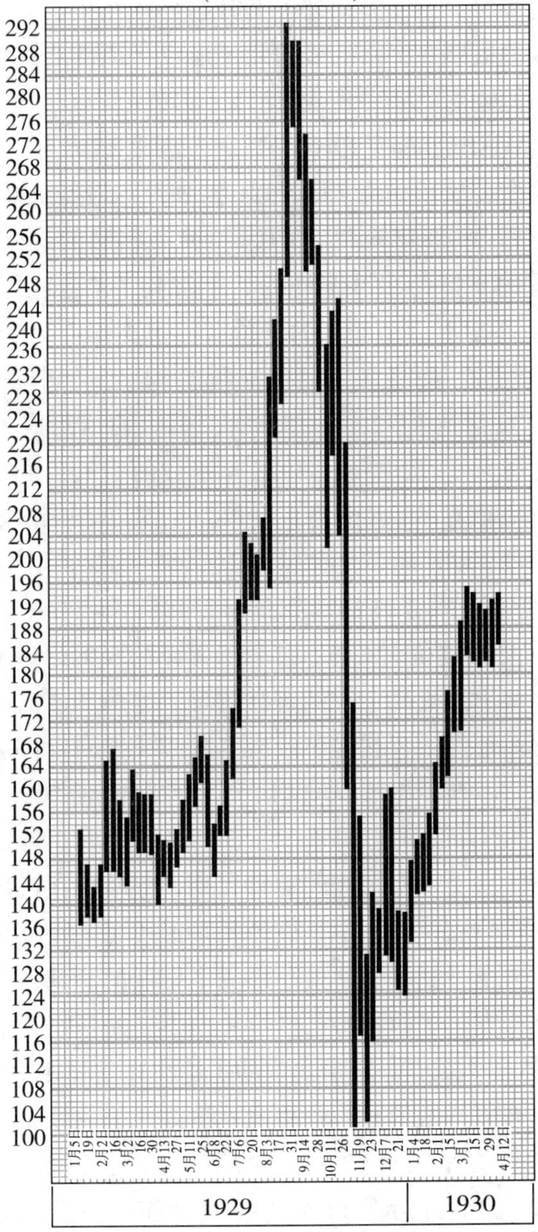

图 12

125 点并开始上涨。周线图表上最后的顶部是 154 点和 159 点，因此当它穿越 160 点时就表明该股将进一步大幅走高，我们应该增仓买进。1930 年 3 月，该股上涨到了 195 点；然后遭遇了大量卖盘；此后便开始回调。

食品类股票

山毛榉坚果包装（Beech－Nut Packing）——1922 年 7 月，最低价 10 点；1923 年 3 月，最高价 84 点。随后该股一直停留在一个狭窄的交易区间内且运动缓慢，直到 1927 年 4 月，到达最低价 50 点；接下来在 1929 年 1 月上涨到了 101 点；然后在 11 月下跌到了 45 点，与 1924 年 4 月形成的最低价相同。这是一个买进并等待反弹的价位。

加利福尼亚食品包装（California Packing）——1921 年 7 月，最低价 54 点；1922 年上涨；1923 年，保持了良好的上涨态势；随后在 1924 年和 1925 年快速上涨；1926 年 2 月，到达了顶部 179 点；1926 年 3 月，陡直下跌到了 121 点。接下来宣布了 100％的送股分红，然后在 1921～1929 年的牛市行情当中剩余的时间里便没有再出现大型的运动。

北美烘焙“A”（Continental Baking“A”）——1925 年，到达了最高价 144 点；随后持续走低并在 1928 年 4 月到达了最低价 27 点；1929 年 7 月，反弹到了 90 点，10 月，下跌到了 25 点，停在了 1928 年的最低价上方 2 个点，这是一个支撑位，我们应该在此买进并在 24 点设置止损单。

玉米制品（Corn Products）——我曾在《江恩股市定律》一书中对该股进行过回顾。1924 年，该股形成了最高价 187 点。此时宣布了股利分红，并按 5∶1 的换股比例进行了换股[①]。1924 年、1925 年和 1926 年期间，新股一直停留在一个狭窄的交易区间内并进行了吸筹。1927 年，该股变得更加活跃；1929 年 10 月，它上涨到了 126 点，11 月，下跌到了 70 点；随后在 1930 年 4 月反弹到了 109 点。

吉亚美水果（Cuyamel Fruit）——这只股票在 1921～1929 年牛市行情当中既是先涨股也是后涨股。1924 年 1 月，该股形成了顶部 74 点；随后

① 译注：即 1 股老股换 5 股新股。

持续走低并在 1927 年 2 月、3 月、4 月都下跌到了 30 点。在这一价位上，该股进行了吸筹，接下来便再次开始上涨；1929 年 10 月上旬到达了顶部 126 点；然后在 1929 年 10 月 29 日下跌到了 85 点。

通用食品（General Foods）——波斯敦谷物（Postum Cereal）是一只先涨股且在 1923 年 2 月形成了其第一个顶部 134 点。随后宣布了 100%的送股分红，新股在 47～58 点附近进行了吸筹。1924 年 9 月，该股穿越了 58～60 点之间的阻力位，并在 1925 年 8 月上涨到了 143 点。此时宣布另一次股利分红。1925 年 11 月，新股下跌到了 65 点；1928 年 5 月，上涨到了 136 点。接下来该公司与通用食品进行了合并；1929 年，合并后的通用食品进行了派发并在 1929 年 4 月到达了顶部 81 点。然后在 1929 年 10 月下跌到了 35 点。该公司由摩根利益集团控制，因此毫无疑问，该股在随后几年中将上涨到高得多的价位。我们应该绘制图表，仔细观察该股并在适当的时机买进。

沃德烘焙“B”（Ward Baking“B”）——1924 年 4 月，该股形成了最低价 14 点，同时在这个价位上进行了大规模的吸筹并获得了良好的支撑。1925 年 10 月，上涨到了 95 点。随后趋势掉头向下，该股持续走低并在 1929 年 10 月的股价为 2 点。1926 年、1927 年、1928 年和 1929 年，该股不断形成更低的底部和顶部。当同一个板块当中的其他一些股票显示出上升趋势时，该股却一直是一只卖空股。这是一只近几年才组建的公司发行的新股，且发行时估价过高，这导致该股向公众派发之后便出现了大幅下跌。

汽车类股票

在 1921～1929 年的牛市行情当中，这个股票板块提供了一些最佳的领涨股。那些研究每只个股的交易便已经能判断出哪些股票能够出现最大幅度的上涨。

克莱斯勒（Chrysler）——其前身是麦斯威尔汽车，它是 1921～1929 年的牛市行情当中的一只先涨股和领涨股。1921 年，麦斯威尔的“A”的股价为 38 点；1922 年，上涨到了 75 点；1923 年，下跌到了 36 点。没能跌破1921年的最低价下方3个点，表明该股在此获得了良好的支撑，这是一个买进点。该公司更名为克莱斯勒之后，其股票开始上涨。1925年11月，第一轮大幅上涨达到了高潮，该股达到了253点。此时宣布了股利分红，新股的股价在1925年12月为56点。1926年3月，该股下跌到了29点，并在此进行了大规模的吸筹；随后开始上涨，并在1926年和1927年间不断形成了更高的底部和顶部。1927年8月到1928年3月，该股在60～63点附近遭遇了大量的卖盘，接下来便开始了大型运动；1928年10月该股到达了顶部140点，并开始了持续4个月的大规模派发。然后主要趋势掉头向下，正如我们从其月线和周线图表上所看到的。从1929年1月开始，该股进入了真正的熊市。1929年5月，该股下跌到了66点；此后又反弹到了79点。该股表现极其疲软，大量股票在66～78点之间进行了派发。1929年9月，该股跌破了老底66点，并在1929年11月下跌到了26点，比1926年3月的最低价低2½个点。随后开始的一轮反弹在1930年4月反弹到了42点。该股是公众最喜欢的一只股票，因而在非常高的价位上进行了派发；这就是截止到撰写这本书为止，该股下跌到这么低的价位并且反弹乏力的原因。

哈德逊汽车（Hudson Motors）——这是1921～1929年的牛市行情当中的一只后涨股。1922年5月，最低价19点；1923年[①]8月、9月、10月，最低价均为20点；1924年3月，最高价29点，5月，最低价21点。由此我们可以看出极限最低价形成于1922年，而1923年的底部比1922年高1个点，1924年形成的底部又比1923年高1个点。当吸筹正在进行时，该股在一个狭窄的交易区间内停留了3年。1924年12月，该股穿越了1922年的最高价32点；随后便出现了一轮快速上涨。1925年11月，该股形成了第一个顶部139点。接下来的12月份出现了一轮陡直的下跌，将股价带到了96点。然后该股又反弹到了123点，并在1926年1～3月期间进行了派发。此后主要趋势掉头向下，股价持续走低并在1926年10月的股价为40点[②]。此时吸筹再次进行，随后该股开始上涨。1928年3月，该股到达了顶部99点。在这之后，它在77～97点的区间内停留到了1929年的

① 译注：原文中是1922年，但译者根据后文认为应该是1923年。

② 译注：原文是44点，按上下文关系应为40点。

9月。这表明该股再次进入了大规模的派发时期。1929年11月，该股下跌到了38点，比1926年10月的最低价低了不到3个点。这是以前的阻力位，同时也是一个买进点。1930年1月，该股反弹到了62点。

通用汽车（General Motors）——在汽车板块当中，这只股票所造就的百万富翁和穷光蛋都是最多的。它不应该被缩写为GMO，而应该被缩写为G. O. M.，意思是汽车行业的“元老”。该股保持着一项纪录，即在1915年、1916年、1918年和1919年的牛市行情当中都是领涨股，并且在1924～1929年的牛市行情中出现了几次其幅度最大的上涨。见图13，1913年，该股的最低价为24点，而1916年11月其顶部为850点。随后宣布了股利分红，并进行了股票拆分。1917年11月，它下跌到了75点，并在此获得了良好的支撑且进行了大规模的吸筹。该股领涨了1919年的牛市行情，并在本年11月到达了顶部400点。接下来该股在1920年2月快速下跌到了225点；然后在1920年3月反弹到了410点，此时进行了股票拆分，拆分比例为10∶1（即1股老股变成10股新股）。1920年3月，新股的股价为42点，相当于老股的420点。此处进行了大规模的派发，趋势掉头向下，并且直到1922年1月和3月才到达底部8¼点，与1920年3月的顶部420点相比，这仅相当于老股的82½点。此时的流通股大概有5000万股。该股运动得非常缓慢，最终在1922年4月和5月到达了17点；1923年7月，下跌到了13点，8月，反弹到了16点；1924年1月，到达了同样的顶部16点，4月、5月，再次下跌到了13点，形成了相同的底部。1920年10月到1924年6月，该股一直停留在8¼～16点的交易区间内。长达3年半的吸筹无疑意味着接下来将出现一轮大幅度的上涨，并且这次上涨在到达派发时期之前将持续很长时间。1924年6月，按照4∶10的比例进行了换股（即10股老股换4股新股），这减少了流通股的数量。新股从52点开始上涨并持续走高，1925年11月到达了顶部149点，此后出现了一轮短暂的回调。随后出现了一轮快速的下跌，且该股在11月下旬下跌到了106点。接下来上升趋势再一次重新开始，而怀特汽车以及其他汽车股却在下跌，与通用汽车完全相反。1926年8月，该股形成了另一个顶部225点，并宣布了50%的送股分红。1926年9月，新股下跌到了141点；然后在10月份上涨到了173点，并在此形成了暂时性的顶部；此后在

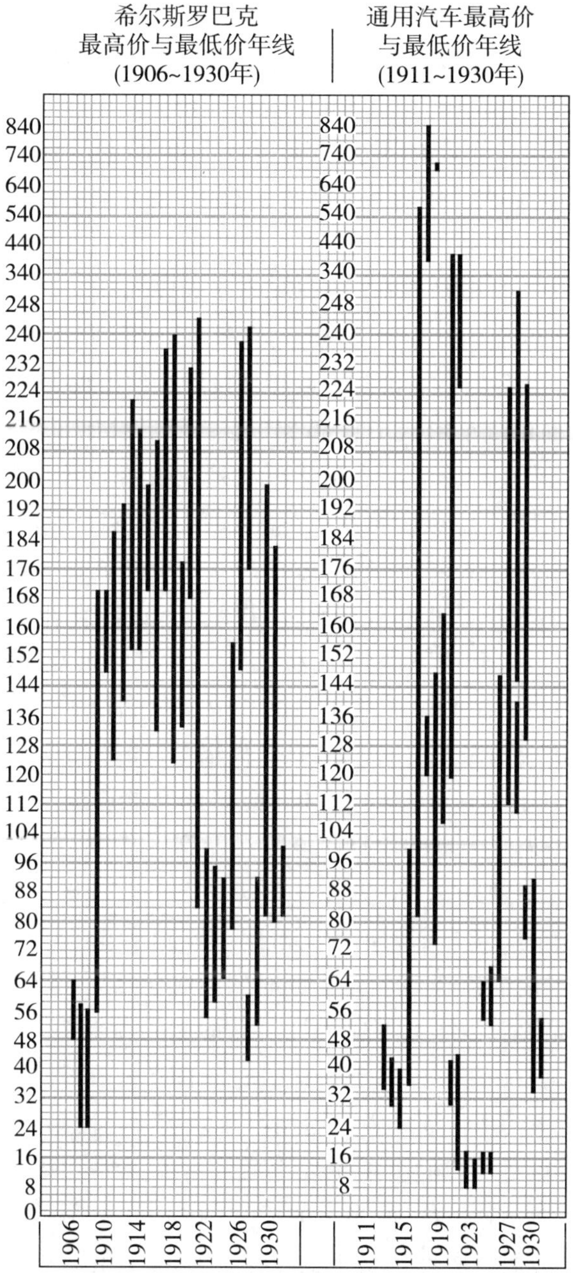
希尔斯罗巴克
最高价与最低价年线
(1906~1930年)
通用汽车最高价
与最低价年线
(1911~1930年)
840
740
640
540
440
340
248
240
232
224
216
208
200
192
184
176
168
160
152
144
136
128
120
112
104
96
88
80
72
64
56
48
40
32
24
16
8
0
1906
1910
1914
1918
1922
1926
1930
1911
1915
1919
1923
1927
1930

图 13

11 月份出现的一轮陡直下跌形成了最低价 137⅝点，仅比 9 月份的最低价低 3 个点；此时成交量放大且获得了良好的支撑，同时在一段时期的吸筹之后，趋势再次掉头向上。1927 年 3 月，股价穿越了 1926 年 10 月的最高价 173 点，大型的向上摆动再次上演。1927 年 10 月，通用汽车到达了顶部 282 点。此前的 1927 年 8 月，宣布了 100％的送股分红。发行的新股开始在纽约场外市场交易。8 月份该股的价格为 111 点，随后便开始上涨，并在 1927 年 10 月上涨到了 141 点，相当于老股的 283 点。11 月和 12 月，该股下跌到了 125 点，且在此获得了支撑，该股开始走高。1928 年 3 月，穿越了 1927 年 10 月的最高价 141 点并且接下来便出现了一轮快速的上涨。1928 年 5 月，通用汽车形成了顶部 210 点；然后开始了一轮陡直的下跌，在 6 月份下跌到了 169 点，并在此再次遇到支撑，该股重新开始上涨。1928 年 10 月和 11 月，该股再次到达了顶部 225 点。请注意，这与 1926 年的顶部价位相同。在这个价位附近出现了沉重的卖压并进行了大规模的派发。11 月，一轮下跌将该股带到了 182 点，此时宣布了另一次送股分红。1928 年 12 月，新股下跌到了 74 点，此后缓慢上涨并在 1929 年 3 月到达了顶部 191¾点。此时连续 4 周的总成交量超过了 150 万股，表明该股正在进行大规模的派发。3 月 26 日，大幅下跌的日子，通用汽车下跌到了 77¼点；4 月下旬，反弹到了 88½点，此时的周成交量超过了 100 万股，表明该股遭遇了大量的卖盘。该股没能到达老顶的事实是一个应该卖空的信号。随后下跌开始了，并在 5 月份跌破了 3 月份的最低价，这是下降趋势的可靠信号。7 月下旬，通用汽车下跌到了 66¼点；1929 年 9 月 3 日，反弹到了最后的顶部 79¼点，此时的周成交量为 150 万股。这表明卖出利好，尤其是该股没能上涨到 7 月 3 日形成的顶部 77¼点上方 3 个点。8 月 21 日至 9 月 21 日，有 4 个星期的底部都形成在 71¾～72¼点附近。在 9 月 28 日结束的那一周之内，通用汽车跌破了 72 点，下跌到了 66 点。当该股跌破 72 点时，我们就应该增仓卖空并在下跌过程中一路加码。10 月 29 日，股价为 33½点，而当天的成交量为 97.13 万股，整个星期的成交量为 222.56 万股，而且接下来的 3 个星期每个星期的成交量都超过了 100 万股。1929 年 10 月 31 日，该股反弹到了 46¾点；接下来在 11 月 7 日下跌到了 36 点。11 月 16 日结束的那一个星期内成交量为 92.3 万股；

而在 11 月 23 日结束的那一个星期内成交量仅为 31.8 万股，并且这期间股票发生了反弹，表明股票下跌已经结束。12 月 9 日和 10 日，该股反弹到了 44¾点；1930 年 1 月 18 日，下跌到了 37½点，当日成交量为 32 万股，表明没有大量的股票套现。这是该股穿越 42 点之后的第二个更高的底部，该股在此遇到了几个星期以来的阻力位，再次表明该股即将开始走高。1930 年 4 月 9 日，通用汽车上涨到了 54 点，成交量也随之放大。有必要注意的是，1924 年 6 月到 1929 年 3 月，所有回调所持续的时间都没有超过 1 个月，或者即使回调进入了第二个月，股价也没有下跌到上 1 个月的最低价下方 3 个点。这里有一条应该遵循的很好的交易规则：永远不要卖空一只从任何一个顶部回调都不到 1 个月的股票。1924 年和 1925 年，当通用汽车正在进行吸筹时，哈德逊、麦克、怀特以及其他汽车股却在上涨；后来当通用汽车仅回调 1 个月之后便重新开始上涨，显示出强有力的上升趋势时，这些股票却在下跌并显示出弱势形态。在 1914～1929 年期间的所有牛市行情当中，通用汽车都充当了领涨股，我们不能再期望它在下一轮牛市行情当中继续充当领涨股，因此仔细研究一下汽车类股票板块，从中挑选一只正在吸筹并显示其能够成为领涨股的股票是非常重要的。

麦克卡车（Mack Trucks）——在汽车类股票当中，这是另外一只先涨股，其中一个原因就是该股股本较小。该股的流通股只有 33.9 万股，因此炒作集团很容易就能促使该股上涨。1921 年，最低价为 25 点；1923 年 4 月，最高价为 94 点，6 月，最低价为 64 点，并且 1923 年和 1924 年该股在此进行了大规模的吸筹。这表明有人正在买进所有能买到的股票，为下一轮大幅度的向上运动做准备。1924 年 8 月，该股穿越了 1923 年的最高价 94 点；1925 年 11 月，形成了顶部 242 点，并在此进行了派发，宣布了股利分红。随后主要趋势便掉头向下。1926 年 3 月，该股下跌到了 104 点，8 月，反弹到了 136 点。在这之后不断形成了更低的顶部和底部——1927 年 1 月，最低价 89 点，5 月，最高价 118 点；1928 年 4 月，最低价 83 点；1929 年 2 月、3 月，最高价 114 点，低于 1927 年 5 月的顶部，3 月、5 月，下跌到了 91 点，9 月，反弹到了 104 点。这是一次非常无力的反弹，表明大规模的派发正在进行。实际上，派发期从 1925 年持续到了 1929 年。1929 年 11 月，该股下跌到了 55 点。请注意，1922 年 10 月的最后一个支撑位是 53 点。1930 年 3

月，麦克卡车反弹到了85点，为熊市当中的唯一一次反弹。

帕卡德汽车（Packard Motor Car）——这是一只后涨股。1921年，最低价5点；1922年12月，最高价21点；1923年11月，最低价10点；1924年5月，最低价10点。该股在10～16点之间进行了大规模的吸筹（图14）。1925年4月，穿越了1922年的最高价21点，这是一个应该买进该股并等待大幅上涨的价位。1925年10月、11月，最高价48点；1926年3月，下跌到了32点，7月，上涨到了45点，10月，下跌到了32点，与3月的最低价相同。1926年10月到1927年7月，该股在33～38点之间进行了大规模的吸筹。8月，大幅上涨开始了，10月，穿越了1925年的最高价48点，随后便出现了进一步的大幅上涨。自1927年5月该股最后一次到达34点开始，底部逐月升高，直到1928年12月到达了顶部163点。这是一轮多达130个点的上涨，而且其间没有出现任何主要趋势变化的信号，因而是一次极佳的进行加码操作的过程。1929年3月，该股下跌到了117点，5月，反弹到了154点，7月，下跌到了128点，并在此再次进行吸筹，获得了良好的支撑，9月，上涨到了161点。此时该股进行了拆分，拆分比例为5∶1。1929年9月，新股的股价为32点，相当于老股的160点。1929年11月，新股下跌到了13点，相当于老股的65点，从顶部下跌了将近100点。在底部时仔细研究帕卡德的最高点与最低点月线图表，我们将看出该股在什么地方进行了大规模的吸筹，同时也将看出，其他一些汽车股在牛市行情初期充当了领涨股之后，该股是如何进入到一种强势形态并形成大幅上涨的。

斯图贝克汽车（Studebaker）——这是1921年牛市行情当中最好的、也是最早的领涨股之一。在《江恩股市定律》一书中，我曾把这只股票看做是最强势的股票之一。1920年12月，它到达了最低价38点；1922年，上涨到了141点。1924年，宣布了股利分红。在这之后，该股的表现和帕卡德的表现非常相似，正如我们从其月线图表上可以看到的。1925年11月，形成了最高价68点；随后在1926年5月，下跌到了47点。在这个价位附近，进行了大规模的吸筹。接下来它在1926年剩余的大部分时间里，以及1927年都停留在一个交易区间内。1928年1月，它穿越了1925年的最高价68点；1929年1月，形成了顶部98点，然后主要趋势掉头向下。

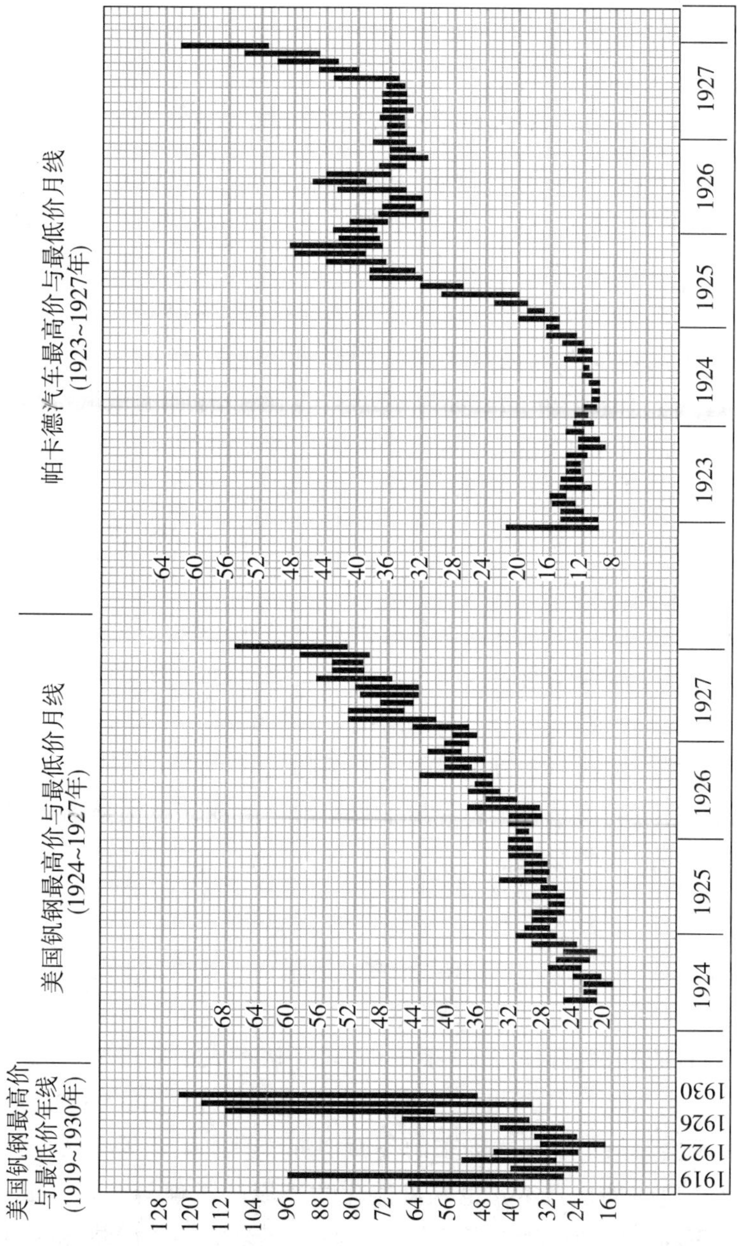

帕卡德汽车最高价与最低价月线
(1923~1927年)
美国钒钢最高价与最低价月线
(1924~1927年)
美国钒钢最高价与最低价年线
(1919~1930年)
1923
1924
1925
1926
1927
1919
1922
1926
1930

图 14

1929年11月，它下跌到了38点，与1924年9月、10月、11月形成了的底部价位相同，同时与1920年12月到达的最低价位也相同。1930年2月，该股小幅反弹到了47点。

怀特汽车（White Motors）——这是一只早期领涨股，1925年形成顶部之后，它就再也没有继续走高。1921年，最低价29点；随后在1924年6月开始了第二轮上涨并在当年8月形成了最终的顶部104点。该股在此开始的派发一直持续到了1925年10月、11月，此时主要趋势掉头向下。直到1926年4月该股形成最低价52点之前，反弹幅度一直非常小；8月，反弹到了64点，接下来进行了另一段时期的派发，下降趋势重新开始。1927年11月，怀特汽车的股价为30点，仅比1921年的最低价高1个点，这是该股非常疲软的信号，不过也是一个应该买进等待反弹的价位。1929年4月，反弹到了53点，11月，下跌到了28点，并在这个1927年和1921年的最低价附近获得了支撑。1930年4月，反弹到了43点。

如果某位交易者或投资者在1926年、1927年或1928年期间的某个时间买进了这只股票，而原因仅仅是看到通用汽车表现强势并正在上涨，因而期待怀特汽车也跟随通用汽车一起上涨，那么他将遭受巨大的损失，因为当通用汽车显示强有力的上升趋势时，怀特汽车却在下跌。我们要学会不要违背趋势。在同一个板块中，不要跟随另外一只股票去买另外某一只股票，除非买进的这只股票表现出了强势形态。我们要根据图表去判断每一只股票自身的强弱形态。

石油类股票

许多石油类股票都在1922年或1923年初形成了最高价，但没能很大程度地参与到1924～1929年的牛市行情当中来。其原因在于生产过剩，但这总有一天会结束的。随着需求的不断增加，只要生产量一减少，石油股就会进入全盛时期。当然，也有可能化学领域的某种新发现会取代汽油，从而损害石油公司的盈利。即便如此，我们还是应该关注绩优的石油公司在未来的发展潜力，一旦它们变得活跃且图表显示其处于上升趋势时，就应该买进这些股票。

墨西哥石油（Mexican Petroleum）——该股是1922～1923年牛市行情当中一只极佳的牛市领涨股；它从1921年8月份的85点开始上涨，在1922年的12月份上涨到了322点。随后该股与泛美石油公司的股票进行互换。1921年墨西哥石油是最值得买进并等待大幅上涨的石油股之一，因为它显示出了大规模的吸筹且在到达最低价之后迅速反弹并不断形成更高的底部和顶部。该股的浮动筹码非常少，因而炒作集团很容易就能促使该股上涨，尤其是该股确实具有很大的实际价值。

大西洋炼油（Atlantic Refining）——这是1921～1929年牛市行情当中的另外一只早期领涨股。1923年1月，该股到达了最高价160点；1924年7月，下跌到了79点；1925年2月，上涨到了117点，3月，下跌到了98点。随后出现了另一轮反弹，并在1925年6月、7月到达了最高价116点，没能穿越1925年2月的顶部，表明该股已是一只卖空股。这一价位附近出现了大量的卖盘；1925年8月，该股下跌到了97点。1925年11月，上涨到了110点；1926年3月，再次下跌到了97点，这是又一个应该买进并在94点设置止损单做保护的价位。接下来出现的一轮快速反弹在1926年5月反弹到了128点。这是一次快速陡直的反弹，并且这之后出现了一轮快速的反转，该股陡直下跌到了1926年10月的97点。这是该股第四次在这个价位附近形成底部，因而应该再次买进并在94点设置止损单。1927年8月，该股上涨到了131点，仅比1926年的顶部高3个点。这是又一个尖顶。然后趋势快速逆转且股价在1928年2月下跌到了96点，这是该股第五次在这个价位附近获得支撑。这又是一个很好的买进点，同时应该在94点设置止损单。此后出现了另一轮快速的上涨；4月，该股连续穿越了1926年和1927年的顶部，一直上涨到了1924年1月的顶部141点并在此遭遇了3个月的卖盘。1928年6月，该股下跌到了111点；随后反弹到了新的最高价141点且本月以139点报收。1928年7月，它上涨到了新的最高价143点，此时我们应该增仓买进，因为这是一个该股接下来将大幅走高的标志，而其原因在于，在96点和97点形成了这么多的底部之后又形成了新的最高价，这表明该股将大幅走高。1928年10月，该股上涨到了238点附近，此时宣布了送股分红。1928年12月，新股的最低价为50点；然后缓慢走高，直到1929年7月形成了顶部77点；1929年10

月，下跌到了 30 点；1930 年 4 月，反弹到了 51 点。

通用沥青（General Asphalt）——这是 1919 年牛市行情当中的重要的领涨股之一。1922 年 7 月，该股形成了最高价 73 点；1923 年 8 月，下跌到了 23 点，同时低于 1920 年和 1921 年的最低价，表明该股正处于一种弱势形态且不会成为领涨股。1926 年 8 月，最高价 94 点；1927 年 3 月，最高价 96 点，4 月、5 月，最高价 95 点；1929 年 8 月，最高价 95 点。连续 4 年形成了同样的顶部且没能再继续走高，这是该股已成为卖空股的可靠信号。1929 年 11 月，该股下跌到了 43 点；1930 年 4 月，反弹到了 71 点。

休斯顿石油（Houston Oil）——这只股票的浮动筹码非常少，因而很容易受人为操纵的影响。1921 年 8 月，最低价 42 点；1922 年 10 月，最高价 91 点；1923 年 8 月，最低价 41 点。这是一个应该买进并在 39 点设置止损单做保护的价位，因为它与 1921 年的底部相同。1925 年 2 月，该股上涨到了 85 点；1926 年 3 月、10 月，形成了最低价 51 点。在一段长时期的吸筹之后，一轮大型运动开始了（图 4）。1927 年 2 月，该股连续穿越了 1922 年和 1925 年的最低价；随后便出现了一轮像脱缰野马一样失控的上涨。1927 年 7 月和 10 月，最高价分别为 174 点和 175 点。这个顶部附近进行了派发，主要趋势掉头向下，而且这轮牛市行情剩余的时间里，该股再也没有充当过领涨股。1929 年 10 月，该股下跌到了 26 点。接下来自这个最低价位开始了一轮大幅上涨，并且在 1930 年 3 月上涨到了 110 点。由于该股的浮动筹码少，因此其反弹的次数比其他任何一只石油类股票都要多。

泛美石油“B”（Pan－American Petroleum“B”）——1921 年 8 月，形成了最低价 35 点。1922 年 10 月，上涨到了 94 点，成为了一只早期领涨股，但是此后就再也没有充当过优秀的领涨股。1924 年 2 月，最低价 42 点；1925 年 3 月，上涨到了 84 点；1928 年 2 月，下跌到了 38 点；随后在 1929 年 8 月反弹到了 68 点，接下来又在 1929 年 10 月的恐慌当中下跌到了 50 点。我们可以看到，该股自 1922 年形成过顶部之后，虽然有过一些反弹，但其牛市行情在 1922 年就结束了；因此，它并不是在牛市行情当中充当领涨股的那一类石油股。

菲利普斯石油（Phillips Petroleum）——1923 年 4 月，形成了最终的最高价 69 点；此后在这轮牛市行情当中就再也没有走高，反而持续走低并在 1929 年 11 月下跌到了 24 点，之后又在 1930 年 4 月反弹到了 41 点。

加利福尼亚标准石油（Standard Oil of California）——1922 年 10 月，形成了最高价 135 点，并宣布了送股分红。1923 年 8 月，新股的股价为 48 点；随后便停留在一个狭窄的交易区间内，最后在 1929 年 6 月上涨到了 82 点；1929 年 10 月，下跌到了 52 点，形成了比 1923 年的最低价高 4 个点的底部，表明该股在此获得了强有力的支撑；1930 年 4 月，反弹到了 73 点。该股是最好的标准石油股之一，只要其图表显示出了上升趋势，就应该买进。

有几只石油股在 1929 年 7 月和 8 月发生了反弹，但此时离这轮牛市行情的结束已经太近了，因此它们随后便出现了陡直的下跌。我们明显可以看出，除了少数交易者，大部分坚持在 1922～1929 年购买石油股的交易者获得巨大赢利的机会都非常有限；而且如果交易者继续交易石油股的话，他将错过许多其他在这轮牛市行情当中领涨的活跃股所体现出来的机会。坚持买进活跃的领涨股是值得的，但我们不应该等待太久，应该果断地从不活跃的股票上转移到活跃的股票上来。

公用事业类股票

这个股票板块在 1929 年牛市行情的最后冲刺当中处于领先地位，最终领跑到牛市结束。这些股票属于后涨股。最后的快速上涨是由于投资信托公司犯了一些巨大的错误，在股票接近顶部的时候买进。同时空头在牛市的最后阶段进行回补，公众也入场买进，把公用事业类股票推到了异常高的价位，因此随后会发生陡直且剧烈地下跌也就再自然不过了。

美国与外国电力（American & Foreign Power）——1925 年 9 月，最高价 51 点；1926 年 10 月、11 月，形成了最低价 15 点；1927 年和 1928 年的部分时间进行了吸筹。1928 年 11 月，穿越了 1925 年的最高价 51 点，表明该股将大幅走高。1929 年 9 月，到达了顶部 199 点。随后出现崩盘，并在 1929 年 10 月形成了最低价 50 点，又回到了 1925 年的最低价，这是一个买进点，同时应该在 48 点设置止损单。1929 年 12 月，美国与外国电力反弹到了 101 点；接下来又回调到了 89 点。1930 年 2 月，再次上涨到了 101 点，没能穿越这个顶部，表明应该卖空该股。1930 年 3 月，该股下跌到了 83 点。

美国电力与照明（American Power & Light）——1924 年 11 月，最低价 38 点；1926 年 1 月，最高价 79 点，3 月，最低价 49 点。在这之后该股进入了吸筹阶段，直到 1928 年 4 月该股穿越了 1926 年的顶部附近的 80 点，并在 1928 年 5 月上涨到了 95 点。随后该股进入了另一段休息期以及吸筹期，直到 1928 年 12 月该股才从 76 点开始上涨。1929 年 9 月，该股形成了最终的最高价 175 点。这是一个尖顶，接下来便像后涨股美国与外国电力和美国工业酒精一样，出现了陡直的下跌。当美国电力与照明在 10 月份跌破 9 月份的最低价下方的 154 点时，表明该股已进入下降趋势；如果我们在卖空的话，此时就应该增仓卖空。1929 年 11 月，该股下跌到了 65 点。这与 1928 年 2 月大型上升运动开始之前所形成的最低价相同，因而这是一个买进点。1930 年 3 月，该股反弹到了 119 点。

布鲁克林联合天然气（Brooklyn Union Gas）——1924 年，最低价 57 点；1925 年 11 月，最高价 100 点；1926 年 3 月，最低价 68 点；1929 年 8 月，上涨到了历史最高价 248 点。该股形成了一个尖顶，随后崩盘，一轮陡直的下跌接踵而至，并在 1929 年 11 月到达了最低价 99 点。接下来在 1930 年 3 月反弹到了 178 点。该股是又一只后涨股，但也是最好的公用事业类股票之一，应该在 1929 年的恐慌中买进该股。

标准天然气与电力（Standard Gas & Electric）——1923 年，最低价 19 点；1926 年 2 月，最高价 69 点，3 月，最低价 51 点；随后该股停留在一个交易区间内并进行了吸筹，直到 1928 年末才开始快速上涨。1929 年 9 月，吸筹了最终的顶部 243 点。接下来是毫无抵抗的崩跌，在 1929 年 11 月下跌到了最低价 74 点。然后出现的反弹在 1930 年 4 月上涨到了 128 点。

这些后涨股在牛市的最后阶段出现的快速运动，证明我们必须迅速行动并在牛市的最后阶段出脱手中的多头，因为如果我们满怀希望持股不动，就会因为巨大的损失而破产。最高价与最低价的日线和周线图表可以帮助我们发现这些快速运动的股票所出现的趋势变化，因而使我们能够在一切都太迟之前出脱手中的多头并反手做空。

橡胶和轮胎类股票

在1921～1929年牛市行情的第一阶段，这个板块之中的股票不是很好的领涨股。1921～1923年，它们都没有出现什么非常大幅度的上涨，而且其中一些股票还在1923年和1924年形成了比1921年更低的最低价。

古德里奇（Goodrich）——1920年和1921年形成了相同的最低价27点。1922年5月，反弹到了44点。从1919年顶部最高价下跌了那么大的幅度之后，这样的反弹算是力度很小的。1922年11月，该股下跌到了29点；在出现了那么小幅度的反弹之后却又下跌到了如此接近1921年的最低价的价位，表明该股非常疲软。1923年3月，最高价41点，这是比1922年更低的顶部。随后趋势再次掉头向下并在1923年10月下跌到了18点。这低于1921年的最低价，表明该股正处于一种弱势形态。1924年1月，该股反弹到了26点，没能反弹到1920年和1921年的最低价上方；1924年6月，形成了最低价17点，9月，穿越了上一个顶部或者说阻力位26点，这使得趋势掉头向上。这是一个买进点。由于1923年和1924年几乎形成了相同的最低价，因此我们应该在这个双底处买进，不过应该在主要趋势掉头向上之后再买进并等待快速上涨。1925年11月，该股上涨并形成了最高价74点。接下来主要趋势再次掉头向下并在1926年11月下跌到了39点。此处该股进行了吸筹且主要趋势掉头向上。1928年1月，该股到达了最高价99点，6月，下跌到了69点，与1927年9月、10月、11月形成的底部相同。该股在此获得了良好的支撑且重新开始上涨。1928年12月，该股到达了最终的最高价107点。这是一个尖顶，趋势很快便掉头向下并持续下跌，直到1929年12月形成了最低价39点。这与1926年11月的最低价相同，这是一个阻力位，我们应该在此买进并在36点设置止损单。1930年3月，古德里奇反弹到了58点。

固特异轮胎（Goodyear）——1921年，该股形成了最低价5点，不过该股在1927年向上摆动开始之前一直都运动缓慢。1928年1月，最高价72点，6月，最低价45点。随后开始了一轮快速的上涨并在1929年3月到达了顶部，形成了最高价154点。这是一个尖顶，接下来便发生了一轮陡直快速的下跌。1929年10月，该股下跌到了60点。然后出现的反弹在1930年3月到达了96点。

美国橡胶（U. S. Rubber）——1921年，最低价41点，从1919年的顶部下跌了102个点；1922年4月，反弹到了67点，一轮大幅下跌之后这样的反弹算是力度很小，这表明该股非常疲软；1922年12月，最低价46点，形成了比1921年更高的底部，这是一个应该买进等待反弹的价位。1923年3月，最高价64点，这是一个比1922年更低的顶部，表明该股将继续走低。记住这条交易规则，即一只股票必须穿越了在牛市行情第一年所形成的各个最高价之后才表明它将出现进一步的大幅上涨。1924年4月，该股下跌到了一个新的最低价23点。在这个价位附近，该股非常呆滞并窄幅波动，同时进行了吸筹。1925年1月、2月，该股上涨到了44点，这是一个阻力位，1923年7月、8月、9月该股都在这个价位上形成了底部。随后该股回调到了34点；接下来又在1925年4月份穿越了44点，这表明该股正处于一种强势形态，我们应该在这个点位增仓买进。1925年11月，该股到达了最高价97点并形成了一个尖顶，一轮快速陡直的回调接踵而至，主要趋势也掉头向下。1926年5月，最低价51点，8月，最高价68点，10月，最低价52点，相对于最低价51点而言，这是又一个买进点，同时应该在48点设置止损单。1927年3月，该股形成了反弹的顶部67点，这是该股十分疲软的信号，因为它没能穿越1926年8月的最高价。然后趋势再次掉头向下，并在1927年6月到达了最低价37点。此后出现的反弹在1928年1月形成了最高价63点，这是又一个更低的顶部，表明该股将继续走低。1928年6月，该股下跌到了27点，停在了1924年的最低价上方4个点，表明该股在此获得了良好的支撑，这是一个买进点。随后趋势掉头向上并在1929年3月形成了最高价65点，比1928年的最高价高2个点，没能形成高3个点的价位表明该股即将走低；同时没能穿越1926年和1927年在67点和68点附近的最高价也是该股十分疲软的一个信号，应该在此进行卖空。接下来出现了一轮快速的下跌，主要趋势再次掉头向下。1929年5月，最低价46点，9月，反弹到了58点，10月，下跌到了15点，这是1907年达到14点以来的最低价位。这是一个买进点，同时应该在12点设置止损单做保护。然后出现了一轮反弹，该股在1930

年 4 月上涨到了 35 点。当其他股票上涨时，该股却已经连续下跌了 5 年，或者说从 1925 年 11 月就开始下跌。因此，该股的股票套现已经结束，美国橡胶可能会在其他后涨股下跌时上涨。杜邦公司控制该公司这一事实，是该股将在稍后几年里出现大幅上涨的一个强有力的论据。该股在 1932 年很可能会大幅走高。这是橡胶板块当中值得买进的股票之一。

钢铁类股票

伯利恒钢铁（Bethlehem Steel）——如前所述，一只股票出现了一轮惊人的上涨之后，可能需要很多年才能在另一轮牛市行情当中充当领涨股并出现大幅上涨。1907 年，伯利恒钢铁的股价为 8；战争繁荣期间的 1916 年，股价到达了 700 点，此时宣布了送股分红，并进行了股票拆分。1921 年，新股的最低价为 40 点；1922 年，上涨到了 79 点。随后趋势掉头向下；1924 年，该股先是到达了 38 点，接下来又反弹到了 53 点。1925 年 6 月，股价为 37 点，相对于 1924 年的底部 38 点而言，这是一个买进点。1925 年 11 月、12 月，伯利恒钢铁反弹到了 50 点；1926 年 4 月，再次下跌到了 37½点，这是一个支撑位，我们应该在此买进并在 35 点设置止损单。1926 年 8 月，上涨到了 51 点，但没能穿越 1925 年 1 月形成的最高价 53 点，这是该股还没有准备好任何大幅上涨的又一个标志。1926 年 9 月和 10 月以及 1927 年 1 月，股价为 43½点，表现出了更高的支撑位，表明该股正处于一种更加强势的形态并且已准备好上涨。1927 年 4 月，该股穿越了老顶 53 点，使得趋势掉头向上，但该股又在 6 月份回调到了 46 点；然后又在 9 月份上涨到了 66 点，10 月份回调到了 49 点；1928 年 4 月，上涨到了 69 点，这是该股将继续走高的又一个标志；1928 年 6 月，该股发生了最后一轮回调到 52 点。自这个价位之后大幅上涨开始了，该股在 1929 年 8 月形成了最高价 140 点。像所有的后涨股一样，该股先是形成了一个尖顶，然后一轮快速的下跌便接踵而至并在 1929 年 11 月下跌到了 79 点。此后该股在 1930 年 4 月反弹到了 110 点。由此我们可以看出，伯利恒钢铁在上一次的牛市行情当中是领涨股，但在 1929 年牛市行情当中却是一只后涨股。当美国钢铁和美国铸铁管在 1921～1929 年牛市行情早期领涨并持续走高时，伯利恒钢铁却停留在一个狭窄的交易区间内，正如我们从图表[①]可以看到的那样；该图表清晰表明，1921～1927年期间，该股从未显示出已经准备好任何大幅度的上涨。

学会观察自己的图表并在介入一只股票之前先等待确切的标志。只在一只股票表现活跃并穿越了以前的阻力位时才进行交易。这样我们便可以避免被不活跃的股票套牢，也可以更快速的获利。

科罗拉多燃油与铁矿（Colorado Fuel & Iron）——如果我们仔细观察了该股在底部的表现并运用了各种交易规则，这就是又一只我们应该选为1929年的恐慌性下跌之后最值得买进并等待反弹的股票之一。原因有以下几个：第一，1927年7月科罗拉多就已经形成了顶部，因此当它在1929年11月到达底部时，已经下跌了2年多的时间，因此其股票套现自然会比美国钢铁更充分，也能够比美国钢铁更快速地反弹——美国钢铁仅仅在1929年9月形成了顶部，并且仅仅下跌了2个半月。第二，该股在1929年11月13日形成了最低价28点。这与它在1926年3月26日形成的最低价相同。不过，美国钒钢此时却还差8½个点才下跌到1926年3月的最低价，因此，它显示出了甚至比科罗拉多燃油还好的支撑。第三，1929年12月9日，科罗拉多燃油与铁矿反弹到了39点，12月20日、23日，又下跌到了32点，形成了更高的底部，表明该股在此获得了良好的支撑，应该买进。第四，从11月23日结束一直到12月28日结束的那些星期里，该股都在31½～32点附近形成了最低价，表明该股在这期间的每一周都获得了良好的支撑。第五，1930年1月初，科罗拉多燃油穿越了1929年12月9日的最高价40点，随后继续走高，并不断形成更高的顶部和底部，直到1930年4月该股上涨到了76点，从11月的最低价上涨了48个点；而在美国钒钢从底部上涨了87点、科罗拉多燃油上涨了48点的这段时间内，美国钢铁仅仅上涨了42点。这其中一个原因是，美国钢铁成交量超过了800万股，拉抬该股需要更大的买盘力量和更强大的炒作集团；而且拉抬该股时在上涨过程中所遇到的卖盘，自然会比拉抬一只流通股仅有几十万股的股票多得多。

---

① 译注：原书中无该图表。

熔炉钢铁（Crucible Steel）——这是一只战争宠儿股。1915 年，该股的股价到了 110⅞点；随后在 1917 年下跌到了 46 点；1918 年、1919 年，形成了最低价 52 点；接下来在 1919 年牛市行情期间出现了大幅上涨，并在 1920 年 4 月形成了最终的最高价 278¾点。仔细研究图 8 最高点与最低点年线的图表，它将向我们显示出这只股票多年来是如何进行吸筹，如何在穿越之前的价格水平之后处于能够大幅上涨的状态的。1920 年 4 月，该股到达了最高价并宣布了送股分红。1921 年 8 月，新股的股价为 49 点。该股是在 1921 年 8 月 25 日前后最后形成底部的股票之一。1922 年 9 月，该股上涨到了 98 点；然后趋势掉头向下并在 1924 年 5 月形成了最低价 48 点，由于仅比 1921 年的最低价低 1 个点，因而这是一个买进点；但该股回到这一最低价的事实又表明了它将不会成为 1921～1929 年牛市行情的早期领涨股，因为它已经在 1919 年牛市行情当中充当了重要的领涨股。此后该股十分缓慢地走高并在 1927 年 3 月到达了 96 点；随后下跌到了 80 点；接下来又在 1927 年 8 月、9 月、10 月再次上涨到了 96 点，没能穿越这轮牛市行情的第一年——1922 年的顶部。1928 年 7 月，该股下跌到了 70 点；然后变得呆滞且窄幅波动，同时进行了吸筹。此后主要趋势再次掉头向上并在 1929 年 8 月到达了最终的最高价 121 点。这是牛市末端的一只后涨股，因而形成的自然是一个尖顶，暴跌接踵而至并在 1929 年 11 月下跌到了 71 点，与 1928 年 7 月的最低价相差 1 个点；这是一个买进点，同时应该设置止损单做保护。大家或许会问，为什么熔炉钢铁没能成为 1921～1929 年牛市行情当中的领涨股。原因在于，它曾在 1915 年和 1916 年充当过领涨股，之后又再次在 1919 年和 1920 年充当了领涨股，并上涨到了极端最高价 278 点且在此时进行了股票拆分，因此我们不能再期待它在下一轮的牛市行情当中再次出现大幅上涨。所谓“风水轮流转”。这是一只很好的股票，而且“风水”已经转到过它那里；何况它已经被拆分并派发。关注那些能带来机会的新股票以及那些还没有充当过领涨股的股票；避免被套牢；当图表上的各种迹象显示某只过去曾领涨过的股票不会再领涨时，就不要再期待它稍后再次成为领涨股。

共和钢铁（Republic Iron & Steel）——这是 1919 年牛市行情当中的一只后涨股。1919 年 11 月，该股形成了顶部 145 点。1921 年 6 月，该股下跌到了 42 点；1922 年 5 月，上涨到了 78 点，11 月，再次下跌到了 44 点，比 1921 年的最低价高 2 个点，这是一个支撑位，也是一个买进点，同时应该设置止损单；1923 年 3 月，上涨到了 66 点，没能上涨到 1922 年的最高价，表明该股十分疲软，同时也表明该股这次不会再领涨。1923 年 6 月，下跌到了 41 点，比 1921 年 6 月的最低价低 1 个点。尽管这是一个支撑位，也是又一个买进点，但这同时也表明了该股还没有准备好出现任何大幅度的上涨。1924 年 2 月，该股上涨到了 61 点，再次形成了比上一个最高价更低的顶部。1924 年 6 月，再次下跌到了 42 点，这是一个买进点；8 月，上涨到了 50 点，10 月，下跌到了 42 点，回到了支撑位。在这些价位始终应该买进一只股票，除非这只股票跌破了上一个最低价位下方 3 个点。应该在第一个最低价 42 点下方 3 个点设置止损单，因此应该将止损单设置在 39 点。1925 年 1 月，该股上涨到了 64 点；1925 年 4 月、5 月、6 月，再次下跌到了 43 点，并在相同的最低价位附近获得了支撑，这仍然是一个买进点，同时应该在 39 点设置止损单。1926 年 1 月，该股形成了最高价 63 点，没能穿越 1925 年的顶部。1926 年 5 月，该股再次下跌到了 44 点，并在这个（比上一次的最低价）稍高的价位上获得了支撑，这确切表明只要该股随后能维持住这些阻力位就能出现更大幅度的上涨。1926 年 8 月，最高价为 63 点，仍然没能穿越 1925 年和 1926 年 1 月的最高价。由此我们可以看出，在 1921～1926 年期间，该股的底部都形成在 44～41 点之间；在 1923～1926 年期间，该股的顶部都形成在 63～66 点之间。这表明该股每次下跌到 44 点以下时都获得了支撑，但当该股上涨到 63 点附近时却有人大量卖出，阻止了该股上涨。1927 年 2 月，该股穿越了 66 点，3 月，形成了最高价 75¾点，但再一次没能到达这轮牛市行情的第一年——1922 年的最高价 78 点。因此，如果该股能够超越 78 点，就表明该股将大幅走高。自 1927 年 3 月起，趋势掉头向下并在 1928 年 6 月再次到达了底部 50 点。自这个价位开始展开了一轮快速的上涨运动。1928 年 9 月，该股穿越了 78 点，并且此处是一个应该增仓买进的价位。随后趋势继续向上，一直到 1929 年 9 月到达最高价 146¾点，仅比 1919 年的顶部高 2 个点。此处我们应该卖出手中的多头并在 1919 年的顶部处卖空，同时设置距离 3 个点的止损单，这样我们的止损单就不会被触及。接下来出现的一轮快速下跌在1929年11月下跌到了63点，并在此获得了支撑；而这一价位正是该股在以前的上涨过程中，反弹到达该水平时应该卖出的价位。1930年4月，该股反弹到了82点。

美国管材与铸造（U.S. Pipe & Foundry）——其前身美国铸铁管曾是1921～1929年牛市行情当中的一只很好的早期领涨股，原因有以下几个：①该股进行了多年的吸筹（图2）；②该股股本非常小，仅有12万股，且其中许多都没有进入流通，或者说被少数人持有；③股票收益很好，且炒作集团发现很容易促使该股上涨。在这种股票表现出上升趋势时进行卖空是很危险的。1921年8月，该股最低价为12点（参见图2上的月线、周线、日线图表及其说明）。1922年1月，趋势掉头向上并在1922年8月到达了最高价39点。这与1919年形成的最高价相同，并且处在除了1906年的顶部53点之外的所有顶部的上方。1923年7月，该股形成了最终的最低价20点，比1922年的最低价高3个点，表明该股在此获得了良好的支撑以及这是一个买进点。随后趋势再次掉头向上并在1923年10月穿越了40点，高于1919年和1922年的最高价。这是一个应该增仓买进并在上涨过程中一路加码的点位，因为该股显示其正处于一种强势形态并且十分活跃，不断形成更高的底部和顶部。1923年11月，该股穿越了53点并在同一个月上涨到了58点，比当时的最高纪录——1906年的最高价高5个点。此时应该在这一价位上增仓买进。接下来该股在1925年2月上涨到250点之前从未再次下跌到53点。然后出现的一轮陡直剧烈的下跌在1925年4月到达了132点。此后趋势再次掉头向上并在1925年11月上涨到了227点。1926年5月，该股下跌到了150点，并在这个比1925年4月的最低价高18个点的价位上获得了支撑。周线和日线图表也显示该股在此获得了支撑且已到达底部。随后上升趋势重新开始并在1926年8月形成了顶部248点，仅比1925年2月的顶部低2个点。这是一个应该卖出手中多头并反手做空的价位，同时应该在253点设置止损单。接下来出现了一轮陡直的下跌并在1926年10月下跌到了191点。周线和日线图表显示该股已到达底部。1926年12月，该股上涨到了239点；1927年1月，下跌到了202点，2月，反弹到了225点，3月，形成了底部207点。形成了更高的底部表明该股已经准备好继续走高。然后出现的一轮上涨在1927年5月达到了高潮并形成了顶部246点，仅比1926年8月的顶部低2个点。这个价位附近出现了大规模的派发，而且这是一个应该再次卖空的价位。1927年7月，该股下跌到了191点，与1926年10月的最低价相同，因而这是一个买进点，同时应该在188点设置止损单。此后出现了一轮反弹并在1927年12月形成了顶部225点。1928年2月，该股下跌到了191点，这是第三次下跌到了同样的最低价，因而这是一个应该回补空头并买进的价位，同时应该在188点设置止损单。随后出现了一轮快速的上涨，且该股在1928年5月穿越了1925年2月的最高价250点并形成了最高价253点，表明该股将大幅走高，因此即使在这么高的价位我们也应该增仓买进。1928年4月，该股形成了最终的顶部300点，随后便出现了一轮陡直的下跌并在1928年6月到达了230点。接下来宣布了送股分红，新股在1928年12月的股价为38点；然后反弹到了48点；此后又在1929年下跌到了38点，形成了一个双底。1929年3月，新股到达了最终的最高价55点。这个顶部附近出现了沉重的卖压，随后便出现了一轮快速的下跌。主要趋势持续向下，一直到1929年11月该股形成最低价12点，与1921年8月的最低价相同，因而这是一个买进点。1930年4月，该股反弹到了38点(图2)。

美国钢铁（U. S. Steel）——该股一直是一只值得交易的股票，因为它几乎始终会在底部或顶部停留较长时间，使得交易者有机会买进或卖出并在距离很近的价位上设置止损单。因此，我们应该仔细研究图15的1901～1930年的年线图表。

在1921～1929年的牛市行情当中，美国钢铁是一只早期领涨股，同时也是一只后期领涨股。从1921～1929年的8年时间里，该股出现了三次重要的运动，或者说三次重要的牛市行情。1921年6月，最低价71点；1921年，最高价86点。1921年7月和8月期间，该股停留在一个4个点的交易区间内，出现了大规模的吸筹。6月之后，该股的底部和顶部逐月升高。1922年1月，该股穿越了1921年的最高价86点，表明它将继续走高。1922年10月，美国钢铁形成了第一个顶部111点；随后回调到了100点；1923年3月，反弹到了109点。没能到达1922年10月的顶部，表明该股已成为一只卖空股。接下来主要趋势掉头向下，并在1923年7月下跌

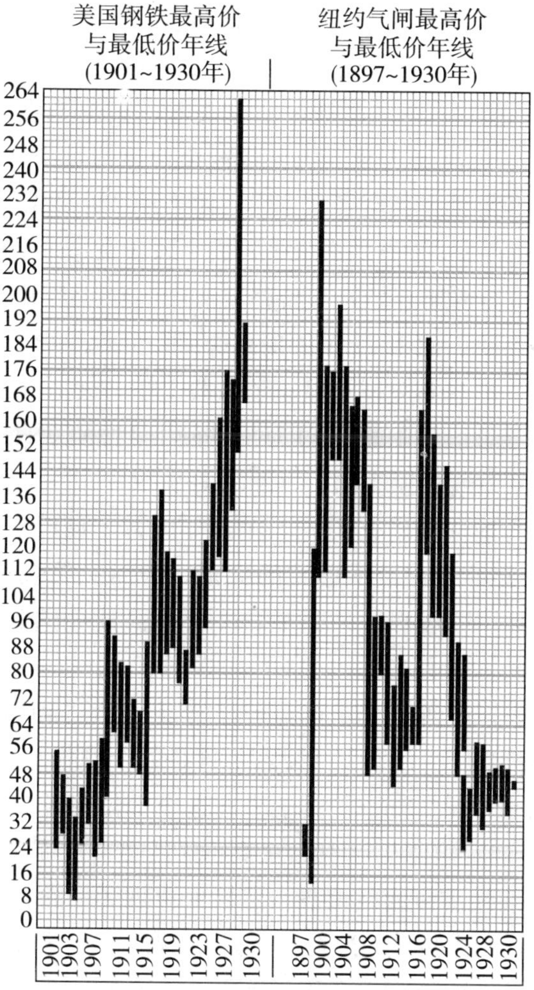

图 15

到了 86 点并且此后连续 4 个月都在这个价位水平形成了底部，表明该股在此获得了良好的支撑并进行了大规模的吸筹。此时应该买进并在 83 点设置止损单。1923 年 11 月，趋势掉头向上，并在 1924 年 2 月形成了顶部 109 点，与 1923 年 3 月的顶部相同。这是一个应该卖空的价位，同时应该在 112 点设置止损单。1924 年 5 月、7 月，该股都下跌，并且 2 个月都形成了最低价 95 点。周线和日线图表显示此处出现了吸筹且该股已到达底部。

1924年7月，趋势掉头向上并在8月份到达了1923年3月的最高价111点[①]。随后发生的一轮小幅回调在1924年10月回调到了105点；接下来该股在11月穿越了112点。这是一个应该增仓买进等待进一步上涨的价位。1925年1月，最高价为129点。在这个价位附近出现了大量的卖盘，并且美国钢铁在3月份下跌到了113点，在4月份也形成了相同的最低价，5月、6月，形成了高1个点的最低价，表明该股在这附近获得了良好的支撑。7月，上涨趋势重新开始，且价格在1925年11月到达了139点，这是该股的历史最高价，比1917年的最高价高3个点。这是该股稍后将继续走高的一个标志，但盈利兑现却阻止了该股上涨，使其在这个价位附近停留了3个月，最终该股在1926年4月下跌到了115点。此处发生了大规模的吸筹，6月，主要趋势掉头向上，然后再次出现了一轮快速的上涨。此后该股穿越140点时应该增仓买进。1926年8月，该股形成了最高价159点。这是一个在大量成交量下形成的尖顶，因而一轮快速的下跌接踵而至。1926年10月，该股形成了最低价134点。此处遇到了大量的买盘，并且趋势再次掉头向上。1926年11月，宣布了40%的送股分红，随后老股在1927年5月上涨到了176点。1926年12月，新股在117点开始交易，并在1927年1月到达了111¼点。这是一个支撑位，因为1925年3月和4月的最低价都是113点。接下来在这个价位附近进行了3个月的吸筹，并且该股在1927年3月到达了最高价161点。没能上涨到以前的最高价上方3个点，表明应该卖空该股。然后便出现了一轮快速的下跌，该股在10月份到达了129点。这只是1个月的回调。接下来的1个月底部升高。1927年12月，该股形成了顶部159点。这是一个应该再次卖空的价位。此后该股回调到了138点；1928年4月，反弹到了154点，没能穿越1927年12月的顶部，因此应该再次卖空。随后出现的下跌在1928年6月下跌到了133点。这个底部比1927年10月的最低价高3个点，这是该股正处于强势的一个信号。接下来出现了一轮快速的反弹；然后趋势在8月份掉头向上并穿越了顶部154点和155点，此后又继续上涨到了1928年11月份的172点；随后又在1928年12月下跌到了150点。这是一次快速

---

① 译注：根据以上内容，1923年3月的最高价是109点；1922年10月的最高价才是111点。

陡直的下跌，接下来又出现了快速的上涨。1929 年 1 月，该股形成了顶部 192 点，2 月，回调到了 169 点，3 月，上涨到了 193 点，仅比 1 月和 2 月的最高价高 1 个点，表明此处出现了沉重的卖压，因而应该进行卖空并在距离 3 个点的价位设置止损单。然后出现的一轮下跌在 1929 年 5 月形成了底部 162½点。在下跌的最后一周，市场非常呆滞并窄幅波动，同时这一周的成交量仅为 22 万股。1929 年 6 月 8 日结束的那一周，最低价为 165 点，最高价为 171 点。在接下来的一周，最低价仍然为 165 点，表明该股在这个价位上获得了良好的支撑，同时这也是形成更高的底部的第二周。这一周的最高价为 177 点，再次表明了上升趋势；同时成交量放大，表明出现了大量的买盘。7 月 13 日结束的那一周，美国钢铁穿越了 193 点，形成了新的最高价。这是一个应该增仓买进的价位，因为成交量正在放大，而且市场也十分活跃。接下来的每一周，美国钢铁都形成了更高的底部和顶部。8 月 10 日结束的那一周以及 8 月 17 日结束的那一周，成交量都超过了 100 万股。8 月 24 日，该股形成了第一个顶部 260½点。这一周的成交量为 80 万股。此后该股快速回调到了 251½点，且这一周的成交量仅为 39.1 万股。随后出现的一轮快速反弹在 1929 年 9 月 3 日形成了最终的顶部 261¾点。这一次该股没能上涨到 8 月 24 日形成的顶部上方 3 个点，表明该股即将走低。接下来该股在同一周内便快速下跌到了 246 点；这一周的成交量为 56.1 万股，比该股从 260½点回调到 251½点的那一周的成交量多了 17 万股。这是一个卖出利好的信号。当股价跌破 251 点时，应该增仓卖出，因为这是美国钢铁从 162½点开始上涨以来，一周的底部第一次被跌破。1929 年 9 月 3 日，美国钢铁到达顶部，成交量为 12.9 万股。这表明在如此高的价位水平上买盘已经很弱，同时也表明当内部人士正在卖出的时候，空头正在回补，公众正在买进。1929 年 10 月 3 日，美国钢铁下跌到了 206½点。然后出现的一轮快速反弹在 1929 年 10 月 11 日上涨到了 234 点。这只是一周的反弹，接下来的一周该股便在沉重的卖压下下跌到了 208 点。此价位上仅由于空头回补出现了一轮很小的反弹。1929 年 10 月 29 日，美国钢铁下跌到了 162½点，当日成交量为 30.7 万股。随后便出现了一轮下跌，并且美国钢铁在 11 月 13 日下跌到了 150 点。当日成交量为 9.7 万股，这是一个很小的成交量，表明股票套现已经完成。接下来出现的一轮快速反弹在10月21日到达了171½点。12月2日，该股下跌到了159¼点；然后上涨并穿越了10月21日的最高价172点；12月9日，到达了顶部189点，当日成交量35.5万股，这是10月24日以来最大的单日成交量，表明此处存在大量的卖盘，回调将接踵而至，尤其是在该股已经从底部反弹了39个点之后。该股没能穿越10月31日的顶部193½点的事实，表明该股即将走低。此后出现的一轮迅速下跌在12月23日下跌到了156¾点，当日成交量11.1万股。这是一个很小的成交量，再次表明股票套现已经完成，市场形成底部。这是一个比11月13日更高的底部，表明该股在此获得了良好的支撑。随后该股开始上涨，每日趋势也掉头向上；1930年1月初，周线趋势掉头向上。2月14日，最高价189点，与12月9日的顶部相同，当日成交量15.4万股。接下来出现的回调在2月17日回调到了184½点；然后在2月18日反弹到了189½点，当日成交量12万股。没能比老顶高哪怕1个点，表明该股十分疲软，因而下跌接踵而至。2月25日，该股下跌到了177点；3月1日，反弹到了184点；3月5日、6日，下跌到了178¾点；3月7日，反弹并再次形成了顶部184点；3月14日，下跌到了177¾点，仍然停在了2月25日形成的最低价177点上方。此后该股在3月19日反弹到了188¼点，当日成交总量为17.9万股。3月20日，最高价188½点，成交量6.7万股；3月21日，最高价191点，成交量18.6万股。这是这段时间以来最大的单日成交量，而且由于穿越了1929年12月9日的最高价189点和1930年2月18日的最高价189½点，表明美国钢铁即将在一轮回调之后走高。3月24日，美国钢铁的股价为192¼点，成交量12.69万股；3月25日，上涨到了最高价193¼点，成交量8.36万股；3月27日，回调到了189½点。没能跌回到1929年12月9日形成的189点和1930年2月18日形成的189½点这两个老顶的下方，表明该股在此获得了支撑且即将走高。4月7日，上涨到了198¾点，成交量10.6万股；4月8日，下跌到了193¼点，成交量11.4万股；4月10日，上涨到了197⅞点，成交量10.3万股。没能穿越4月7日的最高价位，而且如此靠近总是会出现大量卖盘的整数价位200点，表明随后将出现回调。若是该股能够上涨到200点，就表明该股将继续走高。4月3日的最低价为192⅝点，4月8日的最低价为193¼点；如果该股在穿越

200 点之前跌破了这两个价位，就表明该股将继续走低。

美国钒钢（Vanadium Steel）——这只股票在 1921～1929 年牛市行情早期慢慢爬升。一只股票若是很长一段时间内都在慢慢爬升或者说非常缓慢地运动，但同时又不断形成更高的底部和顶部，那么该股最终将出现一轮疯狂的、像脱缰野马一样失控的行情或者说快速上涨。慢慢爬升的股票最终总是会在空头回补以及公众买进的情况下进行最后的冲刺。这些快速的上涨实际上就是一种广告宣传，使得公众在接近顶部的时候入场。记住，股票是用来卖出的；同时还要记住，当股票被卖出时，其价格就会下跌，因此一定要设置止损单，并在趋势逆转时要改变自己的多空立场。美国钒钢是 1919 年末才崭露头角的一只新股，它先是在 1920 年 4 月形成了最高价 97 点，随后又在 1924 年 6 月下跌到了 20 点。接下来该股开始上涨并不断形成更高的底部和顶部；1928 年 1 月，该股穿越了 60 点；1929 年 2 月，形成了最高价 116 点，11 月，下跌到了最低价 37½点。如果我们当时正在关注并仔细研究钢铁类股票，希望从这个板块当中挑选出最值得买进的股票，那么若是我们遵循了《江恩股市定律》一书中规定的交易规则，我们就应该选择美国钒钢。

该股 1929 年 11 月的最低价 37½点与 1926 年 11 月形成的底部和 1927 年 1 月最后的最低价 37 点处于同样的水平；该股到达 37 点之后便开始了大幅上涨。此时该股变得更加活跃并一路走高，直到 1929 年 2 月到达最高价 116 点。应该买进该股的另外一个原因是，该股 1929 年的底部比它在 1926 年 3 月的恐慌中所到达的底部高 8½个点；预计该股已到达底部，因而应该买进的再一原因就是，该股在 1929 年 2 月就到达了顶部，远远早于美国钢铁以及其他一些直到 1929 年 8 月或 9 月才形成顶部的股票。因此，美国钒钢开始下跌的时间比其他股票早了 8 个月，因而自然会比其他股票更早出现反弹并在下一轮上涨当中领涨。应该选择买进该股等待上涨的又一个十分充分的理由是，该股的流通股只有大约 30 万股。这样少的浮动筹码使得该股更加容易上涨，尤其当我们将其与流通股超过了 800 万股的美国钢铁相比较时。应该买进该股还有一个原因，即该公司实际上对钒进行了垄断。

1929 年 5 月，美国钒钢的最低价为 68 点，并且该股是从 116 点下跌到这个价位的。随后的 1929 年 9 月，该股从 68 点反弹到了 100 点；接下来又从这个价位下跌到了 11 月份的最低价 37½点。在这之后，该股本应该自然反弹到 1929 年 5 月的最低点 68 点附近，但我们必须查看一下该股上一次开始下跌时所处的点位。10 月 29 日，出现大型的恐慌性下跌的日子，美国钒钢下跌到了 48½点；然后在 10 月 31 日反弹到了 62 点；此后又从这个价位下跌到了 11 月 13 日的 37½点；随后又在 12 月 9 日反弹到了 61½点，没能穿越 10 月 31 日的最高价。若是该股能够穿越这个价位，就清晰表明了它将继续上涨。自 12 月 9 日的顶部开始，另一轮下跌开始了，并在 12 月 20 日下跌到了 44½点，形成了更高的底部，表明此时该股值得买进，因为该股在次级下跌当中没有下跌到上一个底部那么低的价位。在 12 月的最低价之后，美国钒钢开始在最高点与最低点日线图表上不断形成更高的底部和顶部。1930 年 1 月 25 日，该股上涨到了 51½点并以顶部收盘，成交量 1.6 万股；1 月 27 日，穿越了 1929 年 10 月 31 日和 12 月 9 日的最高价 62 点，并在当天上涨到了 64¼点，同时以顶部收盘，成交量 2.5 万股，表明该股在上涨的过程中出现了大量的买盘；1 月 30 日，该股到达了最高价 69½点；2 月 4 日，下跌到了 62½点，从顶部下跌了 7 个点，这是该股从最低价 44½点开始上涨以来第一次回调这么大的幅度。接下来该股重新开始上涨并在 2 月 14 日到达了最高价 73½点，当日成交量 3.4 万股，这是当月最大的单日成交量，表明该股已经到达应该回调的顶部。2 月 25 日，该股下跌到了 65½点。在底部时，该股成交量仅为 7700 股，表明已经不存在沉重的卖压，说明这是一个支撑位，我们应该在这个价位买进。该股从顶部下跌了 8 个点，仅比 1930 年 1 月 30 日到 2 月 4 日发生的回调多 1 个点。然后该股再次开始上涨，逐日形成更高的底部和顶部，并在 3 月 6 日穿越了 74 点，当日成交量 2.6 万股。上涨到 2 月 14 日的顶部上方表明该股将大幅走高。那么，下一个应该注意的点位就是 1929 年 10 月 11 日的反弹所形成的最后一个最高价 86½点，当时该股正是从这个价位开始大幅下跌。3 月 10 日，美国钒钢上涨到了 88½点并以86½点收盘，成交量 2.8 万股；穿越了 1929 年 10 月 11 日的最高价，表明该股将继续走高。形成 88½点之后，该股在 1930 年 3 月 12 日的早些时候回调到了 82 点，此后又在同一天开始上涨，并上涨到了 92½点，成交量 2.8

万股。下一个应该注意的点位是 1929 年 3 月和 4 月反弹时形成的最高价 100 点；当时该股在这个价位之后出现了一轮陡直的回调，随后又在 1929 年 9 月 13 日再次上涨到了 100 点，成交量多达 5.9 万股，接下来又出现了一轮快速的下跌。1930 年 3 月 21 日，该股穿越了 100 点，成交量 4.68 万股。既然穿越了 100 点，那么下一个应该注意的重要的顶部就是 1929 年 2 月 9 日形成的极限最高价 116 点了。1930 年 3 月 25 日，美国钒钢穿越了 1929 年的最高价 116 点，并上涨到了历史最高价 124½点，此处成交量为 5.45 万股。当日该股以 118 点开盘，然后上涨到 124½点，此后又下跌到了 114 点，最终以这个最低价收盘，从顶部最高价下跌了 10½点。这是该股十分疲软的一个信号，表明它即将走低；同时成交量如此之大也表明了该股在此遇到了沉重的卖压。即便如此，有一个事实我们却不能忽略，即周线、月线、日线图表上的主要趋势仍然向上；但上一次的回调没有超过 7½个点，这一次的回调却在一天之内达到了 10½个点，这一事实表明该股正被大量卖出。

我们有必要注意股票在极限最高价以及极限最低价的成交量，以便通过比较成交量来判断股票是否形成了顶部或底部。该股 1929 年最大的单日成交量是 2 月 7 日的 6.88 万股。2 月 8 日，该股到达了本年的顶部 116 点，成交量为 4.38 万股。这两天的成交量加起来就超过了 10.8 万股，表明存在沉重的卖压。该股已经形成顶部。2 月 9 日结束的那一周，美国钒钢的成交总量为 17.58 万股。考虑到该股流通中的总股本才 30 万股多一点儿，这一成交量算是非常大了，这说明超过 2/3 的股本已经换手。这无疑表明了卖出利好。下一个应该研究其成交量的重要点位是 1929 年 9 月 14 日结束那一周美国钒钢所上涨到的 100 点。这一周的成交量为 13.84 万股，表明该股已到达顶部，卖出利好，尤其主要趋势已经掉头向下。10 月 26 日结束的那一周，成交量为 5.64 万股；11 月 2 日结束的那一周，成交量为 5.06 万股；11 月 9 日结束的那一周，成交量为 1.72 万股；11 月 16 日结束的那一周，成交量为 2.9 万股。请注意，该股形成最终底部的最后那两周，成交量都非常小，这表明股票套现已经结束。12 月 2 日结束的那一周，成交量为 3.1 万股；12 月 14 日结束的那一周，成交量为 2.1 万股；12 月 21 日结束的那一周，该股下跌到了 44½点，成交量仅为 1.9 万股，同时考虑到该股形成了更高的底部，这就表明了已经不存在沉重的卖压，股票在此处获得了良好的支撑。在接下来的 3 个星期，该股出现大规模的吸筹，每周成交量仅为 1.2～1.3 万股，表明有人正在吸纳所有卖出的股票，尽管还没有拉升吸筹，不过等待卖出的股票已经不是太多。之后当该股重新开始上涨时，成交量也随着放大。1930 年 3 月 8 日结束的那一周，该股的最高价为 78 点，成交量为 8.4 万股；3 月 15 日结束的那一周，最高价 96 点，成交量 14.5 万股；3 月 22 日结束的那一周，最高价 107 点，成交量 16.5 万股；3 月 29 日结束的那一周，最高价 124½点，成交量 20.6 万股，这是 1929 年 2 月 9 日以来最大的周成交量。这一周的成交总量超过了历史最高水平，表明此时存在沉重的卖压以及大量的盈利兑现，那么此时至少应该警惕该股发生回调。

1929 年 11 月 13 日到 1930 年 3 月 25 日，美国钒钢上涨了 87 个点。那么，关注一只股票在上涨过程中在任何价位出现的最大幅度的回调，或是在下跌过程中所出现的最大幅度的反弹，始终是非常重要的。该股第一次陡直反弹之后的第一次回调是幅度最大的，即从 1929 年 12 月 9 日的顶部 61½点回调到 12 月 20 日的最低价 44½点，相当于下跌了 17 个点。接下来的回调为 7～8 个点，表明该股受到了支撑，不允许该股从最低价上涨之后再回调这样大的幅度。这表明了该股的牛市即将到来。考虑到 1930 年 3 月 25 日该股一天之内便回跌了 10½个点，下一个我们应该注意的重要点位是从顶部 124½点下跌 17 个点之后的点位，即 107½点附近的点位，该股可能在这一点位到达底部或出现反弹。若是该股从这个顶部或其他任何一个顶部回跌了 17 个点以上，下一个应该注意的重要点位就是从顶部回调 22～25 点左右之后的点位了。注意回调所需的时间也非常重要。该股回调 7～8 个点花了 7～10 天才完成；换句话说，这次回调的周期不能超过从第一个顶部回调 7～10 天的时间。美国钒钢在 3 月 25 日到达 124½点之后，同一天就回调了 10½个点。这是该股十分疲软的一个信号，尤其是当我们考虑到当时的成交量还很大时。随后该股继续走低，直到 4 月 5 日下跌到了 103½点，从顶部下跌了 20 个点；接下来又在 4 月 11 日反弹到了 117½点。应该关注的下一个重要点位就是 124½点了。如果该股穿越了这个价位，就表明它将继续走高，而且很可能走高到 150 点；但如果该股跌破了上一个支撑位 103½点，就表明了它将进一步回调。但是别忘了，1930 年美国钒钢已经形成了历史最高价，而且主要趋势也是向上的；因此，我们在判定该股已经形成最终的顶部之前必须注意该股的派发。

百货类股票

珠宝茶具百货（Jewel Tea）——这是 1921～1929 年牛市行情当中的一只非常靠后的后涨股，但该股在吸筹阶段结束之后出现了一轮大幅上涨，且其间仅有几次小幅度的回调，因而它也是一只最值得买进并在 1925～1929 年进行加码的股票。1925 年 11 月，该股形成了最后的最低价 15 点，随后便开始持续上涨，并在 1928 年 11 月到达了 179 点，上涨了 164 个点，期间从未出现过连续两个月低于上一个月底部的情形，也从未出现过某个月的底部低于上一个月的底部 5 个点的情形。这段时间内，主要趋势从未掉头向下，因而没有理由卖出。如果我们每上涨 10 个点就买进一次，试想一下能通过加码获得多少盈利；同时如果我们始终把止损单设置在上一个月的底部下方 5 个点，止损单将始终不会被触及，直到该股从主要趋势掉头向上的那一点上涨了 164 个点。

珠宝茶具百货在开始大型运动之前在各个最低价位进行了 6 年的吸筹。见图 6，该股 1916～1930 年的最高点与最低点年线图表和 1920～1930 年的月线图表。1916 年，该股形成了最高价 96 点，并且没有参与到 1919 年的牛市行情当中来，其趋势持续下跌，直到 1920 年 12 月到达最低价每股 3 美元。注意该股每年的最高价与最低价十分重要。1920 年，最高价 22 点，最低价 3 点；1921 年，最高价 12 点，最低价 4 点；1922 年，最高价 22 点，最低价 10 点；1923 年，最高价 24 点，最低价 16 点；1924 年，最高价 23 点，最低价 17 点；1925 年，最高价 26 点，最低价 17 点。底部逐年升高，表明该股获得了良好的支撑，也表明该股最终将大幅走高。请注意，1920 年和 1921 年的最高价相同，均为 22 点。根据我的交易规则，一只股票必须上涨到牛市行情第二年的最高价上方 3 个点，才能表明该股将继续走高，因此，珠宝茶具百货必须上涨到 25 点，才能表明它已经穿越了阻力位，随后将继续走高。1922～1925 年末，该股大部分的时间里都停留在 16～23 点的交易区间内，因此此时即使我们在底部买进顶部卖出也挣不到多少钱。如果我们在接近底部的价位买进，打算持有该股作为长期投资，那么 6 年的等待将耗尽我们的耐心，因为我们将错过如此多的其他早期领涨股所体现出来的更大的机会，以至于我们很可能会因为厌烦而卖出。当该股在 10 点左右的高低点范围内波动时，其他许多股票都已经上涨了 50～300 个点不等。应该运用什么样的交易规则，才能抓住股票大幅运动的时机，并且不必因为等待多年而耗尽自己的耐心呢？我们应该运用我这条交易规则，即等到一只股票穿越了牛市行情第一年的最高价上方 3 个点再买进，或是在一只股票形成了极限最低价的第二年再买进。该股 1920 年和 1922 年的最高价均为 22 点，因此我们必须等到该股再上涨 3 个点，或者说上涨到 25 点，因为这样才表明大型的向上摆动即将开始。1922～1924 年期间，该股好几次上涨到了 22～24 点，但都没有形成 25 点。1925 年 7 月、8 月、9 月，最低价均为 14¾点；10 月，反弹到了 21 点；11 月，回调到了 15 点，这是大幅上涨开始前的最后一个最低价；1925 年 12 月，该股开始变得非常活跃，成交量也不断放大，这通常都是大型运动正在上演的信号。该股上涨到了 25 点，穿越了 1920 年以来的所有阻力位。这是一个买进点，该股再也没有回调到 22 点。主要趋势持续向上，直到 1928 年 11 月形成了顶部 179 点，3 年里上涨了 164 点；在各个最低价位进行了 6 年的吸筹之后，这样的上涨是再自然不过了。吸筹所花的时间越多，上涨的幅度越大。这条规则对于多年保持在顶部进行派发的股票同样适用，但是要记住，许多股票都会形成尖顶，派发或是股票套现会在下跌过程中进行。珠宝茶具百货在 1928 年 11 月到达顶部之后就形成了一个尖顶；随后便出现了一轮快速的下跌；接下来主要趋势掉头向下，并且宣布了送股分红。趋势持续向下，新股在 1929 年 11 月下跌到了 39 点。请注意，1926 年 11 月的最后一个最低价就是 39 点，因此，该股在这一同样的价位获得了支撑，我们应该买进并在 36 点设置止损单。1930 年 3 月，该股反弹到了 59 点。

蒙哥马利沃德百货（Montgomery Ward）——这是一只后期的领涨股。1920～1922 年，该股连续 3 年在 12 点附近形成了最低价，而这 3 年的最高价都在 25～27 点附近。蒙哥马利沃德的表现和珠宝茶具百货非常相似，只不过更早开始上涨。1924 年 5 月，该股整月都在 1 个点的交易区间内波动，最低价为22点，最高价为23点。这表明该股已经进入一种休眠状态，此时的买盘和卖盘力量相当，不管是买进还是卖出都没有什么盈利的空间可以操作。当一只股票变得这么呆滞时，接下来几乎总是会变得非常活跃。1924年6月，该股开始上涨，成交量也随之放大，股价到达了29点，高于过去3年的顶部。这是一个买进点，大幅上涨接踵而至。1925年12月，该股形成了最高价84点；1926年5月，下跌到了56点；接下来进行了几个月的吸筹；1927年8月，趋势再次掉头向上。之后的73点是可靠的买进点；然后该股在1927年11月穿越的1925年的最高价84点，也是一个可靠的买进点；此后该股在同一个月上涨到了112点。1928年11月，该股到达了最终的最高价439⅞点。1927年2月，该股形成了最后的最低价60点，此后该股就再也没有出现过低于上一个月的最低价哪怕1个点的情形。这明显表明主要趋势始终向上，我们应该在上涨过程中一路加码。该股上涨了380点之后，趋势才再次掉头向下。自1928年11月的顶部开始，出现了一轮陡直的下跌，使得主要趋势掉头向下。随后宣布了送股分红，且新股在1929年1月和2月形成的顶部156点附近都遭遇了卖压。接下来主要趋势持续向下，直到1月15日该股到达最低价38⅝点；然后在1月31日反弹到了48点；此后在3月24日下跌到了38¼点，仅比1930年1月15日的最低价低3/8个点。

研究蒙哥马利沃德1929年10月24日到1930年3月31日在各个顶部和底部的运动以及其成交量是十分重要的。1929年10月24日是10月份第一次华尔街恐慌发生的日子。当日蒙哥马利沃德下跌到了50点，成交量33.8万股，这是该股从138点开始下跌以来最大的单日成交量。随后该股在10月25日快速反弹并上涨到了77点，成交量16.6万股，仅相当于前一天下跌过程中所创下的成交量的一半左右，表明这轮反弹当中的买盘不如出现大量股票套现当天的卖盘强大。接下来出现了另一轮下跌，10月29日华尔街大恐慌那天，该股下跌到了49点，成交量28.5万股；当日最低价比10月24日的最低价低1个点，表明该股在此获得了支撑，也表明了该股即将上涨。然后出现的一轮快速反弹在10月31日上涨到了79点，成交量13.8万股。该股没能上涨到10月25日的最高价上方3个点且顶部的成交量这么小，表明此时不存在大量的买盘，多头们应该卖出并反手卖空。1929年11月13日，大多数股票都达到了平均跌幅，蒙哥马利沃德则再次下跌到了与 10 月 29 日相同的最低价 49 点，成交量 11.2 万股。这是该股第三次下跌到这个最低价，同时成交量也非常小，表明股票套现暂时基本上已经完成了。12 月 9 日，该股上涨到了 67 点，当日成交量 14.1 万股。还差 10 个点才到达上一次反弹的最高价，同时上涨过程中的成交量也这么小，表明此时不存在太多的买盘，主要趋势仍然向下。12 月 20 日，该股下跌到了一个新的最低价 43 点，成交量 32.3 万股，这是 10 月 24 日以来最大的单日成交量。形成了新的最低价表明该股正处于一种弱势形态，股票套现再次爆发。12 月 31 日，该股反弹到了 50 点，当日成交量 4.8 万股。这是一次无力的反弹，同时成交量也很小，表明买盘不是太多。这个顶部 50 点与 10 月 24 日、10 月 29 日和 11 月 13 日形成的底部处于同样的价位水平，因而以前的支撑位已经变成了一个应该卖出的点位。1930 年 1 月 15 日，蒙哥马利沃德下跌到了一个新的最低价 38$\frac{5}{8}$点，成交量 30.7 万股。这是大量股票套现的结果，表明许多止损单已经被触及。此时我们有必要注意，1925 年 3 月该股是从最低价 41 点开始上涨的，因此，当它下跌到了 38$\frac{5}{8}$点时，差$\frac{5}{8}$个点下跌到开始上涨时的价位下方 3 个点，表明这是一个支撑位，接下来至少会出现反弹。1930 年 1 月 31 日，该股上涨到了 48 点，成交量 13.3 万股，没能到达 1929 年 12 月 31 日的最高价。这表明仍然没有足够的买盘出现来促使该股走高。下一个应该注意的点位是最后一个最高价 50 点。如果该股能够穿越 50 点这个价位并形成 53 点，就表明它将继续走高；但它没能穿越这个价位，而且还在 2 月 14 日下跌到了 43 点，成交量 5.5 万股。这是股票套现暂时已经全部结束的信号，而形成了一个更高的底部则表明即将出现一轮反弹。3 月 3 日，该股上涨到了 48 点，成交量 19 万股。这与 1 月 31 日形成的顶部相同，而没能穿越这个顶部表明该股十分疲软。由于该股已经在 50 点形成了一个顶部、在 48 点形成了两个顶部，因此我们可以认为，如果该股形成了 51 点，就上穿了前两个顶部 3 个点，因而就表明该股将继续走高。3 月 3 日之后，该股开始走低，并在 3 月 24 日下跌到了 38$\frac{1}{4}$点，成交量 11 万股。此时，将这一日的情形与 1 月 15 日进行比较，当时的最低价为 38$\frac{5}{8}$，成交量为 30.7 万股。当该股形成低 3/8 个点的价位时，成交量仅为 11 万股，这一事实表明此时的股票套现的数量不如当时大，该股已经接近出现反弹的点位。3 月 28 日，该股下跌到了 35$\frac{1}{4}$

点，成交量 11.1 万股。这一成交量再次表明股票套现已经结束。回头查看每一次大型运动开始的价位是非常重要的。1924 年 8 月和 9 月，该股形成了最后的最低价 34 点；1924 年 10 月，最低价为 35 点。因此，35 点附近的价位是买进点，同时应该在 32 点设置止损单。4 月 10 日，该股反弹到了44½点；若是该股能够上涨到之前的各个最高价上方 3 个点的 51 点，就表明它将进一步上涨。蒙哥马利沃德是 1929 年牛市行情当中的一只后涨股，而且已经宣布了股利分红，这就是该股形成底部的时间比其他股票晚，以及没能显示出很大的反弹动力的原因。

希尔斯罗巴克（Sears Roebuck）——在 1921～1929 年的牛市行情当中，这是百货板块当中的一只早期领涨股。该股自 1921 年的最低价 55 点开始上涨，不断形成更高的底部和顶部，直到 1926 年初上涨到 241 点。该股到达这个最高价位之后宣布了股利分红。由此可见，希尔斯罗巴克是一只早期领涨股，并且该股在珠宝茶具百货开始大幅上涨之前就已经上涨了 186 个点。不过，珠宝茶具百货也从 1921 年的最低价上涨到了 1928 年的最高价，总共上涨了 176 个点。在 1926 年和 1928 年的新股吸筹之后，该股又迎来了第二轮牛市行情。1926 年 1 月，希尔斯罗巴克到达了最高价 59 点；3 月，下跌到了 44 点；9 月，形成了最高价 58 点，没能穿越 1 月份的最高价；10 月，下跌到了 50 点；随后在一个狭窄的吸筹区间内一直停留到了 1927 年 7 月。没能跌回到 1926 年 3 月的最低价，表明该股在此获得了良好的支撑，同时也表明该股稍后将重新走高。1927 年 7 月，该股穿越了 1926 年所有最高价上方的 60 点，因而这是一个买进点。接下来出现了一轮快速的运动，并且此后该股从未跌破上一个月的底部下方 3 个点，一直到 1928 年 11 月形成最终的最高价 197 点。这是一个尖顶，一轮快速的下跌接踵而至。主要趋势掉头向下并且该股在 1929 年 3 月下跌到了 140 点；7 月，反弹到了 174 点；7 月、8 月和 9 月，都形成了同样的最高价，表明此时存在沉重的卖压，该股正在进行大规模的派发；9 月，主要趋势再次掉头向下并在 11 月下跌到了 80 点；然后该股在 12 月份快速反弹到了 108 点；此后又出现了第二轮下跌并下跌到了 83 点，形成了一个更高的底部，表明该股在此获得了良好的支撑。自这个价位之后出现的一轮反弹在 1930 年 2 月到达了 100 点；随后又在 4 月份回调到了 81 点，但没能跌破

1929 年 11 月的最低价，表明这是一个买进点（图 13）。

伍尔沃斯（Woolworth）——在 1921～1929 年的牛市行情当中，这是最好的早期领涨股之一，也是最后的后期领涨股之一。该股在 1920 年就形成了最低价，而其他许多固执到 1921 年才形成了最低价。在熊市当中很早就形成了最低价，表明该股接下来将成为牛市行情当中的早期领涨股。1921 年，该股形成了更高的底部 105 点，这是该股正处于强势的可靠信号。1924 年，该股上涨到了 345 点，此时宣布了送股分红，且新股在 1924 年形成了最低价 73 点。随后趋势掉头向上且该股在 1925 年 10 月上涨到了 220 点；1926 年 1 月，下跌到了 189 点；接下来上涨到了 222 点。没能上涨到老顶上方 3 个点，表明该股十分疲软，主要趋势再次掉头向下。1926 年 5 月，该股下跌到了 135 点；然后再次开始上涨。1926 年 11 月，最高价 196 点；此时又一次宣布了送股分红。1927 年 2 月，新股形成了最低价 118 点。此处该股获得了良好的支撑，并且开始不断形成更高的顶部和底部，趋势持续向上，直到 1929 年 7 月到达顶部 334 点。在这之前的 1929 年 4 月又宣布了一次送股分红。1929 年的 4 月和 5 月，新股形成了底部 85 点；此后便持续走高，一直到 1929 年 9 月到达最终的顶部 103¾点。在这个价位附近出现了沉重的卖压并进行了大规模的派发。10 月初，主要趋势掉头向下，并在 1929 年 11 月下跌到了 52½点。由此可见，被认为是百货板块当中最好的一只股票在不到两个月的时间内价值下跌了大约一半。因此，即使是好的股票，也永远不要在主要趋势向下或出现恐慌的时候抱着不放。即使是最好的股票也会在恐慌当中下跌，因此当趋势掉头向下时，那些满怀希望抱着股票不放的人将因此而破产。伍尔沃斯的股价为52¼点之后在 1929 年 12 月反弹到了 80 点；随后再次开始下跌，并在 1930 年 2 月下跌到了最低价 60 点。当该股在 1929 年 10 月跌破 95 点时，就已经成为一只卖空股；接下来又跌破了前 3 个月的底部下方的 84 点，此时我们应该再次进行卖空。记住我的交易规则，即只要趋势向上，股票就永远不会好得不能卖空，其价格也永远不会高得不能买进；只要趋势向下，其价格就永远不会低得不能卖空。要想赚钱就必须跟随趋势，而不是跟随自己的感觉。

糖类股票

这是在 1921～1929 年的牛市行情当中没能大幅上涨的股票板块之一。1919 年和 1920 年春，每磅粗糖的价格到达了 26 美分。在这之后，其价格逐年走低，期间偶尔出现反弹。粗糖价格的下跌使得绝大部分糖业公司的盈利少得可怜。此外，这些公司还在战争繁荣期间糖的价格很高时，花了很高的价钱买了许多种植园，因而这些种植园在糖价下跌过程中对公司赚取巨额盈利起到了阻碍作用。每磅粗糖的价格从 1920 年的最高价一直下跌到了 1930 年的 1¾美分。糖类股票是 1919 年和 1920 年牛市行情当中的后涨股，其中一些一直到 1920 年春才形成了最终的最高价；随后便开始快速下跌。

美国甜菜糖（American Beet Sugar）——1921 年 6 月，最低价 26 点；1922 年 8 月和 1923 年 2 月，最高价 49 点。这个价位附近出现了沉重的卖压，该股在 1923 年 8 月下跌到了 25 点。这一价位低于 1921 年的最低价，表明此时存在的支撑非常少，主要趋势向下。不过，25 点是该股反弹的支撑位，1924 年 2 月，该股上涨到了 49 点，与 1922 年和 1923 年的最高价相同。没能穿越这一价位是该股十分疲软的一个信号，因而我们应该进行卖空。此后该股逐年走低，直到 1929 年 12 月下跌到最低价 6 点。

美国精制糖（American Sugar Refining）——1921 年，最低价 48 点；1922 年 9 月，最高价 85 点；1924 年 10 月，下跌到了 36 点；1927 年 9 月，上涨到了 95 点；1928 年 2 月，下跌到了 55 点；1929 年 1 月，上涨到了 95 点，与 1927 年的最高价相同。没能穿越这一价位是该股十分疲软的一个信号，因此我们应该进行卖空。1929 年 11 月，形成了最低价 56 点，比 1928 年的最低价高 1 个点，因而这是一个支撑位；1930 年 3 月，反弹到了 69 点。

古巴蔗糖（Cuba Cane Sugar）——当其他股票正在上涨时，该股却逐年走低，最终在 1929 年由清算管理人接手。

蓬塔阿列格雷糖业（Punta Alegre Sugar）——1921～1930 年，该股是糖业板块当中十分疲软的一只股票，与南波多黎各糖业（South Porto Rico Sugar）趋势相反。1920 年 4 月，蓬塔糖业形成了最低价 120 点，随后便开始下跌。1921 年 6 月、10 月，下跌到了最低价 25 点；1922 年 1 月，反

图 16

弹到了 53 点，11 月，下跌到了 42 点；1923 年 4 月，上涨到了 69 点，7 月，下跌到了 42 点。请注意，这与 1922 年 11 月形成的最低价位相同，因而这是该股反弹的支撑位。1924 年 3 月，该股上涨到了 67 点。没能穿越 1923 年 4 月的最高价，表明该股即将走低。1924 年 12 月，该股下跌到了 38 点；1925 年 1 月，反弹到了 47 点，7 月、10 月，下跌到了 33 点，形成了一个新的最低价，表明该股将进一步下跌；1926 年 2 月，反弹到了 47 点，形成了与 1925 年 1 月相同的顶部但没能穿越该顶部，表明该股即将走低。1926 年 4～7 月，该股形成了最低价 33 点，与 1925 年形成的最低价

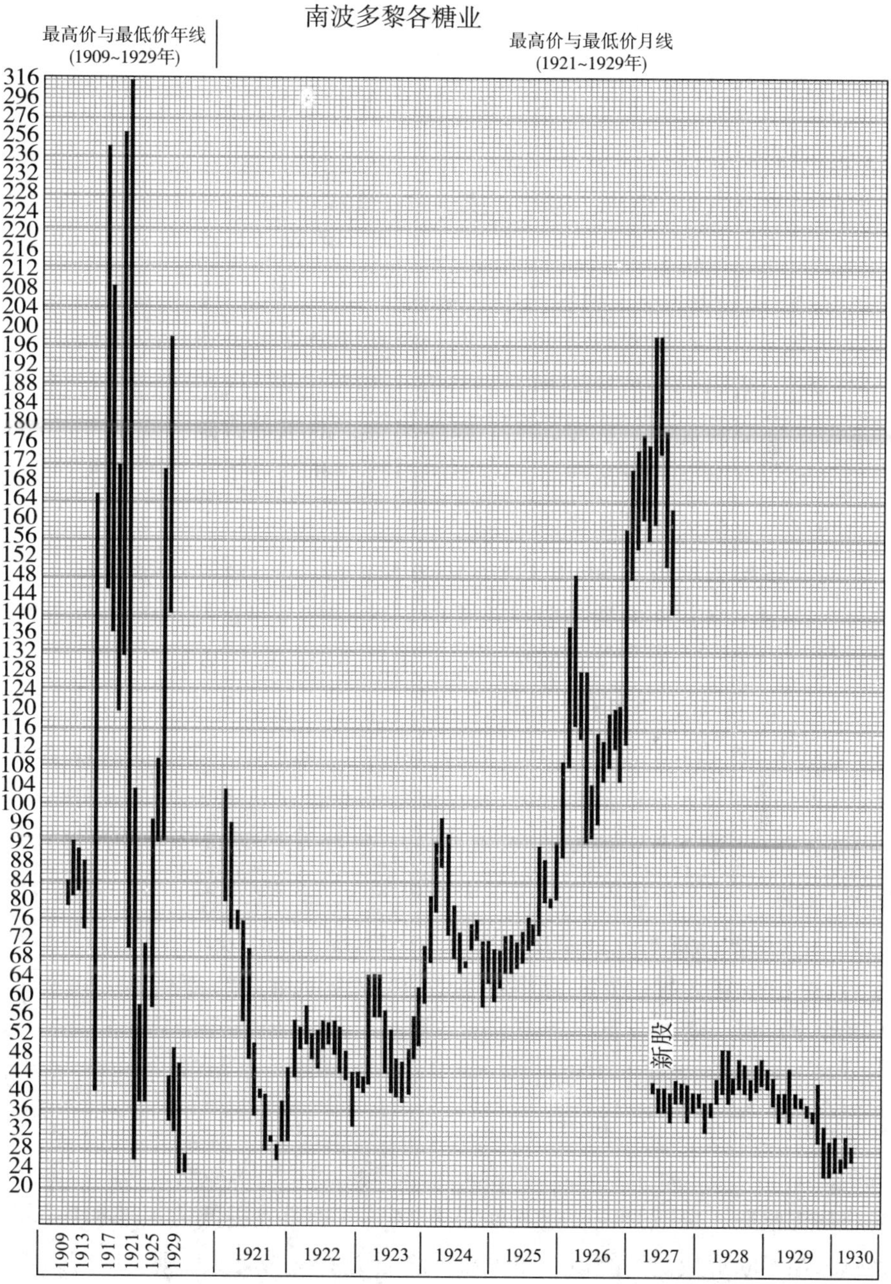
南波多黎各糖业
最高价与最低价年线
(1909~1929年)
最高价与最低价月线
(1921~1929年)
316
296
276
256
236
232
228
224
220
216
212
208
204
200
196
192
188
184
180
176
172
168
164
160
156
152
148
144
140
136
132
128
124
120
116
112
108
104
100
96
92
88
84
80
76
72
68
64
60
56
52
48
44
40
36
32
28
24
20
新股
1909
1913
1917
1921
1925
1929
1921
1922
1923
1924
1925
1926
1927
1928
1929
1930

图 17

相同。停在这一价位表明这是一个支撑位，接下来便出现了一轮反弹并在1926年12月到达了49点。没能上涨到1925年和1926年的各个最高价上方3个点，表明主要趋势向下，我们应该进行卖空。1927年10月，该股形成了最低价27点；1928年1月、5月，反弹到了35点，这是一轮非常无力的反弹，因而仍然显示该股趋势向下；1929年6月，下跌到了15点；然后在7月份反弹到了22点。此后主要趋势再次掉头向下，该股逐渐走低，直到1930年4月下跌到其历史最低价3点。通过比较可以看出，我们在买进南波多黎各糖业的同时，应该一路在蓬塔糖业上进行空头操作，这样我们便能从同一个板块当中、趋势完全相反的两只股票当中同时获利。要遵循这一交易规则——在同一个板块当中，既不要跟随一只股票的趋势而买进另一只股票，也不要跟随一只股票的趋势而卖空另一只股票，除非卖空的这只股票显示其趋势向下。

南波多黎各糖业（South Porto Rico Sugar）——该股是糖业板块当中的一个特例，当其他的糖类股票走低时，该股却一路走高。该股的图表上清晰显示出了这一点，这表明该股每一年都处于一种强势形态（图17）。

1921年11月，最低价26点；1922年3月，最高价57点；1922年12月，最低价33点；1923年3月，最高价64点，形成了一个更高的顶部和底部；1923年8月，最低价39点，这是又一个更高的底部，表明该股稍后即将走高；1924年3月，最高价95点；1924年10月，最低价58点。1925年期间，该股在这个价位附近进行了大规模的吸筹；1925年12月，该股穿越了1924年的最高价95点；随后出现了一轮大幅上涨；1926年2月，最高价147点；1926年3月，下跌到了92点，在1924年和1925年所到达的顶部附近形成了底部，表明这是一个很好的支撑位。接下来趋势再次掉头向上并在1927年5月形成了最终的顶部197点。此时该股进行了派发，同时宣布了送股分红。1928年2月，新股的股价为33点；5月、6月，反弹到了49点；然后在1929年12月下跌到了25点。这是唯一一只不断形成更高的顶部和底部的糖类股票，也就是说，当其他糖类股票不断形成更低的顶部和底部时，该股却在不断形成更高的顶部和底部。这证明了我的交易规则，即交易者应该买进一个板块当中最强势的股票，卖空一个板块当中处于最弱势的形态且显示趋势向下的股票。在1921～1929年的牛市行情当中，某些交易者之所以买进其他糖类股票并期待这些股票跟随南波多黎各糖业一起上涨，仅仅是因为它们都属于同一个板块；这些交易者不但损失了大量的钱财，还错过了从其他处于强势形态的股票当中获利的机会。

烟草类股票

每一个板块当中都始终会有一只处于强势形态的股票和一只处于弱势形态的股票。因此，我们最好用一张图表记录每个板块当中的特定股票组合的表现[①]。观察其中这些股票中的高价股和低价股。股价最高的股票通常情况下都是处于最强势的形态，股价最低的股票很多情况下都是处于最弱势的形态，并且将继续走低。

美国苏门答腊（American Sumatra）——1918 年，形成最高价 135 点。随后趋势掉头向下，该股逐年走低，直到 1925 年 5 月下跌到 6 点。接下来该公司由清算管理人接手并进行了改组。1926 年 4 月，新股从 15 点左右开始上涨；1927 年 6 月，上涨到了 69 点；1928 年 2 月，下跌到了 46 点，8 月，形成了最终的最高价 73 点；然后趋势掉头向下并在 1929 年 11 月下跌到了 18 点，回到了与 1926 年 4 月的最低价相差 3 个点的价位。这是一个支撑位，此后该股在 1930 年 4 月反弹到了 26 点；随后在 1930 年 3 月下跌到了 16 点。

雷诺兹烟草“B”（ Reynolds Tobacco“B”）——1921 年，该股是烟草板块当中最强势的股票之一，事实上在整个 1921～1929 年的行情当中都是如此。图表上清晰显示，1920 年和 1921 年，该股一直在进行吸筹，因而它是这个板块当中最值得买进的股票之一。1920 年 12 月，最低价为 29½ 点；1921 年 1 月，最低价为 31 点。此后该股从未跌破过这一价位，并在 1921 年期间一直停留在一个狭窄的交易区间内，显示出了大规模的吸筹并不断出现略高的底部和顶部。1922 年初，向上摆动开始了，期间仅有几次小幅回调，并在 1927 年 12 月到达了最高价 162 点。1928 年 11 月，最终的最高价为 165 点，仅比 1927 年的最高价高 3 个点。随后宣布了送股分

① 译注：这是江恩实战的又一个独特技巧。

红。接下来主要趋势持续向下，一直到 1929 年 11 月该股到达最低价 39 点。这个最后的最低价与 1922 年 1 月形成的最低价相同，当时自这个最低价开始了大型的上升运动，因而这是一个支撑位，我们应该在此买进并在 36 点设置止损单。1930 年 3 月，该股反弹到了 58 点。由此可见，为什么我们在该股已经上涨了好几年之后，在非常高的价位买进仍可获利，原因就在于该股在上涨好几年之后仍然表现出强势形态。

第八章　股市的未来表现

1923年，我在撰写《江恩股市定律》一书时曾写道：未来巨大的财富蕴藏在航空、化工以及无线电类这些股票当中。这一预言已经实现，在所有板块的股票当中，这些板块的股票已经显示出了最大幅度的上涨。

电力股——这是电力的时代，未来电力股票将会跻身于优质领涨股之列。电力正被运用于所有的商业、制造业和普通家庭当中。每年都有许多电器新发明。在铁路公司当中，电力作为一种动力正在取代蒸汽，同时由于有了进一步发展，电力也越来越便宜，电力的运用将会越来越广泛。因此，生产电子产品的公司将繁荣起来，这些公司的股票也应该受到关注。

航空股——飞机行业正处于初级阶段，在未来几年当中将迅速发展。选择正确的航空股并在合适的时机买进可以赚到大钱。

化工股——化工行业正在不断进步，而这个行业的新发明将使得许多化工股成为领涨股，并因此带来不错的交易机会。

无线电股——无线电股以及那些与无线电和电视相关的股票在未来几年将出现繁荣景象，一些好公司的盈利将增加，其股票也会跟着上涨。

娱乐股——有声电影产业正在迅速发展，毫无疑问，那些优秀的公司未来的盈利将非常可观。

天然气——留意那些拥有天然气的石油公司与那些以天然气为原料生产产品的公司。这些公司未来的前景非常好，盈利也十分可观。

但是始终要记住，每一个板块当中都有弱有强。因此，在买进或卖出时，选择股票时要判断趋势向上还是向下，并与趋势保持一致。

航空股——对于那些在正确的时机买进或卖出的交易者来说，这一股票板块已经为他们带来了财富，而且继续择机买进飞机产业股票还将带来更多的财富。

寇蒂斯-莱特（Curtiss-Wright）——这个行业当中的两家领头公司是莱特公司和寇蒂斯公司。1921 年 8 月，寇蒂斯形成了极限最低价 1⅛点；随后在 1928 年 5 月上涨到了极限最高价 192¾点。接下来该公司与莱特航空公司合并。莱特兄弟公司建造了美国的第一架飞机，并进行了第一次的成功飞行。1922 年 1 月，莱特航空股到达了极限最低价 6 点；1929 年 2 月上涨到了 299 点，7 年的时间上涨了 293 个点，而且这次上涨多半都发生在 1927 年和 1928 年（图 18）。我建议从 8 美元开始一路向上买进莱特航空。寇蒂斯公司和莱特航空合并之后，新的寇蒂斯-莱特股票在 1929 年 7 月和 9 月形成了最高价 30 点；1929 年 11 月，下跌到了 6½点，与老的莱特股票在 1922 年形成的最低价相差 1/2 个点。1930 年 4 月，寇蒂斯-莱特反弹到了 15 点。我认为该公司是最好的航空公司之一，因为它由两家这个行业里历史最悠久的公司组成，它们过去取得了成功，未来还会取得成功。这是一只应该在回调时买进的股票。

联合航空与运输（United Aircraft & Transport）——该公司由国民城市银行控制且目前处于盈利状态，其盈利在 1929 年间一直相当可观。1929 年 3 月，股价为 67 点；随后在 1929 年 5 月上涨到了 162 点。该股早期阶段上涨速度过快，因此在 1929 年 11 月便下跌到了最低价 31 点。1930 年 4 月，上涨到了 99 点。毫无疑问，该股在接下来的几年将大幅走高。我认为这是在未来值得关注的一家不错的公司，我们应该在回调时的合适时机买进（图 19）。

福克航空（Fokker Aircraft）——该公司由通用汽车公司控制。公司管理完善，无疑会在未来几年收益很好。1928 年 12 月，该股的股价为最低价 17 点；1929 年 5 月到达了 67 点；1929 年 10 月，下跌到了 8 点；

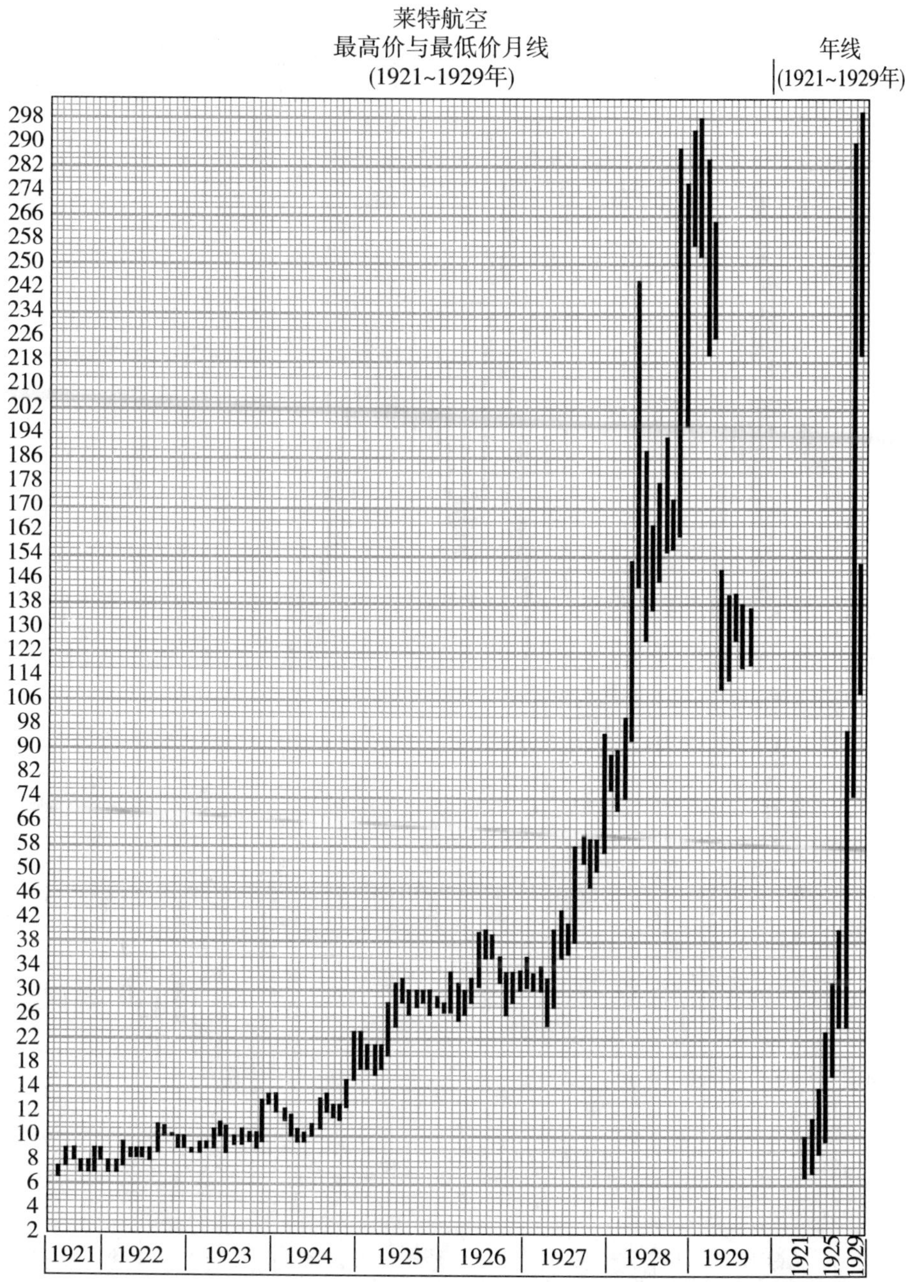
莱特航空
最高价与最低价月线
(1921~1929年)
年线
(1921~1929年)
298
290
282
274
266
258
250
242
234
226
218
210
202
194
186
178
170
162
154
146
138
130
122
114
106
98
90
82
74
66
58
50
46
42
38
34
30
26
22
18
14
12
10
8
6
4
2
1921
1922
1923
1924
1925
1926
1927
1928
1929
1921
1925
1929

图 18

联合航空

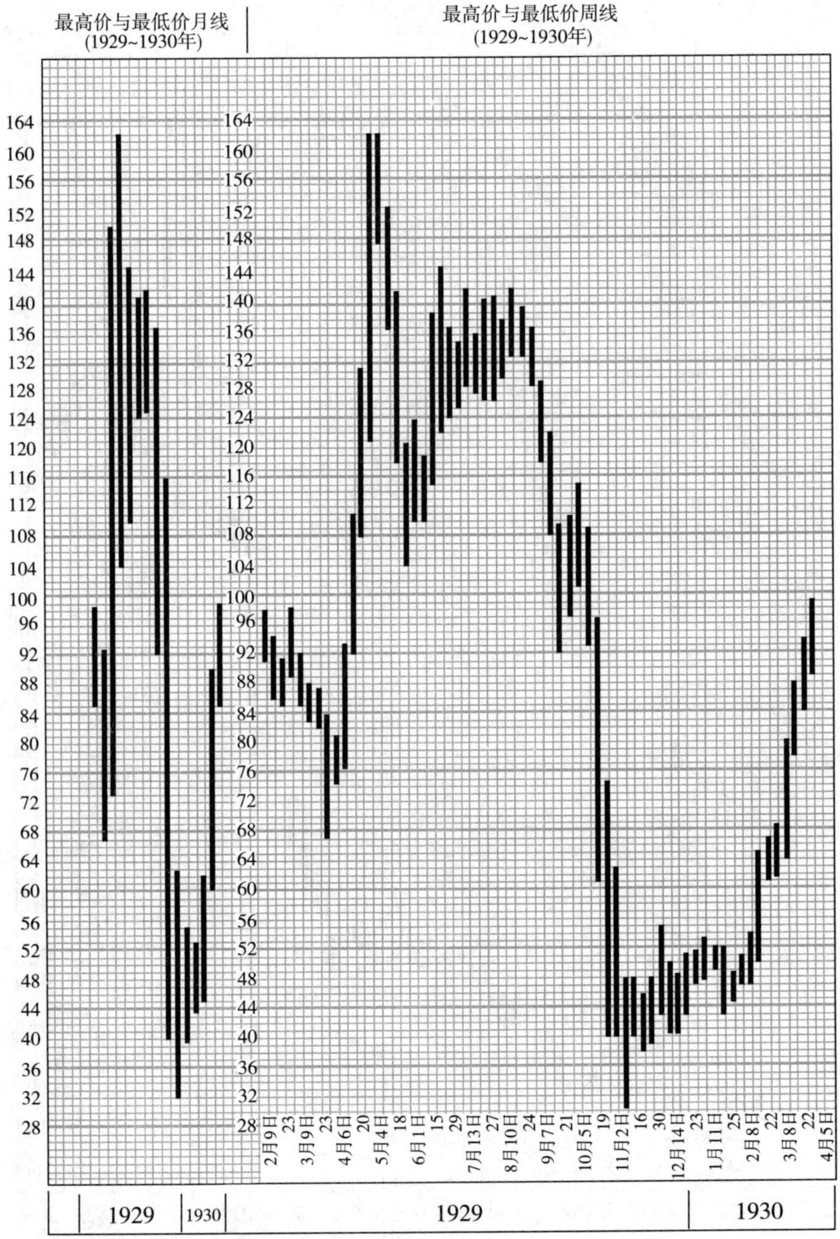
最高价与最低价月线
(1929~1930年)
最高价与最低价周线
(1929~1930年)
164
160
156
152
148
144
140
136
132
128
124
120
116
112
108
104
100
96
92
88
84
80
76
72
68
64
60
56
52
48
44
40
36
32
28
2月9日
23
3月9日
23
4月6日
20
5月4日
18
6月1日
15
29
7月13日
27
8月10日
24
9月7日
21
10月5日
19
11月2日
16
30
12月14日
23
1月11日
25
2月8日
22
3月8日
22
4月5日
1929
1930
1929
1930

图 19

1930年4月，反弹到了34点。通用汽车在制造和销售汽车方面一直非常成功，在制造飞机方面无疑也会一样成功。对于飞机产业的其他公司来说，该公司将是强大的竞争对手之一，该公司的股票也值得在回调时买进。

本迪克斯航空（Bendix Aviation）——这是另一只不错的航空股。1929年8月，该股的股价为102点；随后在11月份下跌到了25点；接下来又在1930年4月反弹到了57点。该股很有潜力，我们应该留意该股，然后在适当的时机买进。

国民航空与运输（National Air & Transport）——这是另一家不错的公司，我们应该关注其股票，等待未来的买进机会。该公司无疑将与其他好的公司进行合并。

飞机产业的发展是迅速的，因为有大量的资金支持。新的发明和发现不断出现。业界最大规模的公司将获得这些新的专利并将利用它们取得成功。在未来几年中，飞机产业将发生更多的兼并与收购。目前，该行业内最好的三家公司分别是寇蒂斯-莱特、联合航空和福克航空。绘制出在纽约场外市场和纽约股票交易所上市的各个航空公司的图表；对这些图表进行研究，便可以从这个股票板块当中获利。

留意股票未来的机会

总是会有一些股票正在进行吸筹并正准备大幅上涨。我们应该绘制这类股票的图表，因为当图表显示运动开始时，它们通常有机会让我们获得巨大的盈利。留意那些表现和伯利恒钢铁、熔炉钢铁、通用汽车、国际镍业、宝石茶、蒙哥马利沃德、帕卡德、美国铸铁管和莱特航空在1915年、1917年、1920～1921年以及1923～1924年的表现相似的股票。等到它们一突破交易区间、变得活跃起来并同时伴随着成交量的放大，就立即买进。

对于以下列出的股票，其未来发展值得关注，我们应该绘制出这些股票的最高点与最低点年线和月线图表，一旦它们穿越了阻力位并显示出上升趋势，就立即买进。其中一些股票将表现得很好并且还会成为活跃的领涨股。

美国农业化工、美国甜菜糖业、美国拉·法郎士紧急装备、美国船运与商业、美国毛纺、奥斯丁·尼克尔斯（Austin Nichols）、特拉华州航空公司（Aviation Corporation of Del.）、布兹渔业（Booth Fisheries）、大陆汽车（Continental Motors）、联合纺织、芝加哥-密尔沃基-圣保罗（Chicago，Milwaukee and St. Paul）、芝加哥大西部铁路（Chicago Great Western）、多姆矿业（Dome Mines）、电船公司（Electric Boat）、费斯克橡胶（Fisk Rubber）、大西部糖业（Great Western Sugar）、通用食品、格雷斯比·格鲁诺（Grigsby Grunow）、家荣华（Kelvinator）、凯利·斯普林菲尔德、克瑞斯吉百货公司（Kresge Department Stores）、Lee 橡胶（Lee Rubber）、穆林斯制造（Mullins Manufacturing）、中陆石油（Mid－Continent Petroleum）、月亮汽车、纽约气闸（New York Air Brake）、墨西哥国家铁路（National Railways of Mexico）、潘汉德尔制造（Panhandle Producers）、纯油（Pure Oil）、雷诺兹·斯普林斯（Reynolds Springs）、标准品牌（Standard Brands）、纽约标准石油（Standard Oil of New York）、高级石油（Superior Oil）、泛大陆石油（Transcontinental Oil）、德州太平洋煤炭与石油（Texas Pacific Coal and Oil）、美国橡胶、沃德烘焙、威尔逊公司（Wilson & Co.）。

美国橡胶的未来

美国橡胶公司是这个行业当中最大的制造公司之一。1929 年初，杜邦公司获得了该公司的一大部分股权。1929 年的恐慌当中，该股下跌到了 1907 年以来的最低价 15 点。从这只股票在图表上的表现来看，我认为该股有很大的潜力。我可以肯定地说，杜邦利益集团也相信该公司有潜力，就像通用汽车在 1921 年时那样，否则它们不会投资买进这只股票。我们应该绘制一张美国橡胶公司的图表并予以留意。一旦图表显示主要趋势已经掉头向上，立即买进，之后只要图表显示趋势向上，就在上涨过程中一路跟随并进行加码。

像 J·P·摩根和杜邦这样的人不会为了在短期内卖出而买进某只股

票。他们买进是为了进行长期投资，同时也是因为该公司可能会支付很大比例的分红。以我1930年3月撰写本书的美国橡胶的价格来看，该股很可能是这一价格水平上最好的上市股票之一。这不是说该股可能不会下跌，而是说在以相近的价位买进的股票当中，这只股票要比其他股票获利的可能性大得多。

我们的目标始终应该是买进最有潜力的股票，但是要记住，我们必须通过设置止损单来限制自己的风险。可能会发生一些意外之事，美国橡胶也可能会跌得非常厉害；因此如果趋势掉头向下，我们最好出脱该股。

美国钒钢

该公司实际上对钒进行了垄断，同时也从事化工行业。多年以来，该公司的盈利一直很好。最近，该公司在弗吉尼亚获得了颇具价值的地产，这将增加其未来几年的盈利。该公司的流通股和浮动筹码都非常少，这使得炒作集团很容易就能拉抬该股。自该股在1929年11月到达了37½点以来，它已经在1930年4月23日上涨到了其历史最高价142⅜点，在5个月多一点儿的时间内就上涨了105个点，多达美国钢铁的2倍。最近有传言说，实际上有人在囤积这只股票。在未来几年中，这只股票是值得交易的，并且它很可能会到达非常高的价位。当图表显示趋势向上时，我们应该在回调时买进。考虑到该股的浮动筹码很少，做空时应当小心。如果我们确实想做空，就要在距离很近的价位上设置止损单。

第九章　未来状况与发展

股票超买

建立起公众对任何一个股票板块的信心都需要花很长一段时间，但是一旦某只股票或是某个股票板块受到了大众的喜爱，就会被人们超买。交易者会变得过于乐观、过于自信，他们会过度交易、过度买进，这样内部人士当然就会有机会卖出自己已持有很长一段时间的股票。

南北战争之前，铁路股就处于这样的状态；随后就不断走低，直到 1893～1896 年，绝大多数的铁路公司都由清算管理人接手。接下来进入了“重建时期”以及“麦金利繁荣时期”。铁路股再次受到大众的喜爱，并出现了大幅上涨且在 1906 年到达了顶部；然后出现了 1907 年恐慌，铁路股剧烈下跌。此后的 1909 年，铁路股再次上涨，但没能回到上一次的最高价。公众在顶部以及下跌过程中过度买进。随后铁路股开始下跌，并持续走低，一直到 1917 年和 1921 年到达最终的底部。

现在的汽车股也盛行同样的情形。公众在 1915 年和 1916 年汽车股大幅上涨时知晓了汽车股，1919 年汽车股再次大幅上涨；但在 1924～1929 年间，公众买进的汽车股数量比以往买进任何一个板块的股票的数量都要多。因此，汽车股出现了严重的超买现象，绝大多数汽车公司的市值都被严重高估了。这些公司大量送股，并因此大大增加它们的股票数量，以至于它们在后来的几年萧条当中无法再支付分红。因此，在下一轮熊市当中，汽车股将处于最好的卖空股之列。

现在的公用事业股也盛行同样的情形。在过去的几年中，这类股票飞速上涨，这些公司的盈利也大规模增加，因此在1924～1929年期间，投机者和投资者大规模买进。公用事业类公司在未来几年当中将面临不利的法律和政府调查。大多数情况下，这类股票都处在价格过高的状态下，因而即使政府不采取对其不利的行动，这些股票也是无论如何都会下跌的，因为它们由“弱手”[①] 持有，公众在买进而内部人士却在卖出，因而下降趋势将持续很长时间。

生产与消费

留意任何一条生产线上的生产量都是非常重要的，因为生产过剩的倾向始终存在，尤其是在繁荣时期、牛市的最后阶段和一波繁荣潮的最后阶段。在一波繁荣潮的最后时刻，商人们总是会变得过于乐观，期待着比后来的实际情况更大规模的消费；当生产大于消费时，价格当然会下跌。在一轮长时间的熊市或一波长时间的萧条之后也是一样，商人们会变得很悲观，会低估公众的需求或消费。这就会导致价格上涨，因为生产已经小于消费。当生产大于消费的情况接近顶峰时，竞争通常都会变得非常激烈，结果不管是日用品还是机器制成品，价格都会下跌。股市则会提前贴现这些变化。

投资信托

在1921～1929年牛市行情的最后阶段，美国的投资信托公司开始引起人们的关注。据估计，1929年1月1日至9月1日期间，公众投入了40～50亿美元到投资信托公司。股市上发生于七八月间的最终的重要冲刺很大程度上是由投资信托公司的买进引起的。这些新的信托公司发现要获得公

① 译注：weak hands，非习惯用手，也就是指市场中的弱势群体。

众的资金是如此的容易，以至于它们冲进股市买进股票，根本不管价格的高低，也不考虑它们是在已经持续 8 年多的牛市顶部买进。它们的买进加上空头回补，以及公众买进，共同把股票带到了不合理的高价位，甚至连分红预期和公司盈利无法支撑的价位。当然，投资信托公司没有预见到接下来的恐慌，因而满怀希望持股不动，结果其中许多公司都发现自己的原始本金被砍掉了一半，甚至更多。

尽管有一些不错的投资信托公司，但大多数都不过是随意组成的集合基金，没有任何科学依据地在市场中运作，因此它们所能获得的成绩也就跟那些买卖时没有任何明确计划的普通交易者差不多。如果股市一直上涨，那么这些投资信托公司便能获利，因为它们只买进不卖空；但是，如果出现了持续好几年的熊市，投资信托公司便不但连资金利息都挣不到，而且还会损失掉一大部分投入的本金。因此，公众投入资金到投资信托公司会跟他们自己在顶部买进股票的结果一样糟糕。1929 年夏，投资信托的买进帮助许多炒作集团抛出了手中的股票；如果它们不买进，这些炒作集团将永远也无法在这么高的价位上卖出。在未来的几年当中，无疑会有大量的投资信托公司倒闭。这些公司的股票将下跌，而公众则会因为厌烦而卖出投资信托公司的股票。这将迫使投资信托公司变卖它们以泡沫价格买进的股票。

那些想买进投资信托公司股票的投资者或交易者无疑应当三思而后行，并且应当在买进之前先进行调查，因为能成功的投资信托公司非常罕见，尤其是在未来几年可能出现一轮异常的熊市的时候。当投资信托公司开始进行股票套现时，投资者便会因为恐惧而开始卖出投资信托公司的股票，这样一来便会出现投资者恐慌。

兼并与重组

现阶段的兼并与重组开始于 1924 年，是全球历史上最大的一次兼并与重组。为了了解这次兼并与重组的重要性，以及这次股票剧增所导致的最终结果，我们必须回溯到 1899 年至美国钢铁公司刚成立的 1902 年，当时该公司发行了所谓的 500 万股的掺水普通股。美国熔炼信托公司（American Smelting Trust)、联合铜业（Amalgamated Copper）以及其他一些重组公司大概也在此时成立。公众抱满了无法支付分红的像浸了水一样的股票。随后的1903～1904 年出现了一次下跌；接下来出现的另一波投机潮在1906 年达到了高潮。1907 年，真正的恐慌出现了，3～5 年的盈利几个月内便被一扫而光。这次剧烈下跌的原因是什么呢？公众抱满了价格膨胀后的股票，随着股本的增加，这些股票无法支付分红；银行则被贷款所累，货币恐慌接踵而至。

我们若是考虑到过去几年所发生的兼并与重组，以及股本总额的巨额增加，就很容易分析出这些公司在哪怕两年的经济萧条时期就不可能继续分红。那么假设这个萧条时期持续 5～7 年，会发生什么情况？对于任何人来说，不赚钱的股票都是毫无价值的，而股票的价值就是当我们想卖出时所卖得的那些钱。如果一只股票的股价在 1931 年只有 200 点，那么即使股价在 1929 年为 400 点，这对投资者来说也毫无帮助，因为他的本金已经缩水 50％，只能是别人愿意出多少买进这只股票他就得到多少。人们总是期待着不可能发生的事。他们期待一家公司为 1000～2000 万股的股票赚取的分红与 500～1000 万股同样多[①]，这在很长一段时间内都是不可能的。因此，必然会出现很长一段时间的股票套现，随后便会出现最终的崩盘或是恐慌，使得千千万万的投资者破产；他们满怀希望地抱着股票不放，直到一切都太迟了。聪明的人会先离场并等待。安全总比后悔好；留着自己的钱，即使得不到利息或分红，那也比可能让我们损失 50％甚至更多本金的冒险投资要好。最大的损失往往就源于太多的希望和太过于乐观。毫无疑问，乐观主义者是繁荣时期最大的威胁；而悲观主义者则是平衡轮，我们需要他们来发出警告。有人说："悲观主义者和乐观主义者之间的区别是很有意思的，一个看到的是甜圈，另一个看到的却是黑洞。"现在，如果投资者继续只看到甜圈，而对黑洞确实存在这一让人痛苦的事实视而不见，我们就需要一个能够看到投资者的笔记本上就要出现黑洞的人。我们很容易掉进这个黑洞当中。要留意这个黑洞，它一直在那里！

---

① 译注：股本扩大后，分红很难同步增加。

赔款债券

1929年秋天的股市清算使得货币市场为接受大面额债券做好了准备。在我撰写本书时，活期借款利率在2%左右。银行家们和债券经纪人们正期待着在国家发售欧洲赔款债券的时刻。尽管我不建议买进这种债券，然而如果确实发售这种债券，还是会有几十万人买进。这会套住大量的资金，而这些资金后来将成为“冻结信贷”。一旦欧洲再次出现危机或者爆发战争，这些债券便会下跌，可能还会被拒付。始终要记住，在华尔街上以及在金融游戏中，什么事情都可能发生，因此要做好应对意外事件的准备。美国公众已经投入了几十亿美元到欧洲国家，如果这样的情形再度出现，即投资者再度面临失去所有的资金，或者至少是一部分资金，同时他们试图卖出自己的债券——这有很大的可能，这将诱发恐慌和萧条，使得各个行业受损。如果大量的赔款债券在国家发售，资金就会流向国外，随后这自然会影响美国的货币市场，导致货币利率上升。

投资者恐慌

大概每过20年就会出现一次由投资者在低价位抛售股票引起的投资者恐慌或是严重的经济大萧条。这是由于股市的长期下跌和投资者信心丧失。购买力的不断下降与投资者的卖单不断进入市场，迫使价格越来越低，直到银行对优质股票的投资进行催付贷款，最终结果就是毫无抵抗的崩盘或是陡直而剧烈的下跌。这种情况在1837～1839年、1857年、1873年、1893年、1896年、1914年和1920～1921年都出现过。1929年的恐慌不是投资者恐慌，而是赌徒的恐慌。

各式各样的原因造成了这些不同种类的恐慌，但这所有恐慌背后的真正原因都是货币市场。银行因为在繁荣时期贷出的贷款而背上了沉重的负担，因而迫使借款者卖出股票，从而催生了股市恐慌。大多数银行家在经历了长时期的繁荣之后都会变得过于乐观；然后在长时间的股市下跌与经济萧条之后，他们又变得过于悲观，因而不敢放贷。事实上，他们不但不会发放新的贷款，反而还会对已放贷款进行催付，这使得原本的形势变得更加糟糕。大部分的报纸也是这样，它们知道乐观的论调受欢迎，因此能将繁荣夸张到极致；然后当形势逆转时，它们通常又把实际情况描绘得更为糟糕。

当然，在所有这些恐慌期间，一些经纪人和银行早已看到了某些不祥之兆，并且已经清楚知道即将发生什么，但他们却从来不会把这些情况告诉他们的客户。因此，投资者必须停下来、观察和倾听。他必须独立进行思考，不能依赖银行家或经纪人来使他在正确的时间离场，因为历史已经证明，这些人在关键时期提出的建议往往是靠不住的。

即将来临的投资者恐慌将是史上最大的恐慌，因为美国至少有 1500～2500 万投资者持有一些龙头企业的股票，一旦这些投资者在股市下跌几年之后开始恐惧，他们抛出的卖单将多得可怕，以至于没有任何买盘力量能够承受。由于股票广泛分布于公众当中，因此自 1929 年恐慌以来，许多人都认为市场不会再发生恐慌，但是表面的强势实际却是市场最弱势的表现。公众过去从未充当过优秀的市场领导者，而且永远也不会，因为他们的希望和恐惧很容易被激发。如果股票全部被少数几个非常有实力的人持有，那么投资者和整个国家都会是安全的了；但是如果股票持有者是数百万的无组织、无领导能力的人，那么情况就很危险了。聪明人会在一切太迟之前卖出；公众则会满怀希望持股不动，然后所有人都同时开始恐惧并在没有人愿意买进时卖出，这便促使市场陷入了恐慌。这就是造成 1929 年恐慌的原因。当时投机者和赌徒们全都开始恐惧，并在同一时间卖出。

对金钱的贪婪和渴望将引起下一次的恐慌，同时对金钱的渴望还将引起下一次的战争。“战争是地狱！”人们可能会问，战争会对股票有什么影响。曾经的战争通常都导致了市场的恐慌。战争来临之后股市恐慌也会来临，但这一次或许是股市恐慌引发战争。人们就经常会对一个观点产生误解或进行错误的引述。我们经常听到人们说：“金钱是万恶之源。”他们认为自己是在引述《圣经》里的话，但事实并非如此。《圣经》说：“对金钱的渴望是万恶之源。”事实上，历史证明，对金钱的渴望与对权力的追求是所有战争的起因。对金钱的渴望是过去的金融危机和经济萧条发生的原因，而即将来临的恐慌将成为有史以来最大的一次恐慌，因为在美国境内的资金供给量是前所未有的，因而会有更多的资金投入到股市当中去搏杀。人们一旦发现自己的金钱在不断减少，便会不惜一切代价来挽回损失。

千千万万的读者们认为我撰写的《江恩股市定律》一书是阐述股票市场最好的一本。应读者们诚挚的要求，我又撰写了这本书。我非常荣幸能够帮助他人在华尔街的危险游戏当中取得更大的成功。如果说《江恩股市定律》是最好的一本，那么我希望《江恩选股方略》这本书会更好，而且我也已经尽力使本书更好。本书写下了我的经验之谈，而这正是人们所需要的。透过我所犯下的错误和遭受的损失，我发现了一些交易规则和交易方法。我已在华尔街上摸爬滚打将近30年，时间已经向我证明，要想在投机中取得成功我们需要些什么。我坚信那些遵循我的交易规则的人将永不后悔。如果这本书能够对那些力图通过自身努力获取成功的人有所帮助的话，我将倍感欣慰。